Serie ICETE

El liderazgo en la educación teológica

VOLUMEN 1

El liderazgo en la educación teológica

VOLUMEN 1

Fundamentos para el liderazgo académico

Editores

Fritz Deininger y Orbelina Eguizábal

Editor de serie

Riad Kassis

Publicado en 2017 por Langham Global Library
Un sello editorial de Langham Publishing
www.langhampublishing.org

Langham Publishing and its imprints are a ministry of Langham Partnership

Langham Partnership
PO Box 296, Carlisle, Cumbria CA3 9WZ, UK
www.langham.org

ISBN:
978-1-78368-232-4 Libro
978-1-78368-233-1 ePub
978-1-78368-235-5 PDF

Publicado originalmente en inglés en 2013 como *Foundations for Academic Leadership*, por Publicaciones VTR, Gogolstr. 33,90475 Nürnberg, Alemania, ©2003, http://www.vtr-online.com, con ISBN 978-3-941750-81-4.

Datos de catalogación en publicación de la Biblioteca Británica
Un registro de catálogo de este libro se encuentra disponible en la Biblioteca Británica

ISBN: 978-1-78368-232-4

Traducido del inglés por Mayra Urízar de Ramírez
Editores de estilo: Paul Sywulka y Deborah Ortiz
Diseño de cubierta y diagramación: projectluz.com

Índice

Prefacio

La sustentabilidad de todo grupo social depende de la atención que se dé tanto a la formación de su liderazgo como de sus miembros. Esto también se aplica a la Iglesia. Esta necesidad de desarrollar el liderazgo se intensifica cada vez que la Iglesia experimenta un crecimiento numérico significativo para evitar que se desvíe de su misión y sus valores centrales. Como Philip Jenkins, Andrew Walls y Lamin Sanneh lo han expuesto, el centro del *evangelicalismo* y, en efecto, de la Iglesia como un todo, se ha mudado del occidente al sur y al oriente del globo. En el «mundo mayoritario» está experimentándose el crecimiento, así como los riesgos más grandes. La institución teológica juega un papel importante en el crecimiento y sostenimiento de la Iglesia. Si la misión de la Iglesia es alcanzar y servir al mundo, preparando liderazgo para su misión, entonces, la institución teológica no es un fin en sí misma, sino un instrumento misional en sus manos.

Al centro de esta función de la institución está la actividad de la cabeza de la institución (rector, director) y del director del área académica (CAO [por sus siglas en inglés], el decano o director académico). En tanto que el líder institucional dirige a toda la institución y toma decisiones vitales en cuanto al logro de la misión y visión, también trabaja en colaboración con el decano, quien «dirige desde el centro», para parafrasear el título del libro de Jeanne McLean. Este centro es la intersección en donde el director ejecutivo, el cuerpo docente, los estudiantes, la junta directiva y los grupos interesados se reúnen y trabajan juntos dentro de la comunidad académica. A pesar de la importancia evidente de esas funciones, los directores ejecutivos y directores de asuntos académicos de las instituciones teológicas casi siempre son lanzados a ese trabajo sin que cuenten con la preparación profesional. Los directores de asuntos académicos a menudo se encuentran en ese puesto porque: a) son organizados; b) están disponibles; c) se llevan bien con otros en la institución. Sin embargo, muchas veces están mal equipados para la labor que tienen de frente, con pocos recursos, poco apoyo para ejercer una función que es malinterpretada por sus colegas. No es de extrañar que su «vida útil» en ese puesto tienda a ser relativamente corta. Su trabajo y su llamado los pone en el punto neurálgico de la institución, pero su falta de preparación profesional y apoyo puede frustrarlos y debilitar a la institución como un todo, y de esa manera, el cumplimiento de su llamado. Esos dedicados hombres y mujeres no merecen ese destino. Este volumen, y los que seguirán, Dios mediante, tienen el propósito de equipar y proporcionar recursos a los directores ejecutivos y a los directores de asuntos académicos de las instituciones teológicas evangélicas para que encuentren una satisfacción y ejecución mayores. Creemos que esto resultará no solamente en el bienestar y la longevidad de los directores de asuntos académicos, sino también en la efectividad de la institución en sí, al darse cuenta de su misión y llamado en nombre de la Iglesia, con la colaboración y sinergia de instituciones hermanas y, en última instancia, para el bien de la Iglesia y de la *missio Dei*. Esa es nuestra intención y oración para este libro y los volúmenes futuros que lo acompañaran.

Paul Sanders
Director Internacional Emérito de ICETE

Reconocimientos

El programa de ICETE para el liderazgo académico (IPAL, por sus siglas en inglés) se ha desarrollado desde 2005, cuando el primer seminario para el liderazgo académico se llevó a cabo en Bangkok, Tailandia. Desde entonces, se han organizado muchos seminarios de preparación para desarrollar las capacidades de los líderes académicos en distintas partes del mundo. El proyecto de este libro sobre los *Fundamentos para el liderazgo Académico* surgió durante los seminarios. Muchos participantes expresaron la necesidad de un libro de texto que le dé perspectivas útiles al ministerio del liderazgo académico. Como editores, confiamos en que las diversas contribuciones les provean perspectivas útiles a los líderes académicos que ellos puedan implementar en la educación teológica.

Este es un proyecto del Concilio Internacional para la Educación Teológica Evangélica (ICETE, por sus siglas en inglés). Como editores estamos agradecidos por el ánimo y apoyo del liderazgo de ICETE, en particular del doctor Paul Sanders, Director Internacional Emérito de ICETE, y del doctor Riad Kassis, Director Internacional de ICETE.

Estamos agradecidos por los distintos contribuyentes, cuyo profesionalismo y experiencia en la educación teológica es evidente, a medida que tratan los distintos temas de este libro. Ellos son de distintos contextos culturales y trabajan en la educación teológica en distintas partes del mundo. Involucrar a educadores con experiencia transcultural en distintas partes del mundo ha sido un objetivo principal al producir este libro. Sin su disposición a dedicar tiempo y energía para compilar perspectivas valiosas no habría sido posible lograr este proyecto. También queremos agradecer a Jennifer Jagerson y a Halee Scott, quienes editaron los capítulos e hicieron sugerencias valiosas para mejorarlos.

Sin el apoyo financiero de una fundación generosa no habría sido posible producir este libro. Estamos agradecidos con quienes aprobaron el proyecto.

Finalmente, y sobre todo, queremos agradecer a Dios por permitirnos lograr este proyecto en medio de muchos otros desafíos.

Fritz Deininger y Orbelina Eguizábal
Editores

Introducción

Los líderes académicos juegan un papel esencial para el logro de la misión y la visión de las instituciones académicas. Casi siempre se les ha llamado a trabajar a un nivel en el que se espera que lleven a cabo responsabilidades para las que no han sido preparados. No importa el lugar ni el tipo de institución educativa, es un hecho que la mayoría de los que son nombrados para puestos de liderazgo carecen de la preparación específica para que rindan un liderazgo efectivo. Para ayudarlos en sus puestos, cada año se publica una cantidad sustancial de libros que tratan de los asuntos de administración y liderazgo académico y de las áreas relacionadas, especialmente en el contexto norteamericano. Sin embargo, a medida que viajamos a otras regiones del globo para dar seminarios para líderes académicos apoyados por el Programa de ICETE para el Liderazgo Académico (IPAL, por sus siglas en inglés), nos hemos enfrentado con la necesidad de recursos escritos que les den a los líderes académicos de esas regiones las perspectivas que se necesitan para los desafíos diarios en su búsqueda de calidad y excelencia.

Este libro es el primero de la Serie de liderazgo académico, que fue concebida al mismo tiempo que el Programa de ICETE para el Liderazgo Académico (IPAL) se estableció oficialmente en septiembre de 2010, en la reunión de junta de ejecutivos de ICETE en Medellín, Colombia. En ese entonces, Fritz fue nombrado para trabajar como coordinador del programa. Entre sus otras responsabilidades, IPAL tiene el compromiso de dar capacitación a los líderes académicos de las instituciones teológicas relacionadas con las ocho Agencias acreditadoras de ICETE, así como de publicar los materiales que se usan en ese entrenamiento. Después de varias conversaciones con los miembros de la junta ejecutiva de ICETE, durante la Conferencia Continental Trienal de AETAL (Asociación Evangélica de Educación Teológica en América Latina) que siguió a la reunión de la junta en Medellín, Colombia, yo (Orbelina) recibí la invitación de unirme a su proyecto para trabajar junto con Fritz como editora de la serie.

Así que, el propósito de este proyecto es proporcionar recursos escritos de calidad para usarlos en los seminarios del programa de ICETE para el liderazgo académico (IPAL) que se llevan a cabo alrededor del mundo. Esta serie inicial consiste de tres libros de texto:

1) Fundamentos para el liderazgo académico
2) Fundamentos para el desarrollo de currículo en la educación teológica
3) Fundamentos para el desarrollo del cuerpo docente en la educación teológica

Este libro sobre *Fundamentos para el liderazgo académico* no tiene la intención de ser un texto exhaustivo sobre el liderazgo académico. Más bien, nuestro propósito es presentar aspectos esenciales de los que los líderes académicos de las instituciones teológicas y seminarios necesitan estar conscientes. Como resultado, lo hemos estructurado en cuatro secciones principales en las que distintos autores han contribuido con temas que representan sus áreas de experiencia, así como su comprensión del trabajo difícil que los líderes académicos ejercen a favor de sus instituciones.

La primera parte trata de los fundamentos para la educación teológica. El primer capítulo establece los fundamentos bíblicos para la educación teológica desde tres perspectivas que incluyen el bienestar del pueblo de Dios, el avance de la misión de Dios y la conservación de la integridad de la fe cristiana. Concluye en que el aprendizaje teológico es un elemento necesario para el desarrollo del propósito divino. El segundo capítulo ofrece pautas para el desarrollo de una filosofía operacional de la educación teológica, que el autor propone como una forma práctica de trasladarse de la filosofía a la estrategia. En el capítulo tres, el autor propone que cada institución teológica necesita una Tierra Prometida y que cada institución necesita un Moisés para que los lleve allí. La forma para trasladarse de la visión a la realidad requiere de visión, misión y valores bien definidos para darle forma a los objetivos de la educación teológica. El capítulo cuatro discute los factores que contribuyen a proveer a la comunidad cristiana y a la sociedad en general graduados que pueden demostrar fielmente la calidad de su educación teológica, a través de la excelencia de su propio pensamiento y ministerio. El autor enfatiza en que «el factor más importante es que la comunidad educativa es una comunidad de aprendizaje, comprometida no solo a hacer bien las cosas, sino a hacerlas mejor constantemente».

La segunda parte trata de las características y responsabilidades del liderazgo académico. En los capítulos cinco y seis, el autor ofrece sus perspectivas obtenidas durante sus muchos años como decano del Seminario Teológico de Bangkok. El capítulo cinco trata de la relación entre el rector y el decano, quienes son colaboradores en la educación teológica. Los aspectos que se discuten en el capítulo asumen una estructura organizacional, en la que el decano le rinde cuentas y trabaja directamente con el rector de la institución. El capítulo siguiente se enfoca en la decanatura académica como un ministerio y los desafíos que el puesto y sus funciones plantean.

La tercera parte se enfoca en algunas de las prácticas cruciales que se requieren en la administración académica. El capítulo siete proporciona una explicación de lo que es la planificación estratégica al contrastarla con lo que no es la planificación estratégica. El autor también da pautas detalladas para desarrollar un plan estratégico y algunas consideraciones para su implementación, tomando en cuenta los distintos niveles del liderazgo de la institución, así como su cuerpo docente. El capítulo ocho discute el proceso de acreditación. El autor parte de su experiencia en el contexto europeo para explicar de qué es la acreditación, así como algunos de los conceptos erróneos más comunes entre los líderes académicos. También, habla del extenso trabajo que requiere la acreditación. El capítulo nueve trata de un tema crucial que está estrechamente relacionado con la acreditación, que es el proceso de la evaluación[1] institucional. A partir de su experiencia en la acreditación de la educación superior en Norteamérica, el autor sugiere ideas prácticas sobre el qué, el por qué y el cómo de la evaluación y hace que los lectores estén conscientes de que «la evaluación carece de sentido si no produce mejoras».

La cuarta parte se compone de tres capítulos que trazan distintas prácticas inherentes al liderazgo efectivo. El capítulo diez se enfoca en los líderes académicos como agentes de cambio. Resalta los aspectos del cambio organizacional que ayudarán a los líderes académicos a tener una mejor comprensión de lo que es el cambio. También, discute la manera en que el ambiente externo, el ambiente interno y la cultura de la institución, influyen el cambio. Las características de los agentes de cambio y algunas recomendaciones para los líderes académicos también se incluyen en la discusión. El capítulo

1. Nota del traductor: A lo largo de este libro, el concepto inglés de «assessment» será traducido como «evaluación».

once trata del conflicto y de la perspectiva bíblica del manejo de conflictos. El autor sugiere un método práctico para la resolución de conflictos. Finalmente, el capítulo doce es una reflexión en la que el autor ahonda en su propia experiencia para compartir lo que él considera que son las características y competencias que se necesitan para el liderazgo efectivo.

Es nuestra esperanza que los líderes académicos que trabajan en las instituciones educativas se beneficien con la lectura de cada capítulo y con los puntos de reflexión y acción que siguen. Estos han sido diseñados para ayudar a los lectores a considerar cómo los temas que los autores discuten se reflejan en sus propias prácticas como líderes. Nos gustaría concluir esta introducción con las palabras de Gordon T. Smith, Rector de la Universidad y Seminario de Ambrosio y profesor de Teología Sistemática:

> ¡Los líderes administrativos buenos se interesan en la gente! Y se interesan en la calidad académica. Y se interesan en la enseñanza y el aprendizaje. Pero su trabajo es inherentemente institucional; su disciplina académica, podría decirse, es la institución o universidad. Su energía mental y emocional —pensamiento crítico, creatividad, solución de problemas, entendimiento matizado y complejo— se enfoca en el fenómeno de la institución[2].

Fritz Deininger y Orbelina Eguizábal
Editores

2. Gordon T. Smith, «Foreword» (Prefacio), en *Thriving in Leadership: Strategies for Making a Difference in Christian Higher Education* (Cómo prosperar en el liderazgo: Estrategias para marcar una diferencia en la educación cristiana superior), ed. Karen A. Longman, Abilene, TX, Abilene Christian University Press, 2012, p. 15.

Primera Parte

Fundamentos para la educación teológica

1

Al servicio de la economía de Dios:

Bases bíblicas de la educación teológica

Dieumeme Noelliste

Dese hace algún tiempo, la educación teológica ha sido objeto de mucha crítica. Se ha expresado descontento sobre casi cada aspecto de la controvertida empresa. Algunos han llamado la atención a lo que consideran su carácter desarticulado[1]. Otros han reprochado su enfoque desequilibrado en la cabeza y su consecuente descuido del corazón y la mano.[2] Todavía otros han reprochado su resistencia al cambio y su falta de conciencia de las mentalidades nuevas, las realidades contextuales y las necesidades contemporáneas[3]. En el

1. Véase Edward Farley, *Theologia: The Fragmentation and Unity of Theological Education* (Teología: La fragmentación y unidad de la educación teológica), Filadelfia, PA, Fortress, 1983.

2. Véase D. G. Hart y R. Albert Mohler, Jr., eds., *Theological Education in the Evangelical Tradition* (La educación teológica en la tradición evangélica), Grand Rapids, MI, Baker, 1996, p. 12, donde esto se identifica como un factor importante en la ambivalencia e incomodidad que el evangelicalismo siente con relación al aprendizaje teológico.

3. Véase Manfred W. Kohl y A. N. Lal Senanayake, eds., *Educating for Tomorrow: Theological Leadership for the Asian Context* (Educación para el mañana: El liderazgo teológico para el contexto asiático), Bangalore, India, SAIACS Press y Overseas Council International, 2002; especialmente los capítulos 1 y 2.

mundo no occidental se han expresado quejas en cuanto a su esclavitud al *modus operandi* de Occidente[4].

Estas críticas han dado origen a preguntas en cuanto a la misma validez del proyecto. En su introducción a una colección de ensayos sobre la educación teológica evangélica específicamente, D. G. Hart y Albert Mohler Jr. afirman que a pesar del papel que ésta ha jugado en el crecimiento y la vitalidad del cristianismo evangélico a lo largo de los siglos, su importancia para esa tradición «Casi siempre ha sido menospreciada, si no ignorada...»[5]. Un comentarista reciente ha sido más rotundo con su denuncia: «La educación del seminario en general —dice en tono acusador— tiene solamente cuatro cosas incorrectas: es impartida por la gente incorrecta, en el lugar incorrecto, con el currículo incorrecto y la supervisión incorrecta[6]».

De todas formas, aunque fuertes y cáustica, a avalancha de críticas no representa la suma total de las opiniones acerca de la actividad. Junto con la denuncia, hay una línea de pensamiento que es más favorable al esfuerzo, aunque también, reconoce sus diversos desafíos. En este hilo, uno detecta no solo una afirmación de la utilidad del aprendizaje teológico, sino hasta un leve cauteloso optimismo apologético acerca de su futuro[7]. En esa coyuntura, parece apropiado preguntarse qué perspectiva podrían las Escrituras aportar a esta conversación. En su exposición de la naturaleza de la revelación, Geerhardus Vos ha dicho que Dios se ha revelado a sí mismo en respuesta a las «necesidades prácticas de su pueblo durante el transcurso de la historia[8]». Si la educación teológica fuera de alguna importancia para el bienestar del pueblo de Dios,

---

4. Kosuke Koyama, «Theological Education: Its Unities and Diversities» (La educación teológica: Sus unidades y diversidades), ensayo presentado en la Association of Theological Schools and Conference (Asociación de Escuelas Teológicas y Conferencia), Pittsburg, PA, 15-16 de junio, 1992, p. 10.

5. Hart y Mohler, *Theological Education in the Evangelical Tradition*, p. 12.

6. Kohl y Senanayake, *Educating for Tomorrow*, 31.

7. Véase el «Manifesto for the Renewal of Theological Education» (Manifiesto para la renovación de la educación teológica) del International Council for Evangelical Theological Education (ICETE) http://www.icete-edu.org/manifesto/Manifiesto_ICETE_ES.pdf, 1983, 1991; Robert Banks, *Reenvisioning Theological Education: Exploring a Missional Alternative to Current Models* (Cómo tener una nueva visión de la educación Teológica: Exploración de una alternativa misional a los modelos actuales), Grand Rapids, MI, Eerdmans, 1999; Daniel O. Aleshire, *Earthen Vessels: Hopeful Reflections on the Work and Future of Theological Schools* (Vasijas terrenales: Reflexiones esperanzadoras sobre el trabajo y el futuro de las instituciones teológicas), Grand Rapids, MI, Eerdmans, 2008.

8. Geerhardus Vos, *Biblical Theology: Old and New Testaments* (Teología Bíblica: Antiguo y Nuevo Testamentos), Grand Rapids, MI, Eerdmans, 1948, 1985, p. 9.

no sería descabellado que encontráramos indicios de esto en la revelación de Dios. Por cierto, la tesis de este capítulo es que las Escrituras no solo corroboran la utilidad del aprendizaje teológico, sino dentro de su ámbito hay suficiente información para la introducción de una apologética robusta para la propia necesidad de ese proyecto.

En el corazón de nuestro argumento está la aseveración de que, desde el punto de vista bíblico, ese aprendizaje constituye un acompañamiento esencial para el desarrollo del plan y de la economía de Dios. Trataré de argumentar a favor de esta afirmación al expresar la importancia del aprendizaje teológico para tres elementos del propósito divino: el bienestar del pueblo de Dios, el avance de la misión de Dios y la conservación de la fe cristiana.

La educación teológica y el bienestar del pueblo de Dios

Es una verdad con base en la Biblia que el bienestar de la humanidad es una de las preocupaciones dominantes de Dios. La Biblia comienza y termina con la misma escena feliz: la humanidad experimentando felicidad en la presencia de Dios (Gn 1:26-31; Ap 21:1-4, 22:1-6). De acuerdo con el plan de Dios, la bienaventuranza original, que comenzó y se perdió en el Edén, será recuperada en la ciudad eterna de Dios en la consumación de su plan redentor. Pero hasta entonces, el plan de Dios para el bienestar de su pueblo continúa y la Biblia coloca a la educación teológica al centro de su implementación. Eso debería quedar perfectamente claro cuando consideramos el papel que la educación teológica juega en el cuidado, la seguridad y la renovación del pueblo de Dios. El examen de las Escrituras revela que la entrega de esos «bienes» requiere de una preparación teológica considerable. Considerémoslos uno por uno.

El cuidado a través del pastoreo consciente

El cuidado es esencial para el bienestar. El cuidado requiere que se le ponga atención a algo para promover su crecimiento, mantener su condición y asegurar su crecimiento constante. En la Biblia, la importancia del cuidado pastoral del pueblo de Dios es tan importante que su provisión es confiada a los expertos en el oficio: ¡a los pastores! En el Salmo 23, David describe al mismo Yahvé como pastor, su pastor (v. 1). En el Nuevo Testamento, la designación es aplicada copiosamente a Jesús, quien se presenta a sí mismo como el «Buen Pastor» (Jn 10:11). Como en el caso de Yahvé, el papel de Jesús como pastor está relacionado específicamente con su pueblo (Jn 10:14; He 13:20). El acto de pastorear se ejerce a beneficio de un rebaño necesitado. De acuerdo a Jesús, los rebaños sin pastor son vulnerables y están expuestos al peligro, porque están privados de cuidado (Mt 9:36; cf. Ez 34).

El conocimiento agudo de Jesús de la necesidad del cuidado pastoral explica la importancia del llamado y la preparación de Pedro para esa labor en pro de la Iglesia. Juan 21:15-17 (NTV) es el pasaje clásico sobre la comisión de Pedro. Hacía poco, Jesús le había dicho que tendría el papel principal en el surgimiento de la comunidad mesiánica (Mt 16:17-20). Ahora que se acercaba el tiempo para el cumplimiento de esa promesa, Jesús creyó que era necesario que volviera a comisionarlo. Es evidente que este acto de volver a comisionarlo encierra una preocupación pastoral. Esto es claro en la triple comisión: «alimenta a mis corderos» (v. 15); «cuida de mis ovejas» (v. 16); y «alimenta a mis ovejas» (v. 18). Por lo tanto, Pedro fue confiado la tarea principal de proveer el alimento apropiado y guiar adecuadamente a un rebaño que no podía proveer para sí mismo.

Para Jesús, la necesidad del cuidado era apremiante y la tarea del pastoreo era importante. En primer lugar, la reunión del rebaño era inminente (Jn 21:1-14). Para que esa cosecha no se echara a perder, la tarea del pastoreo tenía que comenzar en serio. Los que estaban a punto de ser reunidos necesitaban urgentemente alimento y cuidado[9]. En segundo lugar, esa nutrición tenía que proveerse con toda seriedad ya que los beneficiados eran personas especiales para Jesús: «*mis* corderos» y «*mis* ovejas». En tercer lugar, la función de pastorear es noble, ya que es la continuación de lo que el mismo Jesús llevó a cabo por el rebaño.

Pero, ¿cómo alguien puede prepararse para esta noble función? El caso de Pedro expone claramente que la responsabilidad del pastor no es confiada a todos ni a cualquiera, independientemente de su preparación. *La función del pastoreo es un llamado que requiere de una preparación adecuada a su naturaleza.* Los evangelios dejan ver que antes de que a Pedro se le confiara ese cargo, tuvo que pasar por un programa de preparación bastante riguroso. Tres niveles distintos de preparación para este ministerio salen a la superficie. En primer lugar, como miembro destacado de los doce, era parte de la comunidad íntima de Jesús y en esa calidad estuvo sumergido en el régimen

9. *Ibíd.*

de entrenamiento diseñado para ese grupo. Los evangelios nos informan que fue un programa prolongado, constante, intensivo y extenso. Éste no solamente requirió que los discípulos batallaran con temas complicados y que examinaran preguntas difíciles, sino que también, los confrontó con situaciones desafiantes y los zambulló en experiencias emocionales e intensas.

En segundo lugar, como miembro del grupo de los tres, Pedro fue parte del círculo íntimo de Jesús (Mr 9:2). En esa calidad, estuvo expuesto a cosas que el resto de los discípulos no presenció. Por ejemplo, uno piensa en el acontecimiento de la transfiguración, donde Jesús le dio al trío privilegiado un vistazo poco común de su gloria espectacular (Mt 17:1-11). Ese acontecimiento impresionó a Pedro de tal manera que después usaría esa experiencia para reforzar la naturaleza autoritativa de sus propias enseñanzas (2 P 1:12-18).

En tercer lugar, el temperamento y la personalidad de Pedro le dieron una agudeza única a su experiencia de aprendizaje. Era inquisitivo, por lo que a menudo obtenía una explicación más completa de temas que al parecer no eran parte del plan de enseñanza original de Jesús (Jn 13:6-10). Por su franqueza era propenso a cometer errores; pero Jesús invariablemente usó esas oportunidades para corregirlo, reprenderlo e incluso como la práctica del ministerio pastoral de un aprendiz ingenuo e impresionable (Mt 16:22-23; Jn 13:8, 36-40; Mt 26:40). Por ser impulsivo se colocó a sí mismo en situaciones de aprendizaje que fueron verdaderamente extraordinarias (Mt 14:28-31). El espacio no permite que hablemos de la atención ni de la instrucción privada que recibió ocasionalmente del mismo Jesús (Mt 16:22-23; 17:24-27; 21-22).

Pero, asombrosamente, ni siquiera esa preparación continua por parte del mismo Maestro Experto sería suficiente para equipar a Pedro para la tarea pastoral. Una vez que empezó el verdadero trabajo del pastoreo, ¡hizo falta más preparación! Por ejemplo, aunque Jesús le había asignado las ovejas, también hubo elementos que no eran parte del rebaño de Jesús (Jn 10 1b; 17:20ss.) y en donde Dios tendría que intervenir dramáticamente para persuadirlo a que alcanzara a la parte gentil del rebaño (Hch 10:13-16). Y en tanto que la experiencia le enseñó que «Dios no muestra favoritismo» (Hch 10:34), hizo falta que su nuevo colega, Pablo, lo reprendiera para que aplicara este principio siempre (Ga 2:11-15).

Es claro que desde el punto de vista bíblico, el caso de Pedro enseña que la tarea de cuidar al pueblo de Dios no se le confía a alguien que no toma en cuenta su preparación a tales efectos. A lo largo de los evangelios Pedro es presentado como el líder de los doce (Jn 1:42, 21:15 ss.; Lc 5:5ss.; Mt 14:25-31), lo cual comprueba que antes de su experiencia de capacitación ya tenía algunas cualidades de liderazgo. Pero, en vista de que estamos enfocados en su historia de capacitación, es razonable el concluir que sus habilidades naturales no fueron vistas como adecuadas para que ejerciera el papel pastoral. Para que fueran útiles para esa tarea demandante, tuvo que desarrollarlas, honrarlas, acentuarlas y complementarlas.

La seguridad a través de la solidez teológica

El segundo elemento que es crucial para el bienestar del pueblo de Dios es la seguridad que llega a través de la solidez teológica. Si el cuidado y la nutrición que proporciona el pastor bien equipado es esencial para el crecimiento de las ovejas, su seguridad y estabilidad depende que éste comprenda las enseñanzas bíblicas (Ef 4:13-14). Y para eso, el aprendizaje teológico es esencial.

Entre los escritores del Nuevo Testamento, Pablo es quien expresa esta verdad con una fuerza y claridad inequívoca. Así lo hizo tanto en Hechos como en las Epístolas Pastorales. En Hechos, lo vemos en su discurso de despedida a los ancianos efesios en la ciudad costera de Mileto (Hch 20:13-31; NVI). En ese mensaje, Pablo les da un encargo similar al que Jesús diera a Pedro años antes. Pablo los insta: «Tengan cuidado de sí mismos y de todo el rebaño sobre el cual el Espíritu Santo los ha puesto como obispos para pastorear la iglesia de Dios» (v. 28). Tanto en su perspectiva como en la de Pedro, los ancianos eran supervisores (gr. *episkopio*) a quienes Dios había encargado el cuido (gr. *pomainein*) de su rebaño. Sin embargo, Pablo le da un énfasis distinto, es decir, la *protección de las ovejas de enseñanzas dañinas*. Por medio de un mandato doble: «Tengan cuidado» (v. 28) y «Estén alerta» (v. 31), apela a la clase de vigilancia atenta que consideraba necesaria para evitar que el rebaño cayera presa de las falsas persuasiones y de las enseñanzas nocivas de los falsos maestros, quienes ya estaban activos tanto fuera como dentro de la Iglesia (20:29-31). Su presencia los mantenía a raya. Pero ahora que estaba a punto de salir de la escena, los ancianos efesios tenían que asumir esa tarea para que el rebaño permaneciera a salvo y seguro.

Pero, ¿en qué estaba fundándose Pablo para imponer una obligación tan onerosa sobre los hombros de esos líderes? Pablo podía instarlos a que entraran a escena, ¡porque él mismo los había preparado para esa labor! Él mismo insiste en repasar el historial de su propio ministerio de enseñanza entre ellos. En primer lugar, les recordó que llevó a cabo su ministerio de enseñanza con integridad y transparencia, como era bien sabido (20:17, 20). En segundo lugar, afirma que se había esmerado en su enseñanza al punto de haber librado su consciencia de cualquier culpa. Con un sentido de urgencia les había enseñado todo lo que era beneficioso (v. 20). Y con valentía les había proclamado todo el consejo de Dios (v. 27). Lo hizo con un gran entusiasmo, usando todo medio legítimo y aprovechando cada oportunidad (vv. 20, 31). John Stott, resume apropiadamente la actitud y el método de Pablo para la preparación teológica cuando dice: «Compartía toda la verdad posible con todas las personas posibles, en todas las maneras posibles[10]».

En sus cartas a Timoteo y a Tito, Pablo insiste en su tema de la protección de los creyentes a través de la enseñanza sana. En primer lugar, enfrenta a esos pastores jóvenes con la realidad hostil de las falsas enseñanzas y su amenaza en contra de las iglesias que tenían bajo su cuidado (1 Ti 1:3-7; 2 Ti 3:13; Tit 1:10). En segundo lugar, enfatiza la necesidad de combatirla al conducirse como ministros responsables y meticulosos del evangelio. En particular, tenían que ser líderes que defendieran la sana doctrina (1 Ti 4:16; 2 Ti 2:15), refutaban a los falsos maestros (1 Ti 1:3; Tit 1:9b) y enseñaban la sana doctrina a quienes tenían bajo su cuidado (Tit 1:9a; 1 Ti 4:6, 11-14). En tercer lugar, Pablo les garantiza que ese ceñimiento a la ortodoxia teológica protegería a la gente contra la ruina (Tit 1:11) y salvaría tanto a los predicadores como a los oyentes (1 Ti 4:16). Sobre todo, los protegería en contra del triple peligro de la distracción inútil (1 Tim. 1:3-9), el engaño dañino (2 Ti 3:6-8) y la destrucción (1 Ti 1:19-20).

¿De dónde nace la confianza de Pablo en la capacidad de esa segunda generación de líderes cristianos para proteger a la Iglesia en contra del ataque de los falsos maestros? El Nuevo Testamento responde con una claridad abundante: Pablo confiaba, además de la gracia de Dios, en que la inversión que había hecho en su preparación era más que adecuada para que enfrentaran este desafío. De muchas maneras, Pablo fue para Timoteo y Tito lo que Jesús fue para los doce. Al igual que Jesús, los llevó a su círculo íntimo, dándoles oportunidades para que se prepararan para el ministerio a través

10. John R. W. Stott, *El mensaje de los Hechos*, traducción por David Powell, Buenos Aires, Certeza Unida, 2010, p. 391.

de su instrucción directa (2 Ti 2:2), la inmersión en la «vida» ministerial y de su verdadero involucramiento en la práctica ministerial (Fil 2:20-22). Por consiguiente, se sentía confiado al pedirle a Timoteo que permaneciera en Éfeso durante su ausencia y ordenara a ciertos hombres a que «no enseñen diferente doctrina» (gr. *heterodidaskalein*; 1 Ti 1:3; RVR60) porque *a diferencia* de esos hombres que afirmaban lo que desconocían (1 Ti 1:3ss.), ¡Timoteo *sabía* lo correcto! Él sabía todo acerca de las enseñanzas de Pablo, su manera de vida, su propósito, su fe, etc. (2 Ti 3:10). Debido a eso, *a diferencia* de ellos, tenía que continuar en lo que había aprendido y con lo que estaba convencido, sabiendo de quién lo había aprendido (2 Ti 3:14).

La renovación por el Espíritu y la Palabra

El tercer elemento crítico para el crecimiento del pueblo de Dios es la renovación. A través de la renovación somos transformados en lo que Dios quiere que seamos (2 Co. 3:18; 1 Co. 13:13; 1 Jn 3:3). Pero, ¿cómo debe ocurrir la renovación? ¿Y qué papel juega el aprendizaje teológico en ese acontecimiento? Si exploramos algunos ejemplos bíblicos de renovación, como el incidente de los «huesos secos» (Ez 37), el derramamiento del Espíritu en el Día de Pentecostés (Hch 2) y el avivamiento que Esdras dirigió en el Israel posexilio (Neh 8), veremos que el aprendizaje teológico estuvo presente en todos.

Desde el punto de vista bíblico, es una verdad obvia que la renovación es obra de Dios. Para los profetas, Yahvé es Aquel que establece el plan y pone en marcha el programa para la transformación radical de su pueblo. Y a lo largo de las Escrituras, la obra renovadora de Dios ocurre por medio de la acción de su Espíritu, que infunde vida (Ez 37:9-10; cf. Ro 8:10-11) y cuya presencia y plenitud producen la obediencia (Ez 36:27; cf. Ef 5:18ss.).

Aunque es esencial, la acción divina directa no es el único criterio para que la renovación tenga lugar. La función de la Palabra de Dios está muy relacionada con la iniciativa de Dios y la acción del Espíritu como el *instrumento* de la renovación. Sin embargo, la Palabra no funciona por sí sola de una manera *ex opere operato*. Como veremos, los que experimentaron su poder renovador necesitaron la ayuda de personas que habían obtenido un entendimiento y perspectivas más penetrantes. Esto se expresa en varios lugares en las Escrituras. Profundizaré en las tres ocasiones que se mencionaron anteriormente a manera de ilustración.

En primer lugar, considere el famoso incidente del «valle de los huesos secos». Aquí, la proclamación del profeta es esencial para el proceso de revitalización. En esa visión, el mismo Dios le ordena a Ezequiel que «profetizara a los huesos» y les ordenara que «escuchen la palabra del Señor» (v. 4; RVR60). Es muy curioso que se le ordenara que profetizara «al Espíritu», ¡quien debía llevar a cabo la actividad renovadora (v. 9)! El proceso de renovación comenzó de verdad (v. 7b) y se cristalizó (v. 10b) cuando él llevó a cabo esa asignación doble de predicar en obediencia a la orden divina (vv. 7, 10).

El libro de Ezequiel deja claro que el entrenamiento que el profeta recibió para esta tarea no solamente fue evidente sino dramático, impactante y poco convencional. Antes de que fuera llamado al ministerio profético, Ezequiel aspiraba al sacerdocio, lo cual definitivamente lo involucró en la preparación teológica formal. Pero el trabajo nuevo demandaba un nuevo nivel de preparación. Esto requirió que absorbiera la Palabra de Dios totalmente[11] antes de que pudiera proclamarla (Ez 2:8-3:3). Tuvo que «comerse el rollo» y luego proclamarlo a la casa de Israel (Ez 3:1). Pero ni siquiera bastó con esa inmersión tan detallada en la Palabra. La comunicación verbal de la Palabra no era suficiente para un pueblo obstinado y recalcitrante. ¡La Palabra tenía que ser *dramatizada y representada*! Y el mismo Dios tendrá que entrenar al profeta con una modalidad bien creativa de proclamación profética. Más adelante, el entrenamiento requeriría dramatizaciones extrañas que exhibirían al mismo profeta como actor (Ez 3:24-27; 4:4-6; 5:1-4; 24:16-17). Los ejercicios rigurosos requerirían que usara su propia persona como una enseñanza visual y «señal para el pueblo de Israel» (Ez 12:6, 10; NTV).

Algo similar puede observarse con respecto al gran acontecimiento de renovación que ocurrió en Pentecostés (Hch 2). En tanto que es evidente que Dios mismo inició el poderoso derramamiento del Espíritu (2:1-3), fue necesario que Pedro proclamara la Palabra para que explicara su significado preciso a la multitud perpleja y facilitara el cumplimiento más grande de la promesa divina dada a través del profeta Joel (2:28-30). La exposición de Pedro acalló el asombro de la multitud (2:12), le proveyó una guía apropiada a la multitud confusa (2:37) y atrajo a la experiencia de renovación a una cantidad

11. Christopher Wright, *The Message of Ezekiel: A New Heart and a New Spirit* (El mensaje de Ezequiel: Un corazón nuevo y un espíritu nuevo), Leicester, Inglaterra, InterVarsity, 2001, p. 59.

mayor a los ciento veinte sobre los que el Espíritu descendió en el aposento alto (2:38-40).

Una vez más, aquí solamente se requiere reflexionar un momento para darse cuenta de que el papel de Pedro en ese acontecimiento decisivo de la historia redentora se debe en gran medida a la amplia preparación que recibió de Jesús. Además de exhibir una fuerte dosis del don del Espíritu, su mensaje en esa ocasión refleja un dominio del contenido bíblico, la profundidad de su entendimiento teológico, su sofisticación hermenéutica y la pertinencia de su sólido trasfondo teológico.

Nuestra tercera ilustración proviene del Israel posexilio. El avivamiento bajo el liderazgo de Esdras tal vez sea el acontecimiento que revele de forma más contundentemente el poder de la Palabra para efectuar la renovación espiritual y el papel facilitador del aprendizaje teológico en un proceso semejante. Un poco de contexto histórico puede ayudarnos a comprenderlo. Al cumplir su promesa de restaurar a Israel a una nación después de su cautiverio (Jr 25:11), Dios dirigió a Zorobabel, junto con un contingente de judíos de regreso a Israel para que iniciaran el proceso de restauración. Parte del plan incluía la reconstrucción del Templo (Esd 2:1-70). Zorobabel finalmente completó esa parte de la tarea (Esd 6:14-15). Sin embargo, el proyecto quedó incompleto. El muro de la ciudad siguió en ruinas por casi un siglo (Neh 1:2-3) y Dios remediaría esa condición lamentable enviando a Nehemías a la ciudad atribulada (Neh 2:1-10). Al igual que su predecesor, Nehemías también completó el trabajo (Neh 6:15-16). No obstante, estos logros combinados no significaron que la promesa de restauración se cumpliera. Además de la restauración del templo y de la reconstrucción del muro, ¡el pueblo tenía que ser renovado! Y para eso hacía falta un líder distinto: ¡Esdras!

La tarea de Esdras claramente fue un esfuerzo de educación teológica. Su contribución al proceso de restauración constó totalmente de sumergir al pueblo en la Palabra de Dios. Nehemías 8 revela que esa proeza fue lograda mediante una espectacular asamblea al aire libre que como un rayo láser estuvo enfocada en la Ley. Esa enorme asamblea fue convocada diariamente por un mes (Neh 8:18) durante el cual Esdras leyó públicamente la Ley (8:3), mientras que los levitas se encargaron de explicársela al pueblo (8:7-8). La asamblea, que estaba abierta a todos los que «podían entender» (Neh 8:2; RVR60), no fue otra cosa que un curso intensivo de exposición bíblica.

Esta exposición continua a la Palabra surtió un efecto transformador inmediato y profundo en el pueblo. La comprensión de la Palabra ocasionó pesar y arrepentimiento (Neh 8:12, 20). Su comprensión del carácter y de las obras de Dios descritas en la Ley, junto con el reconocimiento de su propia desobediencia, los llevó a un pacto con Dios y a un voto solemne de «obedecer la ley de Dios [...] y seguir al pie de la letra todos los mandatos, las ordenanzas y los decretos del Señor» (Neh 10:29; NTV). Bajo la luz inquisitiva de la Palabra y su poder penetrante, un pueblo que pasó años de decadencia espiritual en el exilio, por fin despertó a su responsabilidad de seguir a Dios y de cumplir sus leyes incondicionalmente.

El papel del aprendizaje teológico en esta renovación es aún más directo. Esdras era un sacerdote-erudito. Como escriba (heb. *sofer*), era diestro y un erudito en las Escrituras e «hizo de la ley escrita un tema de investigación[12]». Además del estudio formal para el sacerdocio, la experiencia de Esdras fueron el producto de su devoción al estudio, al cumplimiento y a la enseñanza constante de la Ley del Señor (Esd 7:10). Esta dedicación hizo que fuera reconocido como un maestro eficaz de la ley de Dios (Esd 7:11) y que un rey pagano lo nombrase el líder de un grupo de otros eruditos (8:17), el cual lideró el movimiento de educación religiosa que produjo la gran renovación mencionada anteriormente.

La educación teológica y el avance de la misión de Dios

Las Escrituras nunca conciben al pueblo de Dios, ya sea el viejo o el nuevo, como que se pertenece a sí mismo. Siempre se le conceptualiza como el pueblo *de* Dios —su posesión preciada y privada (Ex 4:19; 1 P 2:9) —. Al entenderse de esa manera, su existencia no gira en torno a sí mismo (1 Co 6:19; Ro 14:8, 9); más bien, tiene que dedicarse a la búsqueda del propósito de Dios, a quien le pertenece (Ro 12:1-2). Al mantener ese entendimiento, el bienestar del que hablamos en la sección anterior no debe percibirse como un fin en sí mismo. Como la buena condición física de un atleta, tiene que verse como un acondicionamiento necesario para el involucramiento en algo mucho más grandioso: *la participación en la misión de Dios*. Y ya que tal es el caso, es lógico

12. Carl F. Keil y Frans J. Delitzsch, *I & II Kings, I & II Chronicles, Ezra, Nehemiah, Esther*, vol. 3 of *Commentary on the Old Testament* (Reprint 1969), Grand Rapids, MI: Eerdmans, 1982, p. 95.

que la pertinencia de la formación teológica no termine con su fomento del bienestar de la Iglesia. Además, forzosamente debe incluir el prepararla para que participe en el cumplimiento de la misión divina.

Claro, una discusión exhaustiva del significado de la *missio Dei* y de la función precisa de la Iglesia en su ejecución va más allá del alcance de este capítulo. Para nuestro propósito aquí, adoptaremos una postura minimalista y hablaremos de la misión divina/eclesiástica como un diamante de cuatro facetas, compuesto por un ministerio diaconal, un testimonio *kerigmático*, un compromiso profético y una exaltación doxológica.

El ministerio diaconal

De acuerdo con las Escrituras, el propósito del pueblo de Dios es ser una comunidad de servicio. No tan solo forma un reino de sacerdotes que existe para servir a Dios (Ex 19:6-Ap 1:6), pues también constituye una comunidad de santos cuya razón de ser es de beneficiarse los unos a los otros (Ga 5:13; Jn 13:12-17). Por eso, a pesar de su insistencia en el papel importante de los pastores especialmente preparados, Pablo podía argumentar que el ministerio debe involucrar a todo el pueblo de Dios (Ef 4:12). Y ese involucramiento no es un lujo porque de ello depende el crecimiento, la estabilidad e integridad de la comunidad eclesiástica (Ef 4:13-16). Pero, ¿cómo es posible semejante trabajo diaconal? Por medio del don doble que implica la actividad del Dios trino. En primer lugar, el Espíritu, junto con los miembros de la Deidad, soberanamente dota a cada miembro del cuerpo eclesiástico de habilidades y dones (gr. *charismata*, 1 Co 12:1ss) cuyo fin es que funcionen para el bien común (1 Co 12:3). Además, el mismo Cristo trascendente y cósmico le da *cierta* gente *dotada* a la comunidad eclesiástica con el propósito expreso de hacer que sea apta (gr. *katartismos*) para ese ministerio diaconal mutuo. Estos tienen que equipar a todo el pueblo de Dios para «la obra del servicio» (gr. *ergon diakonias*, Ef 4:12; NVI).

En el pensamiento de Pablo, la aptitud que califica al pueblo de Dios para que participe del trabajo diaconal eficaz no es endeble, sino robusta y fuerte. Ésta implica la firmeza de la convicción doctrinal (4:14-15), el desarrollo dinámico, orgánico y corporativo (16) y el crecimiento espiritual continuo hacia la semejanza de Cristo (13). Si vamos más allá del contexto inmediato de Efesios 4 al contexto más amplio del libro, rápidamente nos damos cuenta de que esta preparación de los creyentes para la tarea ministerial conlleva el suministro del conocimiento de las cosas profundas de Dios. El mismo Pablo inició este proceso educativo proclamándole a la Iglesia «las incalculables riquezas de Cristo» y al explicarle a todos el misterio redentor de Dios «que desde los tiempos eternos se mantuvo oculto en Dios» (Ef 3:9; NIV). Este ministerio diaconal demanda nada menos que «el desarrollo de un cuerpo de teólogos laicos, cuyo papel es el de ayudar en el ministerio educativo de la Iglesia[13]».

El papel de la formación teológica aquí es esencial. Si para que el pueblo de Dios lleve a cabo la obra del ministerio tiene que estar equipado teológicamente, no hace falta decir que a quienes se les confíe esa tarea, también tienen que estar preparados teológicamente. La tarea diaconal, entonces, requiere que la Iglesia transmita el conocimiento teológico a dos niveles. Los podemos etiquetar como nivel 2 y nivel 3, correspondientes con la preparación del clero y de los laicos respectivamente. En cuanto a eso, el teólogo griego ortodoxo Calivas tiene razón cuando afirma que «los laicos y el clero por igual tienen que [...] esforzarse para lograr un nivel de cultura teológica [...] y todo el cuerpo de la Iglesia tiene que buscar y practicar esa teología[14]». Al entenderlo de esa manera, difícilmente puede decirse que la educación teológica es elitista. Incluso en su forma especializada, es la educación del pueblo de Dios para el cumplimiento de la misión de Dios.

El testimonio kerigmático

Además del ministerio diaconal, una parte importante de la razón de ser del pueblo de Dios es testificar de la gracia redentora de Dios y, al hacerlo, servir como canal de bendición para el mundo (Gn 12:3; 2 Co 5:18). Justo unos momentos antes de su ascensión, el mismo Cristo les recordó a los discípulos de su responsabilidad evangelizadora. En sus instrucciones finales, les dice que fundados sobre su sufrimiento, muerte y resurrección, tenían que predicar «en su nombre el arrepentimiento y el perdón de pecados en todas las naciones,

13. Dieumeme Noelliste, *Toward a Theology of Theological Education* (Hacia una teología de la educación teológica), Seúl, Corea, Comisión Teológica de WEF, 1993, p. 15.

14. Alkiviadis Calivas, «Theology and Theologians: An Orthodox Perspective» (La teología y los teólogos: Una perspectiva ortodoxa), en *Theological Literacy for the Twenty-First Century* (Cultura teológica para siglo veintiuno), ed. Rodney Petersen, Grand Rapids, MI, Eerdmans, 2002, p. 30.

comenzando desde Jerusalén» (Lc 24:47; RVR60). A los discípulos, por supuesto, el don especial del Espíritu les sería dado para esa tarea (Lc 24:49; Hch 1:8). Pero además, todo el tiempo tendrían la necesidad de recibir la clase de iluminación cognitiva que la instrucción teológica haría posible. El mismo Jesús inició esto por medio de su breve curso de repaso a los discípulos, en el que «les abrió la mente para que entendieran las Escrituras» (Lc 24:45; NTV). Cuando la misión evangelizadora fue puesta en marcha en serio, Pedro, como lo vimos antes, hizo buen uso de su conocimiento teológico para explicarle a la multitud atónita lo que estaba presenciando (Hch 2:14). A medida que la misión avanzaba, Felipe hizo con el eunuco etíope (hombre enseñable aunque evidentemente ignorante) lo que Jesús hizo antes por los discípulos. El eunuco leía diligentemente a Isaías sin entender el significado del profeta. Felipe tuvo que abrir la mente del hombre devoto y *explicarle las Escrituras* para que entendiera lo que estaba leyendo (Hch 8:30-34). Nótese que fue el mismo Espíritu el que lo envió a la carroza del eunuco para que lo enseñara. ¡Es significativo que el Espíritu consideró necesario usar a un agente humano para que llevara a cabo la tarea didáctica que él pudo haber hecho (Jn 14:25)!

Durante la fase final de la misión, a medida que Pablo, el apóstol de los gentiles, estaba absorto en llevar el mensaje redentor a la totalidad del mundo conocido de entonces, comprendió, tal vez con más entusiasmo que sus colegas, la gran importancia de tener una base teológica apropiada para la tarea misionera. Por lo tanto, al llegar a la ciudad importante de Éfeso, al darse cuenta del deficiente conocimiento teológico de los discípulos (Hch 19.2 ss.), inmediatamente decidió establecer un centro de aprendizaje teológico para remediarlo (Hch 19:8-10). Al final, el esfuerzo no resultó simplemente en la adquisición del conocimiento teológico. Más aún, llevó al esparcimiento de la Palabra de Dios entre todos los habitantes de la provincia de Asia (Hch 19:10) y consecuentemente a que el nombre del Señor fuera honrado en esa ciudad pagana (19:17).

Compromiso profético

De la mano con el mandamiento evangelista, del que se habló en la sección anterior, va el mandato bíblico, emitido al pueblo de Dios, de involucrar a la sociedad con las implicaciones del mensaje de Dios para el mundo. En las Escrituras, tanto a Israel como a la Iglesia se les ordena que sean luz para un mundo oscuro (Is 42:6; Mt 5:13; Fil 2:14). Para Jesús, esa orden no es cumplida con una relación distante del mundo, sino por medio de una vinculación estrecha. Él oró explícitamente para que su pueblo *no* fuera quitado del mundo (Jn 17:15). Antes bien, quiere que permanezcan *en* éste, sin ser parte *de* éste (Jn 17:16). Además, para que esa relación sea auténtica, no puede limitarse a una simple presencia eclesiástica; tiene que incluir acciones que correspondan con la autenticidad e integridad eclesiástica. Así lo demuestra su mandamiento a los discípulos de continuar su misión: «Así como tú me enviaste al mundo, yo los envío al mundo» (Jn 17:18; NTV). Por los evangelios sabemos que la práctica misionera de Jesús fue profundamente profética. En el cumplimiento de su misión con sus palabras desafió el *statu quo* (Mt 23:1ss.). Éste defendía valores que contradecían la tendencia cultural (Mr 2:23-28) y participó en actos que estropeaban los planes socioculturales (Mr 3:4-6; Jn 4:27).

¿Qué tiene que ver la educación teológica con el papel de la Iglesia en el cumplimiento de este mandamiento misional, profético? Jesús responde esta pregunta con otra de sus palabras finales a sus discípulos antes de su ascensión. En Mateo 28:16-20, Jesús da otra orden a los once, pero esta vez no va dirigida al cuidado pastoral ni el alcance evangelista. Su enfoque es el *discipulado.* Su instrucción es «hacer discípulos» (gr. *matheusete*; v. 19). Los eruditos bíblicos parten de la estructura de este texto para establecer que el hacer discípulos es la idea central del mandamiento. Por ejemplo, Donald Hagner hace un estudio exegético, detallado y concluye que: «… el énfasis de la comisión no recae en la proclamación inicial del evangelio [como se sostiene comúnmente], sino más bien en la ardua tarea de nutrir la experiencia del discipulado[15]». Hagner añade que el énfasis del mandamiento principal se «fortalece y explica» con la orden secundaria de «enseñarles a obedecer todo lo que les he mandado[16]».

Claramente, el propósito de la comisión del Señor es que infiltremos las naciones con comunidades de aprendizaje, similares a la que él mismo estableció en el antiguo Israel. Los discípulos tenían que hacer con los creyentes potenciales lo que Él mismo hizo con ellos[17]. Así, de la misma manera en que fue su maestro teológico, ellos serían maestros teológicos para la Iglesia que estaba a punto de aparecer en el escenario global. Y para Jesús no era una necesidad

15. Donald A. Hagner, *Biblical Word Commentary: Matthew 14-28* (Comentario de la palabra bíblica: Mateo 14-28), Dallas, TX, Word, 1995, p. 887.

16. *Ibíd.*

17. *Ibíd.*, p. 888.

pasajera. Eso debe continuar «hasta el fin del mundo» (Mt 28:20; NVI). He aquí la responsabilidad eclesiástica continua de «transmitir la [enseñanza de Jesús] y de encargarse de que los nuevos discípulos la hagan su forma de vida[18]». Pero, ¿cuál es el propósito de este esfuerzo de hacer discípulos? Encontramos una pista a la respuesta en la clarificación que Jesús hace del contenido y el propósito de la orden. La comisión es enseñar a los cristianos por todas partes a «obedecer todo lo que les he mandado» (Mt 28:19; NVI). En pocas palabras, la orden es enseñar con miras a la obediencia. Pero, ¿qué significa exactamente? Basta con darle un vistazo rápido al Evangelio de Mateo para que notemos que el cuerpo de mandamientos a enseñar y obedecer no es literatura benigna ni amigable con la cultura. Para el primer evangelista y sus colegas, las enseñanzas de Jesús eran revolucionarias. En esas enseñanzas es primordial el Sermón del Monte, que contiene los valores y estándares del reino que Jesús ha inaugurado y que es famoso por su carácter inconformista y contracultural[19]. La práctica misionera de Jesús y del primer grupo de sus seguidores demuestra que el involucramiento de la sociedad en la enseñanza y la práctica de ese mensaje es una postura profética costosa. Aun así, la educación teológica que tiene pertinencia misional está llamada a esa clase de discipulado, a equipar al pueblo de Dios para que se involucre. En las palabras del teólogo chino Carver Yu, es la educación teológica que «involucra a la dimensión eclesial y […] faculta a la Iglesia» para que involucre al mundo en un testimonio profético penetrante y transformador[20]. Visto desde esa perspectiva, entonces, la educación teológica es una dimensión crucial de la misión. Ese aspecto del ministerio educativo de la Iglesia implica un testimonio pertinente del reino, con miras a la transformación del mundo hacia la dirección de la voluntad de Dios (Mt 6:10). En la perspectiva del erudito del Antiguo Testamento, M. Daniel Carroll R., esta tarea misional llama a la educación teológica, donde sea que funcione, a crear y nutrir un estilo de vida para los cristianos «que

18. *Ibíd.*

19. Véase la exposición completa de John Stott del Sermón del Monte (Sermon on the Mount), bajo el título *Christian Counter-Culture* (Contracultura cristiana), Downers Grove, IL, InterVarsity Press, 1978).

20. Carver Yu, «Engaging the Ecclesial Dimension: Theological Education that Empowers the Church» (Cómo enlazar la dimensión eclesial: La educación teológica que faculta a la iglesia) en *The Pastor and Theological Education: Essays in Memory of Derek Tan* (El Pastor y la educación teológica: Ensayos en memoria de Derek Tan), eds. Siga Artels, *et al.*, Bangalore, India, Asia Theological Association, 2007, p. 166, 177.

está apartado del mundo —aunque es para el mundo»— al discernir «cómo encarnar de mejor manera los ideales de Dios para nuestro tiempo, en los diversos escenarios alrededor del mundo[21]».

Exaltación Doxológica

Pero, desde la perspectiva de las Escrituras, ninguna de las cosas mencionadas hasta aquí califica como la *razón de ser* final de la misión de Dios: todas son dimensiones secundarias del propósito y la intención divinos. Al final, la misión de Dios termina con Dios mismo. Cada uno de sus diversos aspectos debe encontrar su realización en su alabanza y gloria. Si el pueblo de Dios se fortalece a través del ministerio diaconal, es con el fin de que, como reino de sacerdotes, pueda servir a Dios, declarar sus alabanzas (Ex 19:5; Ap 1:6; 1 P 2:9) y ofrecer sacrificios espirituales que sean aceptables (1 P 2:5). Si se relaciona con el mundo a través de un discipulado expresado en un testimonio profético, robusto y penetrante, es con el fin de que, al haber visto sus buenas obras, la gente glorifique a Dios (Mt 5:13). Si se benefician del privilegio y de la oportunidad de compartir con otros la buena noticia de la gracia reconciliadora de Dios, es, en última instancia, «por amor de su nombre» (Ro 1:5; RVR60).

La educación teológica contribuye enormemente al cumplimiento de ese propósito misional final en el grado en que permite que el pueblo de Dios alcance esas metas misionales secundarias que redundan en la alabanza a Dios. Pero su contribución es aún más directa y pertinente cuando se enfoca en su labor teológica central, la cual consta de aclarar las cualidades y virtudes que establecen la particularidad del Dios bíblico entre todos los seres que se adjudican la condición de deidad (Is 40), y al hacerlo, justifica y defiende el derecho de Dios de ser el único objeto de adoración y alabanza. Como Miroslav Volf sostiene en su artículo titulado de manera pintoresca «Dancing for God» (Bailando para Dios), la educación que es verdaderamente teológica debe «mantener a Dios en el centro» de su actividad. Porque independientemente de los éxitos que tenga en otros aspectos de su iniciativa, si fracasa en esto, ha

21. M. Daniel Carroll R., «Perspectives on Theological Education from the Old Testament» (Perspectivas sobre la educación teológica desde el Antiguo Testamento), *Evangelical Review of Theology* 29, no. 3, julio 2005, p. 235.

fracasado totalmente[22]. El comentario de Stott sobre la introducción de Pablo a su Carta a los Romanos se hace eco de la misma opinión:

> El más elevado de los motivos misioneros no consiste en cumplir la Gran Comisión (aunque tiene su importancia, desde luego), ni el amor por los pecadores que se encuentran alienados y camino a la perdición (por fuerte que sea dicho incentivo, especialmente cuando contemplamos la ira de Dios, versículo 18), sino más bien el celo abrasador y apasionado por la gloria de Jesucristo[23].

Aun así, el que Dio sea el foco central de nuestros esfuerzos educativos de ninguna manera implica que minimicemos la importancia de los objetivos secundarios. Stott calma esta preocupación con sus comentarios entre paréntesis en la cita anterior. Pero Wolf trata el tema con más poder e intensidad cuando sostiene que atendemos todas las demás preocupaciones de mejor manera cuando ponemos a Dios en primer, en el lugar más alto. La lógica de este razonamiento es convincente:

> Dios es el creador y un amante resuelto de la creación; los seres humanos y su mundo *son* la esfera y los intereses de Dios. Es imposible bailarle a este Dios para el detrimento de la creación. El baile que le agrada a Dios bendecirá a las criaturas. En efecto, dado que Dios es la fuente de todo el bien de la creación, *solo* el baile que le agrade hará que la creación florezca[24].

La educación teológica y la conservación de la integridad de la fe cristiana

De acuerdo con la Biblia, la fe cristiana no surgió en la escena religiosa del mundo debido a la planificación humana, sino al desarrollo providencial del plan de Dios y al cumplimiento de su propósito. Todos los grandes acontecimientos redentores, los cuales fueron fundamentales para el surgimiento de la nueva

22. Miroslav Volf, «Dancing for God: Challenges Facing Theological Education Today» (Bailando para Dios: Los desafíos que la educación teológica enfrenta hoy), *Evangelical Review of Theology* 29, no. 3, julio 2005, p. 200.

23. John R. W. Stott, *El mensaje de Romanos*, traducción por David Powell, Buenos Aires, Certeza Unida, 2007, p. 47.

24. Volf, «Dancing for God», 207. El énfasis es suyo.

fe, ocurrieron de acuerdo con el tiempo y según el propósito establecido de Dios (Ga 4:4; Jn 12:23; Hch 2:23). Gamaliel parece tener un indicio de eso cuando le aconsejó al establecimiento religioso judío que dejara de perseguir a los proponentes de la nueva fe, no fuera que se encontraran «luchando contra Dios» (Hch 5:39; NVI).

Aun así, a pesar de la sanción divina, desde el mismo principio, los pioneros de la fe cristiana fueron muy francos en cuanto a la vulnerabilidad de ésta. Ellos sabían que la existencia continua del «Camino» nuevo (Hch 9:2) no debía darse por sentado, sino que era una causa por la que había que luchar. De esa manera, para la primera generación de cristianos ya amenazados por el peligro de la apostasía, Judas, el medio hermano de Jesús, emite la súplica urgente: «Sigan luchando vigorosamente por la fe encomendada una vez por todas a los santos» (v. 3; NVI). La palabra griega para «luchar vigorosamente» (*epagonizo*) habla de la clase de esfuerzo intenso que el atleta hace en el calor de una competencia exigente[25]. En 2 Corintios 10, Pablo amplía el significado de esta batalla al expresarla en términos militares. Para él, la lucha implica una batalla intelectual real: «Destruimos argumentos y toda altivez que se levanta contra el conocimiento de Dios, y llevamos cautivo todo pensamiento para que se someta a Cristo» (v. 5; NVI). Y esa batalla requiere, no un contingente de luchadores élite, sino el reclutamiento y la participación activa de todos los cristianos. Nos dice que la Iglesia como un todo es «columna y fundamento de la verdad» (1 Ti 3:15; NVI). Por esta razón, Pedro insiste en que los cristianos siempre deben estar preparados para dar una defensa racional (gr. *apologia*) cada vez que alguien les pida una explicación (gr. *logos*) de su esperanza (1 P 3:15).

Aunque no sea enfatizado, es evidente que esta defensa intelectual y cognitiva, tan esencial para la conservación de la integridad de la fe, *amerita* una preparación teológica adecuada. El teólogo griego ortodoxo A. Calivas ve esto claramente cuando afirma: «… ya que cada cristiano ortodoxo participa en la vida de la Iglesia; tiene la responsabilidad de defender la verdad (…). *Por esta razón,* el clero y los laicos por igual deben batallar para crecer en la piedad genuina *y* esforzarse por alcanzar un nivel de cultura teológica…[26]» Pero esa

25. Cleon L. Rogers Jr. y Cleon L. Rogers III, *The New Linguistic and Exegetical Key to the Greek New Testament* (Nueva lingüística y clave exegética para el Nuevo Testamento griego), Grand Rapids, MI, Eerdmans, 1998, p. 605.

26. Calivas, «Theology and Theologians», p. 30, las cursivas son mías.

nota que aparece al calce de los textos mencionados en los párrafos anteriores es predicada abiertamente en otras partes de la correspondencia paulina, particularmente en sus cartas a Timoteo —su hijo en la fe—. Para Pablo, además de esa pertinencia para la defensa intelectual, la gran importancia de un liderazgo teológicamente capaz para el mantenimiento de la integridad de la fe cristiana es obvia desde una perspectiva triple: la protección, transmisión y enseñanza de la fe.

La valoración de la fe

En el primer caso, para el apóstol, la preparación teológica conserva la fe al asegurar que sea valorada. Aquí, *valoración* significa 'la protección de la fe'. Se refiere a la conservación de su integridad y autenticidad. El atesorarla es asegurarse de que sea conservada en una forma no adulterada para la posteridad.

La nota de la valoración de la fe, en el sentido que se menciona aquí, se encuentra a lo largo de las cartas de Pablo. En Gálatas, afirma que ni siquiera a los ángeles se les debe permitir alterar el contenido de la fe. «Pero aun si alguno de nosotros o un ángel del cielo les predicara un evangelio distinto del que les hemos predicado, ¡que caiga bajo maldición!» (Ga 1:8; NVI). Él amonesta a los creyentes de la iglesia de Tesalónica a que se mantengan «fieles a las enseñanzas que, oralmente o por carta, les hemos transmitido» (2 Ts 2:15; NVI).

Debido a esta preocupación es que hacia el final de su vida, Pablo siguió insistiéndole al joven pastor Timoteo que mantuviera la fe inmaculada que le había sido impartida. «Aférrate al modelo de la sana enseñanza [...] guarda con sumo cuidado la preciosa verdad que se te confió» (2 Ti 1:13, 14; NTV). Claramente, el evangelio está vinculado con un estándar doctrinal, el cual tiene que ser guardado para que la fe en sí no sea distorsionada ni pervertida. Cuando Pablo habla en 2 Timoteo 2:2 de «las cosas que has oído», está refiriéndose al «depósito», el evangelio, la fe que debe ser atesorada para que sea transmitida en forma segura.

Ahora bien, ¿qué tiene que ver la preparación teológica con la valoración de la fe? «El depósito» que Timoteo tiene que guardar no le fue entregado en un sueño ni por intuición. Como vimos, Timoteo era digno de confianza para guardarla porque había sido instruido en ella. La recibió primero en el ambiente de su hogar (1:5). Después, su mentor, Pablo le impartió una exposición más completa y continua. El joven pastor era responsable de guardar lo «que había aprendido». Se le dijo que se aferrara y que velara las cosas que le habían enseñado.

Esa necesidad de valorar o de proteger la fe no ha dejado de ser tan urgente como cuando Pablo la expresó por primera vez. Como sucedía en aquel entonces, todavía os cristianismos falsos siguen llenando el mercado religioso. Y los maestros heterodoxos actuales no son menos astutos que sus homólogos de antaño. Ellos han aprendido bien el arte de expresar las distorsiones doctrinales en un lenguaje que suena bíblico con tal de ganarse la credibilidad. En tiempos como este, el mantenimiento de la autenticidad de la fe depende de los «Timoteos» de la época moderna, quienes al haber sido preparados, son capaces de escudriñar los escombros de hoy, rescatar a la preciosa gema y protegerla para la posteridad.

La transmisión de la fe

En segundo lugar, Pablo enseña que la preparación teológica conserva la fe al asegurar su *transmisión*. En 2 Timoteo 2:2, Timoteo no tan solo recibe instrucciones de que guarde las cosas que ha oído, sino que también se le da la oportunidad de asegurar que la próxima generación reciba la fe que ha valorado. La fe no es valorada por su propio bien; es guardada para que la posteridad la reciba intacta. *La transmisión continua es el método del cristianismo de perpetuarse a sí mismo.*

Para asegurar que la fe pase a salvo a la siguiente generación, Timoteo es instado a que se la confíe a gente responsable y digna de confianza. Como lo ha dicho Donald Ward: «Un tesoro tan precioso como el evangelio no debe confiársele a cualquiera ni a todos[27]». Aquellos dignos de semejante responsabilidad sagrada deben dar evidencias de que «la preciosa verdad que ha sido puesta bajo su responsabilidad» no correrá el riesgo de que «se pierda, se la roben o alteren[28]».

De nuevo, al igual que Timoteo, los que asegurarían la transmisión del evangelio no nacieron con la capacidad de realizar esa labor. *Tuvieron que ser equipados para ella.* Deben estar aptos para que transmitan la fe de un modo

27. Donald A. Ward, *Commentary on 1 and 2 Timothy and Titus* (Comentario de 1 y 2 Timoteo), Waco, TX, Word Books, 1974, p. 160.

28. *Ibíd.*, p. 125.

competente y seguro. Ese requisito es perpetuo. *La transmisión responsable de la fe cristiana, sana requiere de un liderazgo preparado teológicamente. Si se deja al cuidado de líderes mal preparados la próxima generación pudiera heredar una fe híbrida.* En las palabras del misionólogo británico Andrew Walls, esa «difusión» intergeneracional es el «alma de la fe cristiana histórica[29]». La fe cristiana, y de hecho, como un todo, «siempre está a una generación de la extinción[30]».

Una de las cosas que hace que la participación de un liderazgo teológicamente preparado sea absolutamente esencial para esta tarea, es el hecho de que la transmisión que se requiere aquí no es la simple transmisión verbal de un mensaje antiguo. Más bien, como lo sostiene Walls, más allá del lenguaje, la transmisión de la fe busca penetrar en la estructura profunda de la cultura, con miras hacia «hacer que todos se vuelvan a Cristo[31]». Y esta obra ha adquirido un carácter urgente a la luz de que el centro de gravedad de la fe cristiana se ha mudado hacia el sur, lo cual claramente ha resultado en la «transformación demográfica de la Iglesia[32]». Porque, claramente, un «liderazgo teológico occidental para una Iglesia predominantemente no occidental es una incongruencia[33]» que debe ser remediada.

La enseñanza de la fe

En tercer lugar, de acuerdo con Pablo, la preparación teológica conserva la fe cristiana al fomentar su *enseñanza* responsable. La fe debe ser valorada y transmitida fielmente para que sea enseñada fielmente al pueblo de Dios. Timoteo es instado a que prepare a personas fieles quienes a su vez, puedan enseñar a otros. «… Lo que me has oído decir en presencia de muchos testigos,

29. Andrew F. Walls, «Christian Scholarship and the Demographic Transformation of the Church» (La erudición cristiana y la transformación demográfica de la iglesia), en *Theological Literacy for the Twenty-First Century*, ed. R. Petersen, Grand Rapids, MI, Eerdmans, 2002, p. 171.

30. David Tracy, «On Theological Education: A Reflection» (Sobre la educación teológica: Una reflexión), en *Theological Literacy for the Twenty-First Century*, ed. R. Petersen, Grand Rapids, MI, Eerdmans, 2002, p. 21. La preocupación de Pablo por la transmisión continua de la fe claramente hace eco en el libro de Deuteronomio, con sus requerimientos repetidos a la generación contemporánea de transmitir las enseñanzas de la Tora a la siguiente (Dt 4:9-11, 6:1-2, 6-9; 11:1-7, 18-20).

31. Walls, «Christian Scholarship», p. 171.

32. *Ibíd.*, p. 166.

33. *Ibíd.*, p. 173.

encomiéndalo a creyentes dignos de confianza, que a su vez estén capacitados para enseñar a otros» (2 Ti 2:2; NVI).

Anteriormente llamamos la atención a los niveles dos y tres de la educación teológica, en conexión con el ministerio diaconal de la Iglesia. Aquí tenemos una base bíblica firme para la preparación teológica de primer nivel. Este nivel tiene que ver principalmente con la preparación de los que preparan a otros. Se enfoca en la preparación de lo que Orlando Costas llama «maestros de ministros», también conocidos en el idioma paulino como «doctores», y en nuestra jerga como «eruditos» de la fe. Además de la enseñanza, su función consta en proporcionar las herramientas académicas y los recursos necesarios para el aprendizaje y la enseñanza cristianos —una tarea que es vital para la transmisión de la fe a las generaciones futuras[34]. Aquí, uno piensa inmediatamente en el ministerio de enseñanza de Felipe al eunuco etíope, o de Ananías a Pablo, o de Aquila y Priscila a Apolos, o de Pablo a Timoteo, etc. Cabe señalar que ese entrenamiento era considerado necesario independientemente del discernimiento, la condición espiritual o el nivel de logro académico e iluminación espiritual del alumno. Apolos era un orador lleno de conocimiento, brillante e ingenioso (Hch 18:24, 28); aun así, todavía necesitaba la ayuda particular del equipo de esposos, Aquila y Priscila, para que le corrigieran su teología deficiente y le explicaran «con mayor precisión el camino de Dios» (Hechos 18:26; NVI). La devoción del eunuco etíope es evidente en su interés profundo y receptividad al camino de Dios (Hch 8:27, 28); aun así, esa condición espiritual no hizo que la instrucción de Felipe fuera innecesaria y redundante, como él mismo lo reconoció (8:31). Tampoco la educación de primera clase de Pablo a los pies del famoso maestro Gamaliel ni su espectacular encuentro con el Cristo resucitado (Hch 9:36-6) ni la revelación especial que recibió del mismo Dios (Ga 1:15ss.) imposibilita la necesidad del ministerio de enseñanza de Ananías, ni la tutoría de Bernabé. De manera similar, la crianza piadosa de Timoteo y su continua exposición a la Palabra desde sus primeros años *tuvieron* que ser reforzadas con la preparación y la tutoría de Pablo, antes de que pudiera asumir el papel demandante de liderazgo pastoral.

34. Noelliste, *Toward a Theology of Theological Education*, p. 14.

Conclusión

Si el argumento que ha sido presentado en las páginas anteriores tiene algún mérito, podemos concluir de manera segura que el aprendizaje teológico claramente no es un complemento insignificante para el cumplimiento de la obra de Dios en la escena histórica, sino un elemento necesario para el desarrollo del propósito divino. En todos los aspectos del plan divino que se discuten en el ensayo, el aprendizaje teológico es latente, claramente evidente o dado por sentado. Y no hay que obviar que su papel es resaltado en algunas de las coyunturas cruciales del desarrollo del plan divino. Fue muy importante en el proyecto de restauración posexilio. Tuvo un lugar prominente durante la preparación para el surgimiento de la Iglesia. Y fue prominente en la ejecución del mandamiento evangelista que resultó en el lanzamiento y esparcimiento del movimiento cristiano. Todo esto no es para insinuar que Dios no podía llevar a cabo su plan sin ese instrumento; más bien, es para reconocer y acentuar que *él ha* decidido hacer uso de una vasija tan imperfecta, quizá, como una compañera aparentemente indispensable, pero definitivamente como una asistente útil en el desarrollo de su economía.

Puntos para reflexión y acción

1. Según el argumento presentado en este capítulo, el aprendizaje teológico es un acompañamiento esencial para el desarrollo del plan de Dios. A medida que reflexiona en este pensamiento y ve de reojo a su propia institución, ¿qué tan evidente es el conocimiento de esta verdad en el entendimiento de sí misma de su institución? Si esa conciencia se puede sentir en la vida de la institución, ¿qué cosas específicas lo señalan? De lo contrario, según su opinión, ¿qué hay que hacer para asegurar que llegue a ser parte integral del etos de la institución?
2. En la literatura sobre educación teológica Casi siempre se ha expresado descontento por la relación entre las instituciones teológicas y la Iglesia. Si se asume que es una queja fundada, ¿qué tanto le preocupa esa situación, dada la enseñanza bíblica sobre la importancia de la preparación teológica para el bienestar de la Iglesia?

En una escala de mala a excelente, ¿cómo calificaría usted la relación de su institución y la iglesia de su comunidad?

☐ Mala ☐ Aceptable ☐ Buena ☐ Excelente

Si la relación es menos que buena, ¿dónde cree que está el problema? ¿Qué medidas prácticas hay que tomar para remediar la situación?

3. Aparte de la relación, si mira a diez años atrás e intenta determinar el impacto de su institución en la salud de la Iglesia en su comunidad, ¿cómo caracterizaría la contribución de la institución?

   ☐ Insignificante ☐ Débil ☐ Promedio ☐ Fuerte

   Si la contribución es menos que buena, ¿a qué le atribuiría el desempeño menos que ideal? ¿Qué pasos prácticos puede dar en este momento para comenzar a mejorar la condición de la institución?

4. La educación teológica formal a veces ha sido etiquetada como elitista. Al darle un vistazo sincero a la preparación que su institución ofrece, ¿ve alguna base para esta crítica? Si es así, a medida que reflexiona en la discusión sobre la función diaconal y didáctica (enseñanza) de la educación teológica, ¿ve alguna contribución que pueda ayudar para combatir esta falla? Si resalta esa contribución, ¿cómo se puede traducir a la práctica en la vida de su institución?

5. A veces se percibe que la educación teológica y la misión están embarcadas en trayectorias distintas. Este capítulo surge de esa opinión y más bien sostiene una relación simbiótica entre las dos. ¿Está de acuerdo con esta postura? Si es así, utilizando la escala que se proporciona abajo, ¿cómo calificaría el carácter misionero de la preparación que se ofrece en su institución?

   ☐ No-misional ☐ Escasamente misional

   ☐ Moderadamente misional ☐ Significativamente misional

   ☐ Completamente misional

   Si su calificación está por debajo del nivel de «significativamente misional», ¿qué piedras de tropiezo hay en el camino para que usted irrumpa por ese umbral? ¿Qué puede hacer para quitarlos?

6. A veces se oye el clamor por una metodología en la educación teológica que le reste importancia a los «temas académicos» (p. ej., los idiomas bíblicos, la teología sistemática, etc.) a favor de las llamadas «disciplinas prácticas» (p. ej., la consejería, la administración, etc.). A la luz de la preocupación bíblica para que la Iglesia arme una defensa efectiva de la fe, ¿qué tan sabio es este llamado?

Recursos para el estudio adicional

Aleshire, Daniel, *Earthen Vessels: Hopeful Reflections on the Work and Future of Theological Schools*, Grand Rapids, MI, Eerdmans, 2008.

Banks, Robert, *Reenvisioning Theological Education*, Grand Rapids, MI, Eerdmans, 1999.

Barro, Antonio, y Manfred Kohl, eds., *Liderança para um novo século*, Londrina, Brasil, Descoberta Editora, 2003.

Evangelical Review of Theology 29, no. 3, julio 2005, toda la edición.

Farley, Edward, *Theologia*, Philadelphia, PA, Fortress Press, 1983.

Kohl, Manfred W., y A. N. Lal Senanayake, eds. *Educating for Tomorrow: Theological Leadership for the Asian Context*, Bangalore, India, SAIACS Press and Overseas Council International, 2002.

Noelliste, Dieumeme, *Toward a Theology of Theological Education*, Seúl, Corea, WEF Theological Commission, 1993.

Padilla, C. René, ed., *Nuevas Alternativas de Educación Teológica*, Grand Rapids, MI, Eerdmans, 1986.

Petersen, Rodney, ed., *Theological Literacy for the Twenty-First Century*, Grand Rapids, MI, Eerdmans, 2002.

Stockhouse, Max, *Apologia: Contextualization, Globalization and Mission in Theological Education*, Grand Rapids, MI, Eerdmans, 1988.

2

Cómo desarrollar una filosofía operacional para la educación teológica:

Manual básico para ir de la filosofía a la estrategia

Lee Wanak

Hace varios años, en una institución bíblica dirigí un taller sobre la mejora de los procesos educativos. Me sorprendí de lo bien que un profesor auxiliar de teología presentó la filosofía de su institución sobre el desarrollo de pensadores críticos que estuvieran, facultados como líderes y agentes de cambio. Sin embargo, mientras hablábamos después del seminario, uno de sus estudiantes vino a pedirle que asistiera a una reunión estudiantil sobre las políticas de la institución. Inmediatamente, el profesor se puso a la defensiva. «¿Está aprobada oficialmente por la administración?», preguntó. Mientras cuestionaba al estudiante, me pregunté qué había pasado con la filosofía que había explicado tan bien. Cuando la filosofía de una institución no se ha impregnado en su estrategia, es esencial hacerla funcional. Con «hacerla funcional» me refiero a ir de la explicación de conceptos fundamentales a la exploración de maneras en las que pueden ponerse en práctica y usarse para determinar, predecir y medir los resultados cualitativos y cuantitativos.

La educación teológica es bien conocida por hacer para cualquier cosa una gran cantidad de filosofías, artículos de posturas y tratados de teología que, en última instancia, no llegan a materializarse. La falla no está necesariamente en los documentos en sí, sino en la falta de intencionalidad de pasar de la teoría a la práctica. En este artículo pretendo desarrollar las generalidades de nuestras filosofías educativas y dar el siguiente paso hacia su materialización.

Filosofía operacional de la educación teológica

Tanto la «filosofía como la filosofía operacional» son términos que representan un avance de lo abstracto a lo concreto, es decir, de los principios cristianos universales a la práctica en contextos específicos. El propósito de la filosofía es describir y establecer los principios rectores o parámetros de una disciplina. McKinney presenta los siguientes principios rectores para la educación teológica.

1) El conocimiento de Dios. Una metafísica que reconoce y busca el conocimiento verdadero de Dios, lo cual incluye hechos, sentimientos y una relación apropiada con Dios.
2) La centralidad de la revelación escrita. Debemos tener una epistemología que esté basada en la revelación y provea un estándar de la verdad.
3) El papel del Espíritu Santo. Debemos tener un proceso educativo que esté controlado por el Espíritu Santo.
4) La naturaleza de la humanidad. Debemos tener una antropología que reconozca que las personas fueron creadas a imagen de Dios, pero que debido al pecado cayeron de la gracia.
5) La meta de la madurez cristiana. Debemos tener una pedagogía enfocada en la madurez cristiana. Esto supone una autonomía espiritual, plenitud, estabilidad y entendimiento en la relación personal con Dios[1].

Norris esboza una filosofía más específica sobre los principios apropiados para la enseñanza pastoral.

1) La educación ministerial es una función básica de la Iglesia.

1. Larry J. McKinney, «A Theology of Theological Education: Pedagogical Implications» (La teología de la educación teológica: Implicaciones pedagógicas), *Evangelical Review of Theology* 29, no. 3, 2005, p. 218-227.

2) El ministro instruido conoce el mundo en el que sirve.
3) El ministro instruido debe conocer a Dios.
4) El ministro instruido debe comunicarse con Dios.
5) La educación ministerial es un proceso vitalicio[2].

Edger pregunta: «¿Qué hace que algo sea *educación teológica*?»[3]. Él sugiere seis parámetros: el contenido, el propósito, el método, el etos, el contexto y la gente involucrada, pero no da detalles de su carácter teológico. Cada una de esas filosofías enfatiza criterios distintos, aunque tienen una disciplina en común. Por tratarse de una disciplina específica se distinguen de la filosofía clásica, la cual trata las preguntas fundamentales de la vida.

Muchas instituciones teológicas encuentran su base filosófica en sus declaraciones doctrinales, misión y valores; pero esos documentos dejan muchas preguntas educativas sin responder. El ponerlas en práctica es un proceso experimental y experiencial de tanteo en situaciones que cambian constantemente. Por ejemplo, si nuestra filosofía enfatiza que los graduados deben ser agentes de cambio, capaces de transformar su mundo, debemos preguntarnos: «¿De qué manera permite el currículo que los estudiantes experimenten y practiquen de manera progresiva el liderazgo transformacional en la institución, la Iglesia y la comunidad?».

En una ocasión, visité un instituto bíblico asiático para pastores de áreas rurales pobres. Asistí a una clase de teología que trataba sobre algunos de los criterios poco claros de los teólogos europeos, los cuales eran incomprensibles para los estudiantes y que tenían poco que ver con su contexto ministerial. Después de la conferencia, le pregunté al profesor por qué había seleccionado ese tema. Quedé atónito con su respuesta: «Trato de mejorar el currículo». Aparentemente, «mejorar» significaba «occidentalizar» y tenía poco que ver con la naturaleza del estudiante, la manera de enseñar, el contexto ministerial o el propósito de la institución.

La puesta en práctica implica el responder a las situaciones del mundo real en cuanto a recursos y restricciones. Es el puente entre la teoría y la

2. Beauford A. Norris, «A Philosophy of Ministerial Education: The Common Task of Church and Seminary» (La filosofía de la educción ministerial: La tarea común de la iglesia y el seminario), *Encounter*, 1956, p. 403-411.

3. Brian Edgar, «The Theology of Theological Education» (La teología de la educación teológica), *Evangelical Review of Theology* 29, no. 3, 2005, p. 208.

acción. Una filosofía educativa teológica puede moverse hacia la puesta en práctica respondiendo a interrogantes tales como: ¿Cuál es el propósito de la educación teológica dentro de determinado contexto? ¿A quién enseñamos? ¿Cómo enseñamos? ¿Cuál debería ser la naturaleza del currículo? ¿Cuál sería el mejor lugar para la enseñanza? Todo lo que hacemos en la educación teológica debería ser examinado con estas preguntas. Sin embargo, siempre debe haber espacio para la experimentación con programas especiales. En el mundo de los negocios, un «equipo especial» es un grupo que dentro de la organización ha sido asignado un proyecto especial, tiene un alto grado de autonomía y un bajo control burocrático. Muchas de las innovaciones modernas han sido el resultado de equipos especiales. La educación teológica necesita equipos especiales de experimentación y expansión.

Es imposible desarrollar una filosofía operacional para la educación teológica en cada contexto. El cristianismo y el ministerio surgen del texto bíblico, pero también están arraigados a contextos diversos. No existe un algo que funcione para todos o para todo el tiempo. Una filosofía operacional tiene que ser sensible a la cultura, las situaciones sociopolíticas, las economías y los contextos religiosos. Tiene que ser flexible con el futuro, tomar en cuenta tendencias tales como las religiones renacientes (p. ej., el islamismo), la persecución, el aumento en la cooperación cristiana, la democratización, la secularización, la urbanización, el cambio sociopolítico, los cambios en los papeles de los géneros y los avances pedagógicos y tecnológicos.

Las ideas abstractas pueden ser ignoradas fácilmente y es difícil aplicarlas. Una filosofía operacional va de lo abstracto para responder las preguntas que llevan a su implementación. En el Seminario Teológico Asiático desarrollamos una filosofía educativa que nos ha acercado a la actualización. Tratamos áreas como la verdad y la educación, la verdad y la vida, cómo modelar la verdad, la ciencia y las Escrituras, el respeto hacia las personas, cómo equipar a los que equipan, Jesús como el maestro modelo, el servicio y la mayordomía y la madurez espiritual. Sin embargo, esos conceptos no cobrarán vida a menos que los encarnemos en nuestra política, administración, currículo, pedagogía y la cultura de la institución.

Finalmente, la filosofía operacional es un tanto distinta de la planificación estratégica. Las instituciones teológicas están muy dedicadas a sus intereses filosóficos y teológicos y tienden a ser más idealistas que el ejército o las organizaciones lucrativas. La estrategia (que se deriva de *stratigos*) se refiere a los planes de un general. El ganar una batalla o hacer dinero tiende a ser un proceso pragmático o estratégico. La filosofía operacional enfatiza que seamos fieles a lo que somos, a nuestras creencias y valores filosóficos/teológicos, sobre todo a la manera en que entendemos la Biblia y nuestras tradiciones.

El desarrollo de una filosofía operacional probablemente conllevará varios documentos, diálogos, sesiones de capacitación y evaluaciones. Casi siempre surge de una serie de documentos que van de lo general a lo explícito. Cada departamento tiene un énfasis distinto por lo que debe permitírsele que articule y defienda su singularidad. Hace unos años atrás estuve a cargo de iniciar un programa especial para el ministerio urbano en las Filipinas. El programa encajaba bien en nuestra doctrina, misión, valores y filosofía, pero era distinto de lo que habíamos hecho anteriormente. Cursos como Hermenéutica entre los Pobres, Realidad Urbana y Teología, levantaron preguntas acerca de nuestro fundamento teológico. Otros cursos, tales como Servicio a los Marginalizados, Liderazgo Empresarial y Organizacional, Teología y Práctica de la Economía Comunitaria y Atención Médica Primaria, sonaban más como la oferta de una Maestría en Trabajo Social. El programa no fue aceptado de inmediato. De los mismos documentos fundamentales pudieran surgir programas muy diferentes. Esto es inevitable en la medida en que operamos de modos distintos en nuevos contextos ministeriales.

Principios universales de una filosofía educativa teológica

A estas alturas cabe preguntarse si la filosofía educativa teológica tiene principios universales. Sí, yo puedo tener mis principios universales y usted los suyos y de esa manera menoscabamos el concepto de los propósitos universales. Aun así, puede que en nuestros niveles de entendimiento más profundos exista un denominador común. Peterson trata por lo menos un principio universal para la educación cristiana en general. Éste afirma: «El punto de partida para la filosofía de la educación cristiana es la tendencia humana innata de buscar el entendimiento[4]». Nuestro apetito por entender nuestro mundo y al Dios que lo creó es un resultado natural del mandato cultural que se encuentra en

4. Michael L. Peterson, *Philosophy of Education: Issues and Opinions* (Filosofía de la educación: Problemas y opiniones), Downers Grove, IL, InterVarsity Press, 2005, p. 87.

Génesis 1:26. Como sus criaturas, Dios espera que busquemos, descubramos y exploremos la verdad.

Desde la perspectiva evangélica, la verdad es medida a través del entendimiento apropiado de las Escrituras. Personalmente, creo que es la marca fundamental de la filosofía educativa teológica. Debemos ser bíblicos —no *biblíólatras*— y estar comprometidos de lleno con el conocimiento del Dios de la Biblia y sus caminos. ¿De qué manera la institución puede poner en práctica la declaración del Catecismo Menor de Westminster sobre el fin principal del ser humano de «... glorificar a Dios y gozar de él para siempre»?[5] Debemos ser pensadores críticos, pero no críticamente indiferentes a los caminos de Dios. La educación teológica, por encima de todo, debe permitir que amenos y adoremos profundamente a Dios y que busquemos la sabiduría de su Palabra.

En segundo lugar, la educación teológica debe ser misional, en armonía con la *missio Dei*, que desarrolla el evangelio del reino de Dios y equipa a las personas para que vivan como ciudadanos y soldados de ese reino. Cuando el enfoque misional se pierde, la educación teológica queda reducida a un ejercicio académico con jerga acerca de Dios. Vale la pena que distingamos el entendimiento general y la valorización de la *missio Dei* de la preparación para ejercer funciones específicas en esa misión. Toda institución teológica debe inculcar lo primero, pero también, escoger cuidadosamente qué tipos de preparación ofrecerá.

En tercer lugar, la educación teológica debe ser formativa. Debemos guiar a los estudiantes para que desarrollen las habilidades y disposiciones (actitudes) académicas y ministeriales que necesitarán como líderes y eruditos cristianos. También, es esencial que los formemos espiritualmente: que conozcan a Dios íntimamente, que nutran una fe que los sustentará en los tiempos difíciles, que desarrollen una brújula moral y ética piadosa y que atiendan los asuntos personales que ameriten sanidad interior. Witmer, en su discusión de la formación, señala los elementos del holismo que:

> ... contribuyen a la longevidad y a la productividad en el ministerio pastoral. Están en este orden: formación espiritual, autodesarrollo (incluso la renovación de su sentido de llamado al ministerio), inteligencia emocional (incluyendo el crecimiento de su madurez

5. Westminster Shorter Cathesism (Catecismo Menor de Westminster) (s. f.), www.epc.org/mediafiles/westminster-shorter-cathesism.pdf, 2. (26 de septiembre, 2011).

> emocional y la capacidad de relacionarse con los demás), matrimonio y familia y, finalmente, liderazgo y administración. Nótese que solamente uno de estos asuntos tiene que ver con lo que entendemos como competencia ministerial. Los otros están relacionados con la formación espiritual, el desarrollo del carácter y las relaciones interpersonales[6].

En cuarto lugar, la educación teológica debe guiar a los estudiantes en la formación de una cosmovisión bíblica. ¿Cómo perciben, interpretan y explican su mundo? ¿Cuáles son las suposiciones, los valores y compromisos de la institución y las lealtades que están latentes dentro de su percepción de la realidad y de sus respuestas a esas percepciones?[7] En términos prácticos, la cosmovisión explica el mundo, diciéndonos qué es cierto, guiando nuestras acciones y la manera en que las llevamos a cabo y estableciendo una dirección para el futuro. La cosmovisión es la orientación fundamental del corazón que forma la voluntad, emoción, razón, motivación y predisposición. Moldea el significado que damos a los acontecimientos, a su interpretación y evaluación. También, determina lleva el estilo y tono particular de un grupo. ¿Cuál es el estado emocional general que los estudiantes deben aprender? ¿Deben ser atractivos o antagonistas, agresivos o relacionales, dogmáticos o tolerantes cuando testifiquen?

La cosmovisión forma un todo cohesivo, pero si es desafiada por algún dilema desconcertante, el grupo se desequilibra de un modo semejante a la experiencia de discípulos durante la muerte y resurrección de Cristo. Una vez, una estudiante que se encontraba desequilibrada me dijo: «Si Isaías tuviera dos autores, tendría que reconsiderar mi fe». Su fe era como un «castillo de naipes». La institución es responsable de nutrir una fe tanto resistente como juiciosa, contenida en una cosmovisión que sea capaz de procesar el sinnúmero de desafíos contra nuestra fe.

En quinto lugar, la educación teológica tiene que ser holística. No tan solo es informativa y formativa, sino transformativa, enfocada en las personas, las comunidades, las sociedades y las estructuras. Una gran parte de la Biblia trata

---

6. Timothy Z. Witmer, «Seminary: A Place to Prepare Pastors?» (El seminario: ¿Un lugar para preparar pastores?), *Westminster Theological Journal* 69, 2007, p. 240-241.

7. Charles H. Kraft, *Anthropology for Christian Witness* (Antropología para el testimonio cristiano), Maryknoll, NY, Orbis 1996, p. 52.

de la justicia. La educación teológica debe fomentar no tan solo la voz profética que busca justicia y paz. El holismo también, implica múltiples campos de aprendizaje, incluso el físico, el cognitivo, el social, el afectivo, el moral y el espiritual, y la institución debe darle cierto peso a cada una de esas áreas del desarrollo. El holismo siempre es una meta potencial imposible. Con tanto pecado y quebranto en el mundo, la búsqueda de *Theos* puede perderse en la del holismo. Aun así, puede decirse que la vida es teológica. Una filosofía operacional debe guiar el equilibro de las múltiples dimensiones del holismo.

Finalmente, el etos o espíritu que caracteriza a las ideas y costumbres de la institución debe distinguirse por la virtud cristiana y el carácter moral. ¿Cómo debe tratar la institución áreas tales como la disciplina, el perdón, la resolución de conflictos, los estándares de comportamiento, la libertad en Cristo, las relaciones interpersonales, la espiritualidad y el servicio? Los estudiantes tienden a recordar más el etos que las conferencias y los libros. La institución debe abordar esas áreas que se traslapan —la naturaleza de la verdad, la misión, la formación, la cosmovisión, el holismo y el etos—para que desarrolle una filosofía educativa teológica.

Cómo desarrollar una filosofía operacional para la educación teológica

El desarrollo de una filosofía operacional para la educación teológica es guiado por muchas preguntas. Su vínculo es tan estrecho que separarlas nos ayudaría a enfocarnos, pero también pudiera distorsionar la compleja interconexión de nuestras decisiones operacionales. Esas preguntas han sido agrupadas bajo cinco categorías: el currículo, el modo, la pedagogía, la comunidad y la política.

El currículo

La raíz latina de «currículo», *currere,* denota una pista de carrera, una ruta que hay que seguir. Comúnmente se entiende que son las materias que un estudiante necesita para graduarse de un campo en particular. Sin embargo, también, debería entenderse como un documento formal de las intenciones y los procedimientos, las experiencias planificadas y reales, el impacto psicoespiritual de éstas en los estudiantes y el medio para influir a la Iglesia y el mundo. En última instancia, el currículo resultante siempre es un consenso político imperfecto entre el cuerpo docente y otros grupos influyentes, que está sujeto a cambios periódicos.

Al poner en práctica su currículo, la institución tiene que examinar la relación entre su filosofía y su estilo de currículo. McNeil esboza cuatro orientaciones curriculares: humanística, reconstructora social, tecnológica y de asignatura académica[8].

El currículo orientado hacia la formación, centrado en el estudiante y humanístico, proporciona experiencias intrínsecamente gratificantes que contribuyen a la integración de las emociones, los pensamientos y las acciones del estudiante. Este enfoque está vinculado con el modelo de «Atenas» de Kelsey, el cual está enfocado en la formación del carácter.[9] Edger comenta que la metodología de Atenas no «trata tanto de conocer *acerca* de Dios, sino de *conocer* a Dios[10]».

El currículo basado en la sociedad, orientado hacia la acción, reconstructor social, ayuda a que los estudiantes confronten los muchos problemas severos de la sociedad. De esa manera, la comunidad y la Iglesia se convierten en extensiones vitales del salón de clases.

El currículo tecnológico y práctico utiliza programas, métodos y materiales eficaces para el logro de fines o propósitos de capacitación específicos y reemplazables. Este enfoque tiene una utilidad particular para la preparación ministerial a corto plazo.

Finalmente, el currículo de asignaturas, muy usado en la educación teológica, busca desarrollar una mente racional a través del dominio de la estructura fundamental de la teología. Este enfoque tiene cierta conexión con el modelo de «Berlín» de Kelsey, el cual enfatiza la investigación ordenada, disciplinada y crítica para el ministerio profesional. Cada una de estas orientaciones tiene un precedente bíblico-teológico, y cada institución debe determinar cuál será la metodología dominante y la mezcla curricular dentro de su filosofía operacional. Los siguientes asuntos deben ser tomados en cuenta durante ese proceso.

---

8. Véase John D. McNeil, *Curriculum: A Comprehensive Introduction* (El currículo: Una introducción amplia), Boston, MA, Little Brown and Co., 1985.

9. David H. Kelsey, *Between Athens and Berlin: The Theological Debate* (Entre Atenas y Berlín: El debate teológico), Grand Rapids, MI, Eerdmans, 1993, p. 4-7.

10. Edger, «Theology of Theological Education», p. 209.

Contextualización y globalización

¿De qué manera debe estar arraigada la institución en su propio contexto? Por otra parte, ¿cómo la institución con un enfoque global aborda sus contextos múltiples? ¿De qué maneras la cultura contemporánea y las situaciones locales y globales deben influir en el currículo? Así como Jesús adaptó el evangelio del reino a los judíos del siglo I, debemos preguntarnos cómo abordaremos los contextos locales y globales del siglo XXI. Esta perspectiva puede tener un significado bien diferente en la mayoría de los contextos cristianos donde existen privaciones y persecución al que tienen en la afluencia y libertad occidentales. Noelliste ha identificado las características de la educación teológica que son esenciales para los contextos necesitados: un currículo centrado en la Iglesia, la cooperación que maximice los recursos, una preparación diseñada para el ministerio bivocacional y un enfoque en convertirse en una influencia transformadora que desafíe el fatalismo y altere las condiciones[11]. ¿Qué relación tiene Cristo con la cultura y cómo ésta debe influir la educación teológica? ¿Qué relación existe entre la revelación general y la revelación especial? ¿De qué maneras debe la teología vincularse con las muchas trayectorias del conocimiento y entendimiento humanos, y cómo puede la ciencia iluminar nuestro entendimiento y fe? ¿Cómo explica el currículo el premodernismo, modernismo y posmodernismo? ¿De qué sociedad provienen los estudiantes y en cuál sociedad servirán? ¿Cómo deben ser preparados para ministrarles a los pobres del área urbana o rural, la clase media o acomodada? ¿Cuán necesario será enfocarse en un idioma o grupo étnico en particular? ¿Cuán necesario será enfocarse en ministrarles a grupos religiosos particulares o grupos no religiosos o grupos etarios como los jóvenes?

Algunos de los factores que deben ser considerados para la contextualización del currículo incluyen la manera en que vemos el evangelio. ¿Es un evangelio limitado, enfocado en la salvación de almas y el cielo, o amplio con una demostración del reino de Dios con enfoque espiritual y social? ¿Determina la interpretación el horizonte del escritor bíblico o existen dos horizontes, esto es, el del escritor y el lector? ¿Existe una presentación universal del evangelio o difiere en cada etnia y contexto? ¿Debería asumir la institución un enfoque

11. Dieumeme Noelliste, «Theological Education in the Context of Socio-Economic Deprivation» (La educación teológica en el contexto de la privación socioeconómica), *Evangelical Review of Theology* 29, no. 3, 2005, p. 278-283.

clásico, basándose en el conocimiento para el currículo, enfatizando las ciencias teológicas y la exégesis, o prestarle atención a los enfoques de las ciencias sociales, basados en la experiencia? ¿Son universales o particulares las estructuras de la educación teológica, dependientes de las necesidades y los patrones locales? ¿Debería estar el lenguaje de la institución fundamentado en el uso experto de la terminología teológica y un lenguaje global como el inglés, o ser coloquial, usando el idioma natal del estudiante? ¿Deberían dominar los estudiantes un sistema teológico en particular, o las habilidades para formular una teología y práctica relevantes? Por supuesto, cada una de estas díadas debe verse como los extremos de un espectro. La puesta en práctica de una filosofía de educación teológica requerirá que la comunidad de la institución llegue a un consenso en cuanto a estos temas cruciales.

Tradición y transformación

¿De qué maneras las ideas y los movimientos grandiosos y duraderos de las Escrituras y la tradición cristiana, tanto locales como globales, deberían formar nuestra filosofía educativa teológica? ¿De qué manera debería conservarse la tradición teológica de la institución? ¿Hasta qué punto debe ser un medio para la innovación y reforma dentro de esa tradición? Un ejemplo de esto es el papel cambiante de las mujeres dentro de la Iglesia. ¿De qué maneras debe tratar la institución el surgimiento de la mujer?[12]

Diseño del currículo

¿Debe verse el currículo como fijo en cuanto a los patrones clásicos tales como las categorías de la teología sistemática? ¿O debe ser el currículo emergente, centrado en problemas y utilizando estudios de casos pertinentes? La mayoría de los currículos teológicos ya están occidentalizados porque fueron desarrollados en Occidente. La teología occidental tiene varias fortalezas porque utiliza el razonamiento analítico griego, pero carece del holismo de otras culturas. ¿De qué maneras debe ser más asiática, africana o latina? En otras palabras, ¿cómo encajará en el estilo de aprendizaje y expandirá las formas de conocimiento

12. Beverley Haddad, «Engendering Theological Education for Transformation», (Cómo concebir la educación teológica para transformación), *Journal of Theology for Southern Africa* 116, julio 2003, p. 65–80.

del grupo objetivo?[13] ¿De qué maneras tratará los temas de la etnia, género y clase? ¿Cómo explicará el nivel de desarrollo del estudiante?

¿Cuál debe ser la cobertura, la secuencia y la duración del currículo? ¿Será largo y profundo, como la preparación de los jesuitas, o corto, como los programas prácticos de entrenamiento para laicos? ¿Tendrá una secuencia crítica, como en la enseñanza de los idiomas bíblicos, o más abierta a los intereses inmediatos y horarios de los estudiantes?

¿Cómo debe la *missio Dei* moldear el currículo? ¿Debe entenderse la *missio Dei* como estrecha, es decir, que involucra solamente a la Iglesia y la evangelización? ¿O es amplia, es decir, Dios y su pueblo activos en cada esfera de la vida? Una definición muy estrecha redundaría en estudiantes con miopía de los propósitos de Dios. Una definición muy abarcadora pudiera convertir cada buena intención en una misión. El programa, entonces, perdería su enfoque en una veriedad de actividades y materias poco relacionadas entre sí[14]. El currículo tendrá que ser reenfocado con la famosa pregunta de Herbert Spencer: «¿Cuál aprendizaje tiene más mérito?»[15]

¿Cómo equilibra la institución los asuntos académicos, el desarrollo de las habilidades ministeriales y la formación espiritual? ¿Enfatiza los asuntos académicos y las habilidades ministeriales a expensas del sentido de madurez del yo y de la pérdida del hambre de Dios en medio de las actividades hasta que los estudiantes entran en *rigor mortis* espiritual? Las actividades pueden destruir nuestras relaciones con Dios y los demás. El enfocarse en la capilla, la oración, la meditación y los retiros como ejercicios espirituales tiende a fomentar relaciones estrechas entre los estudiantes; pero su exceso puede dejarlos desinformados y sin habilidades. La filosofía operacional tendrá que articular el balance entre los asuntos académicos, el desarrollo de las habilidades ministeriales y la formación espiritual.

13. Marlene Enns, «Now I Know in Part: Holistic and Analytic Reasoning and their Contribution to Fuller Knowing in Theological Education» (Ahora conozco en parte: El razonamiento holístico y el analítico y su contribución a un conocimiento más complete en la educación teológica)», *Evangelical Review of Theology* 29, no. 3, 2005, p. 251-269.

14. John Corrie, ed., *Dictionary of Mission Theology: Evangelical Foundations* (Diccionario de la misión teológica: Fundamentos evangélicos), Downers Grove, IL, InterVarsity Press, 2007, s.v. «Mission Dei».

15. Herbert Spencer, «*What Knowledge Is of Most Worth?*» (¿Qué conocimiento que tiene más valor?), (s. f.) http://www.readbookonline.net/readOnLine/23356/ (18 de junio, 2011).

¿Cuál es el medio de aprendizaje? Si la enseñanza fuera informal, entonces, el aprendizaje ocurriría en la vida diaria simultáneamente. Si fuera informal, entonces, ocurriría por medio de experiencias semiestructuradas en el campo, generalmente a través de organizaciones eclesiásticas y afiliadas a la Iglesia. Si el aprendizaje ocurriera en un ambiente formal, requería un salón de clases o salón virtual. Lo más probable es que la institución combine los tres. La filosofía operacional anota lo que debe lograrse en cada lugar, dándoles el tiempo y los recursos necesarios.

¿Cuánto deben enfatizarse las habilidades ministeriales prácticas? ¿Cómo debe llevarse a cabo la educación en el campo? Kornfield trata tres modelos para educar en el campo. Su objetivo debe ser el *desarrollo de habilidades* prácticas para el ministerio, las cuales casi siempre parten de las teorías de las Ciencias Sociales en lugar de la teología. El modelo de la *teología práctica* es unidimensional porque la educación en el campo es la aplicación de la teología a la práctica ministerial. La teología no es criticada a la luz de la experiencia, sino aplicada al campo. El modelo de *la práctica como el lugar de la teología pastoral* es un acercamiento bidireccional en donde la teología y la práctica dialogan, enriqueciéndose mutuamente[16].

Espiritualidad

¿Cómo debe aprender el alma? ¿Cómo debe guiar la escuela a los estudiantes para que sean sabios en los caminos de Dios? ¿Cuál es el lugar de la Biblia, de la hermenéutica, de la exégesis y de la adoración? ¿Cómo debe la teología ser integrada a la espiritualidad? ¿De qué maneras debe la institución hacer discípulos y avanzar la formación espiritual de sus estudiantes? ¿De qué maneras debe la cultura del seminario fomentar el amor maduro a Dios y una virilidad moral que soporte las pruebas y la persecución?

Resultados

¿Cuáles deben ser los resultados de la educación teológica? ¿Cómo debe juzgar la institución su propio éxito y el de sus graduados? Los seminarios suelen preparar listados de las competencias esenciales que desarrollarán

---

16. David Kornfield, «Seminary Education Toward Adult Education Alternatives» (La educación de seminario hacia alternativas en la educación de adultos), en *Missions and Theological Education in World Perspective* (Las misiones y la educación teológica en la perspectiva mundial), eds. Harvie M. Conn y Samuel F. Rowen, Farmington, MI, Associates of Urbanus, 1984, p. 180-181.

en sus estudiantes, entre las que incluyen áreas como la articulación de una cosmovisión bíblica, habilidades organizacionales y de liderazgo, madurez espiritual y la capacidad de establecer y mantener relaciones saludables. Los resultados deben derivarse de los documentos orientadores de la institución. El currículo debe responder a la pregunta: «¿Cómo pueden lograrse los resultados?». El elemento final del proceso de desarrollo del currículo es que se determine cómo serán evaluados los resultados, incluyendo los currículos, los estudiantes y el cuerpo docente.

El modelo CIPP (contexto, aporte, proceso, producto, por sus siglas en inglés), desarrollado por Guba y Stufflebeam, es una herramienta valiosa de evaluación que compara los resultados proyectados con los reales. Las decisiones sobre la planificación abordan la brecha entre lo que es y lo que debería ser dentro de cierto contexto. Las decisiones sobre la estructuración toman en cuenta cómo serán usados diversos aportes para lograr las metas. Su implementación parte de la información acumulada para hacer los ajustes a fin de lograr las metas. El reciclaje de las decisiones parte de la evaluación de los resultados. Las decisiones son tomadas dependiendo del grado al que los objetivos fueron alcanzados y si el programa debe ser adoptado, adaptado o finalizado.[17]

La modalidad

¿Cuáles son los sistemas de conducción más apropiados para la naturaleza particular de la educación teológica escogida por la institución? ¿Debe el aprendizaje llevarse a cabo en el salón de clases, el campo, a la distancia, por discipulado o una combinación de estos? ¿Debería ofrecerse educación continua, preparación para laicos o cursos y títulos en línea? ¿Debería seguirse un patrón formal, no formal o informal en el aprendizaje? Si los discípulos de Jesús llegaran al seminario hoy, difícilmente reconocerían lo que está sucediendo. Los requisitos del curso, los exámenes, las calificaciones y cosas por

17. Egon Guba y Daniel L. Stufflebeam, «Evaluation: The Process of Stimulating, Aiding and Abetting Insightful Action» (La evaluación: El proceso de estimular, ayudar y favorecer la acción profunda), 1970, ERIC ED055733 (21 de julio, 2011). Para una actualización del modelo CIPP, véase Daniel L. Stufflebeam, «The 21st Century CIPP Model: Origins Development and Use» (El Modelo CIPP del siglo veintiuno: Orígenes, Desarrollo y uso), en *Evaluation Roots: Tracing Theorists' Views and Influences* (Raíces de la evaluación: Cómo trazar las opiniones e influencias de los teóricos), ed. Marvin C. Alkin, Thousand Oaks, CA, Sage Publications, 2004, p. 245-266.

el estilo les serían totalmente extraños. Su aprendizaje fue informal y relacional, producto de las situaciones diarias con Jesús.

La modalidad de la educación teológica ha cambiado a lo largo de la historia cristiana. Jesús probablemente asistió a la escuela de una sinagoga local y Pablo se sentó a los pies de Gamaliel. El modo de educación teológica de Jesús fue el de un maestro itinerante. Las escuelas catecúmenas surgieron a medida que el cristianismo fue esparciéndose. En la Edad Media surgieron las escuelas monásticas y las grandes catedrales en donde el clero se preparaba. El currículo constaba del *trivium* (Gramática, Lógica y Retórica) y *quadrivium* (Aritmética, Astronomía, Música y Geometría). Durante el Renacimiento, la educación teológica estuvo vinculada con el surgimiento de las universidades. Lutero desarrolló un *Catecismo Mayor* para pastores y maestros y un *Catecismo Menor* para los niños. Los tiempos modernos han sido dominados por el movimiento de la escuela dominical, el surgimiento de las escuelas bíblicas y los seminarios y la educación teológica en línea[18].

La modalidad de la educación teológica, en gran parte, ha sido formada por el contexto. Sin embargo, cada modalidad tiene fortalezas y debilidades inherentes que hay que tener en cuenta. El enfoque del catecismo es débil en cuanto al pensamiento crítico. El enfoque universitario es fuerte en el pensamiento crítico, pero débil en el desarrollo de las habilidades ministeriales. Los programas formales son fuertes en asuntos académicos, pero también batallan con la enseñanza de las habilidades prácticas. La educación a la distancia carece de las relaciones personales y profundas de las comunidades de aprendizaje.

La pedagogía

¿Cómo enseñamos? ¿Cuál es el uso apropiado de la tecnología dentro del contexto de la institución? Durante mis primeros años en la educación teológica en el área rural de Mindanao, Filipinas, hubiera sido inapropiado que usara un retroproyector para capacitar a los estudiantes porque las iglesias ni siquiera tenían electricidad. Ahora, el uso de la tecnología, especialmente de la Internet,

18. Beverly C. Johnson-Miller, «History of Christian Education» (Historia de la educación Cristiana), en *Encyclopedia of Religious and Spiritual Development* (Enciclopedia del desarrollo religioso y spiritual), eds. Elizabeth M. Dowling y George Scarlett, Thousand Oaks, CA, Sage Publications, 2005. http://sageereference.com/religion/Article_n77.html (15 de septiembre, 2009).

es casi universal. ¿Qué procesos de enseñanza-aprendizaje son más apropiados? ¿Cómo debe evaluarse el aprendizaje? ¿Cuál es el papel del educador? ¿Debe ser un dispensador de información o guía de recursos, alguien que deposita el conocimiento o que plantea problemas? ¿Debe el estilo de enseñanza ser de baja o alta tecnología? ¿De qué maneras debe encajar en el contexto del estudiante? ¿Hasta qué grado debe contextualizar su pedagogía y enfocarse en lo local a diferencia de las situaciones globales? ¿Debe ser un generalista, especialista o tener un enfoque interdisciplinario?[19]

La epistemología dominante en una institución tiene implicaciones significativas para su pedagogía. En otras palabras, las escuelas tienden a favorecer epistemologías particulares que influyen en su enfoque de enseñanza. Las epistemologías también, varían por departamentos. Éstas son clasificadas en cuatro categorías principales:

1) Los idealistas sostienen que el mundo externo que percibimos está formado por ideas. El enfoque pedagógico entonces, radica en teorías e ideas, en contraste con la experiencia. La instrucción gira en torno al clásico «sabio en escena», el cual utiliza métodos expositivos y didácticos para explicar las verdades universales. Esta epistemología enfatizaría un currículo dominado por el estudio de las grandes obras clásicas del cristianismo.

2) Los racionalistas creen que el razonamiento deductivo es la mejor guía de la fe y la acción. A los estudiantes se les enseña a deducir el conocimiento de una manera lógica, como sucede con los teoremas y los axiomas de la geometría. El currículo buscaría desarrollar los poderes del razonamiento.

3) Los constructivistas fundamentan el conocimiento sobre la percepción, la experiencia y las normas sociales. La realidad es entendida como un constructo social. En términos pedagógicos, los estudiantes construyen el conocimiento en la medida en que sus experiencias cobran sentido y contextualizan la teología.

---

19. Lee Wanak, «Theological Education and the Role of Teachers in the 21st Century: A Look at the Asia Pacific Region» (La educación teológica y el papel de los maestros en el Siglo XXI: Un vistazo a la región del Asia del Pacífico), *Journal of Asian Mission* 2, no. 1, 2000, p. 3-24.

4) Los empíricos sostienen que el conocimiento debe estar fundamentado en la experiencia de la percepción sensorial. Las estrategias pedagógicas van dirigidas hacia la experimentación y observación analizadora. Esto puede implicar el uso del método científico, trabajo en el campo y el laboratorio, la investigación estadística y conclusiones derivadas de resultados medibles.

Las epistemologías populares en la educación teológica pudieran estar arraigadas a una persona autoritativa o carismática o a una tradición teológica. En esos enfoques la calidad de una idea no determina la verdad, sino quien la articuló o cualquier grupo de ideas dominantes que por casualidad eran parte de cierta tradición.

Todas estas epistemologías tienen sus fortalezas y debilidades. Algunas instituciones teológicas tienden a ser positivistas. Podemos adquirir conocimiento y hacerlo mejor a través de la razón y el aprendizaje. Podemos ser objetivos a través de la lógica y el análisis sistemático. Otras tienden a enfatizar el aprendizaje experimental contextualizado. Enns toma un enfoque holístico y una epistemología realista, crítica. Este enfoque reconoce la verdad objetiva, pero también, que se adquiere subjetivamente[20]. Los datos sensoriales casi siempre son acertados, pero entre el mundo natural y social ocurre un interfaz que influye en la percepción. La filosofía operacional de una institución puede establecer parámetros epistemológicos formales o informales. Por ejemplo, ¿puede la experiencia sensorial cambiar la teología individual o está fija en una tradición en particular?

La comunidad

¿Cuáles son las áreas claves de la comunidad que deben ser tomadas en cuenta en la puesta en práctica de una filosofía educativa teológica? ¿Cómo será un modelo la institución para la comunidad al moldear las vidas y los valores de los ministros? ¿A qué se debe que instituciones pequeñas, que no alcanzan la mayoría de los estándares de acreditación de la educación teológica, produzcan ministros resistentes que siguen adelante a pesar de la persecución, pobreza o enfermedad? Puede que la respuesta radique en algo que aparentemente tienen en abundancia: relaciones profundas y duraderas que demuestran la calidad

20. Enns, «Now I Know in Part», p. 251-269.

de vivir juntos el cristianismo. La comunidad personifica la teología. Carroll señala que la educación teológica del Antiguo Testamento trataba a grandes rasgos de asuntos comunitarios[21]. Por supuesto, las relaciones comunitarias varían entre los grupos y las sociedades individuales, así como entre contextos urbanos y rurales. Además, en la época de la Internet, la comunidad ya no está limitada por la geografía.

La cultura de la institución

¿De qué maneras debe la comunidad ser un elemento de la educación teológica? ¿Cómo desarrollamos una cultura institucional que refleje los valores esenciales de la fe cristiana? Hay que pensar seriamente sobre la formación de la comunidad ya que gran parte de las Escrituras trata de la naturaleza del pueblo de Dios. No obstante, cada vez es más evidente que nuestras instituciones forman culturas débiles, en donde la gente se relaciona poco los unos con los otros. Algunas de las preguntas que pudieran tomarse en cuenta son: ¿Cómo deben relacionarse los estudiantes con los profesores? ¿Opera la administración de una manera rígida o flexible? ¿Se aprecia la singularidad o habrá un enfoque desmedido en la conformidad? ¿Cuán afectadas son las vidas por el cuidado y la compasión?

> La lección de hoy es que la educación teológica debe considerar su papel en la creación y el fomento de un estilo de vida, tanto como creyentes individuales como comunidades, que sea distinto *del* mundo —aun cuando sea como testimonio *para* el mundo[22].

¿Qué suelen recordar los estudiantes de su educación teológica? Casi siempre las experiencias relacionales, tanto positivas como negativas, con los maestros, la administración y los compañeros conducen a recuerdos duraderos. Estos recordarán si la institución fue humana o mecánica, incluso rígida, en su trato con el estudiantado; si fue un lugar en donde se disfrutaba de Dios y la gente era respetada. Muy a menudo las culturas que nosotros creamos en la institución ejercen una mayor influencia sobre sus vidas y valores, que el contenido de los cursos estudiados. Entonces, ¿cómo debe implementarse una filosofía institucional en su cultura y cómo su evaluación debe moldear a la filosofía de la institución?

---

21. Carroll R., «Perspectives», p. 228-239.
22. *Ibíd.*, p. 235.

Las relaciones externas

La excelencia en la educación teológica requiere de relaciones amigables. ¿Cómo debe ser la relación de la educación teológica con la Iglesia, otras instituciones y organizaciones teológicas? ¿Cómo debe contribuir a la vitalidad de la Iglesia? Si la educación teológica debe servir a la Iglesia, debemos preguntarnos: ¿cómo debe ser la Iglesia en el mundo actual? Kerr escribe: «Si la Iglesia es principalmente la guardiana de la tradición sagrada, entonces la educación teológica será de cierto tipo. Si se le considera un agente de cambio social y cultural, entonces la educación teológica sería bien diferente[23]». Claro, Kerr ha dividido las funciones internas y externas de la educación teológica con relación a la Iglesia. En la realidad, las instituciones teológicas caen en alguna parte de este espectro.

Buena parte de la literatura educativa teológica está enfocada exclusivamente en el modelo universitario. Una variedad de modelos de cooperación deberían considerarse también, a lo largo del tradicional seminario de residencia aislado, que se basa en el modelo universitario. Entre las alternativas están los modelos basados en la iglesia como programas de capacitación nocturna y de fin de semana, los modelos de discipulado, los modelos de extensión como la educación teológica por extensión y los programas en línea, las metodologías comunales tales como las pasantías ministeriales en residencia y los programas de entrenamiento misionero. Dentro del modelo universitario también hay una cantidad de metodologías relacionadas a considerar: iniciar programas de estudios religiosos dentro de las universidades, consorcios, institutos especializados, escuelas complementarias y programas de validación. Para entrar a esas relaciones se requiere de una filosofía operacional bien pensada.

¿Cómo debe relacionarse la institución de educación teológica con otras instituciones? ¿Cómo pueden enriquecerse las experiencias educativas al participar en asociaciones, consorcios o sociedades? Tan solo dentro de la esfera del Concilio Internacional para la Educación Teológica Evangélica (ICETE, por sus siglas en inglés) hay 872 instituciones en 113 países[24]. Existen miles de otras instituciones con las cuales puede tenerse relaciones productivas. Hace muchos años me pidieron que iniciara una institución bíblica en un área «pionera».

23. Hugh Kerr, «Education in General and Theological Education» (La educación en general y la educación teológica), *Theology Today*, 2005, p. 452.

24. *ICETE News (Noticias de ICETE)*, (Enero, 2009). http://www.icete-edu.org/news/jan09.html (25 de junio, 2011).

Lentamente comencé a descubrir que éramos la décimo tercera institución en el área general y la sexta a una corta distancia. Todas eran pequeñas instituciones evangélicas que estaban batallando, que podían trabajar juntas en los torneos de básquetbol, pero no en la capacitación ministerial. Una filosofía operacional de la educación teológica tendrá que actualizar nuestro entendimiento de la iglesia universal y del reino de Dios.

Hace algunos años, Richard Niebuhr planteó la pregunta sobre la relación de Cristo y la cultura[25]. Su análisis nos ayuda a pensar detenidamente en nuestras presuposiciones en cuanto a la misión de la educación teológica. ¿Cómo debe relacionarse la institución con su vecindario, su sociedad y el organismo político? Algunos asumirán una postura muy separatista basándose en el enfoque de *Cristo en contra de la cultura*. Otros, como Harvey Cox, están más cerca del modelo del *Cristo de la cultura*, enfatizando un alto grado de apertura e integración[26]. No obstante, otros ven *esferas duales y separadas de la actividad de Dios* en el mundo. Cada vez son más las instituciones evangélicas que se identifican con un papel transformador en la cultura, viendo a *Cristo como por encima de la cultura*, analizándola y viendo nuestra misión como proactiva y positiva en cuanto a la transformación del mundo. Esta perspectiva requiere de una interpretación cuidadosa de la cultura más amplia y se enfoca en las oportunidades para la renovación. Una postura puede dominar la cultura de una institución, pero probablemente no sea exclusiva. Los distintos modelos pueden ser aplicables a distintas situaciones. Sin embargo, la pregunta de Cristo y la cultura tendrá que ser respondida en su complejidad antes de que se establezcan relaciones con el exterior.

Los recursos

¿Cómo será financiada la institución? ¿Cuál debe ser la filosofía del desarrollo de recursos? ¿Qué porcentaje del presupuesto debe asignarse a la recaudación de fondos? ¿De qué maneras y hasta qué grado debe permitirse que sus financiadores controlen a la institución? Los financiadores tienen el poder potencial de cambiar el carácter de la institución, desplazándola a distintas

25. Véase Niebuhr, H. Richard, *Christ and Culture* (Cristo y la cultura), Nueva York, Harper and Row, 1951.

26. Harvey Cox, «The Significance of the Church-World Dialogue for Theological Education» (La importancia del diálogo iglesia-mundo para la educación teológica), *Theological Education*, Invierno 1967, p. 270-279.

direcciones. Eso puede ser el resultado del consejo sabio y de la colaboración o, desafortunadamente, el ejercicio de un poder económico dominante.

La política

Las instituciones suelen tener una política para el cuerpo docente y el personal en general y manuales de procedimiento que establecen los principios que guían la toma de decisiones y las prácticas. Las políticas a menudo surgen en respuesta al descubrimiento de mejores modos de funcionamiento o para evitar que algún problema se repita. Las instituciones que tienen culturas flexibles están más aptas para iniciar políticas nuevas, en tanto que aquellas con culturas rígidas tenderán a resistirse al cambio.

La gobernación

La gobernación se refiere al proceso de proveer un liderazgo y una planificación estratégicas para la supervisión de la institución. Por lo general, es lograda a través de una junta de gobierno o directiva que operan bajo la guía de estatutos y reglamentos. La junta tiene el papel principal de dirigir la filosofía operacional de la institución, especialmente al establecer su misión, visión y valores esenciales. Esto requiere el estar conectados de maneras significativas. El buen gobierno requiere que haya inclusión y participación y los miembros de la junta que no participan pudieran tomar malas decisiones. La junta tiene que determinar cuáles de las características de los miembros potenciales adelantarán la misión de la institución. Uno de los ejercicios más útiles que pueden realizar es revisar periódicamente la literatura acerca de la buena administración. Sin embargo, la mayoría de esa literatura sale de Occidente. La administración debe estar arraigada en la cultura anfitriona de la institución en la medida en que sea bíblica y éticamente posible.

La administración

Los administradores, especialmente el director ejecutivo, tienen la responsabilidad principal de llevar a cabo la misión de la institución, y como tal tienen mucho poder para implementar su filosofía operacional. Al interpretar y llevar a cabo las decisiones de la junta, forman un puente entre la junta y el cuerpo docente y el personal. El carácter, los valores y la ética de los administradores son factores claves para moldear la cultura de la institución. ¿Será abierta o cerrada; jerárquica o más pareja; innovadora o tradicional?

El cuerpo docente

El cuerpo docente juega un papel clave para moldear las mentes, los corazones y las habilidades de los estudiantes. ¿Quién debe enseñar? ¿Qué criterios son primordiales para escoger al cuerpo docente, tales como logros académicos, experiencia ministerial, creencias doctrinales o profundidad espiritual? ¿Qué funciones deben estar disponibles para las mujeres? ¿Qué funciones principales deben desempeñar los miembros del cuerpo docente: académicos, discipular, consejeros, investigadores o profesionales? ¿Qué poderes tiene el cuerpo docente en la toma de decisiones en cuanto a lo que se enseña? ¿Debe tener la libertad de cátedra para tratar asuntos vanguardistas en cuanto a las fuerzas predominantes dentro de la sociedad y la Iglesia? ¿Se requiere que se atenga a currículos establecidos? Como conocedor, ¿transfiere conocimiento el cuerpo docente a los alumnos por medio del aprendizaje de rutina, y de esa manera hace depósitos en sus cabezas que serán usados durante los exámenes? ¿O deben ser facilitadores que planteen problemas y concienticen a los estudiantes para que piensen y actúen de la manera en que Dios quiere?[27] Toda institución de educación teológica y todo miembro del cuerpo docente, de alguna manera, cae dentro de este espectro de autoridad conocedora o guía en la trayectoria del aprendizaje. Finalmente, una filosofía operativa debe responder cómo será evaluado y desarrollado el cuerpo docente. ¿Qué mecanismos se necesitan para medir su desempeño?

Los estudiantes

¿A quiénes enseñamos? Todas las instituciones tienen requisitos de admisión. La respuesta tiene mucho que ver con nuestro propósito para la educación teológica. Algunas instituciones aceptan estudiantes porque son problemáticos y sus padres o líderes eclesiásticos creen que necesitan «arreglo». Aunque todos estamos quebrantados de alguna manera, éste es un propósito bastante distinto de equipar para el ministerio y la escuela debe formar su currículo para que encaje con las necesidades de su clientela.

¿De qué manera el género, la clase, la etnia, el idioma, la edad, el trasfondo académico, la experiencia y las creencias personales afectan la admisión a la institución y a los programas particulares? Una vez observé la frustración continua de un estudiante adulto y casado en una institución para graduados

27. Véase Paulo Freire, *Pedagogía del oprimido*, traducción por Jorge Mellado, Buenos Aires, Siglo Veintiuno Editores, 2015.

de secundaria. Continuamente se topaba con políticas diseñadas para restringir y monitorear el comportamiento de los jóvenes. La cultura de la institución era inflexible y no estaba dispuesta a hacer excepciones, ni a desarrollar políticas apropiadas de acuerdo con la edad y la experiencia. El que tuviera muchos años de experiencia en el ministerio no cambió el currículo que tuvo que seguir. El resultado fue que sus políticas restringieron exageradamente a los estudiantes con experiencia.

Acreditación y certificación

¿Cómo se medirá la calidad de la institución? ¿Cuál es el lugar de la acreditación y la certificación? ¿Debe buscar la institución el reconocimiento de organizaciones académicas seculares y gubernamentales, además de los cuerpos de acreditación de educación teológica? Esos estándares son útiles si encajan dentro de los estatutos de la institución. Si al llegar a ser acreditada la institución ya no suple las necesidades de su grupo objetivo, puede ser dañino. Esta preocupación es real para las instituciones populares. La acreditación y la certificación tienden a trasladarlas a la clase media y los pobres y analfabetas ya no encajan en la institución. La acreditación tiende a inclinarse hacia lo que Plueddemann llama la enseñanza y las estructuras del carril superior, lógicas y altamente organizadas, las cuales enfatizan la lectura y la escritura y un cuerpo docente que ostenta los títulos más altos. La acreditación, desafortunadamente, les costará más a las instituciones que tratan asuntos de un carril inferior y que enfatizan asuntos culturales y necesidades ministeriales contextuales[28].

Las instituciones teológicas quieren que su cuerpo docente mantenga el paso con los estándares nacionales, lo que de manera natural eleva el equilibrio entre la formación académica, ministerial y espiritual, dándole más peso a los asuntos académicos. ¿Cómo analizará la institución la importancia de estas tres áreas al seleccionar y mejorar la calidad de su cuerpo docente?

28. James E. Plueddemann, «The Challenge of Excellence in Theological Education» (El desafío de la excelencia en la educación teológica), en *Excellence and Renewal: Goals for the Accreditation of Theological Education* (Excelencia y renovación: Metas para la acreditación de la educación teológica), ed. Robert L. Youngblood, Flemington Markets, NSW, Australia: Paternoster Press, 1989, p. 5.

Conclusión

El desarrollo de una filosofía operacional es un proceso complejo e interactivo que involucra muchas partes, las cuales representan intereses y experiencias diversas. Esta filosofía está anclada en los documentos de su constitución, pero es elaborada mediante el desarrollo de currícula, la determinación de los modos de entrega, el establecimiento de principios y métodos pedagógicos, de los parámetros y las relaciones entre la comunidad de la institución, y la creación de políticas y procedimientos que forman la misión y la cultura organizacional de la institución.

Quedan muchas preguntas por responder antes de que la filosofía sea implementada. En el cuadro (véase el Apéndice) he enumerado algunas de las preguntas que deben usarse como punto de partida al considerar las áreas que requieren reflexión y acción.

Puntos para reflexión y acción

Aunque el desarrollo de una filosofía operacional siempre es un trabajo en progreso, es importante que las escuelas teológicas lleven a cabo evaluaciones aproximadamente cada cinco años. Entre algunos pasos específicos para desarrollar una filosofía operacional están:

1) Forme un equipo. Reúna un grupo diverso de educadores y profesionales teólogos con experiencia y elija a un líder respetado de mente abierta. Es esencial que estén estrechamente relacionados con la visión, la misión, la teología y las tradiciones de la institución, así como las tendencias ministeriales entre las diversas partes interesadas.
2) Examine los documentos fundacionales. Estudie, revise y desarrolle los documentos fundacionales de la institución con miras a desarrollos futuros, tanto en los ambientes internos como externos.
3) Enmarque los problemas. Tanto un análisis FODA (fortalezas, oportunidades, debilidades, y amenazas [SWOT, por sus siglas en inglés]) como una IA (indagación apreciativa [AI, por sus siglas en inglés]), que se enfocan en lo que le da vida a la institución, son útiles en este proceso. Hay muchos recursos acerca del FODA, de la IA y de la planificación estratégica. Algunos se enumeran en la

sección Recursos que se Recomiendan para Estudio Adicional del capítulo y en la bibliografía al final del libro.

4) De atención a los problemas. Establezca metas que lleven a iniciativas nuevas y más desarrollo de los programas y departamentos existentes.

5) Llegue a un consenso. La aprobación de la junta no es suficiente. Estas iniciativas requerirán de consenso y de una planificación más detallada por parte de aquellos que están en los departamentos específicos. Toda la organización tiene que apropiarse y desarrollar los planes estratégicos para evitar que se empolven. Ese sentido de propiedad de los administradores, el cuerpo docente y el personal Casi siempre es el resultado de su participación en el proceso. Hay que desarrollar el consenso en torno a dos niveles. La planificación estratégica es más general, en tanto que la planificación operacional expone los detalles sobre cómo deben actualizarse los planes.

6) Trabaje en el plan. Actualizar el plan significa completar los detalles para desplazarse hacia la implementación. La actualización requiere de metas medibles utilizando calendarios, planificando ajustes de personal, desarrollando descripciones de trabajo, recaudando fondos y promocionando los planes y estableciendo el desarrollo de instalaciones y las necesidades de equipo.

7) Evalúe el progreso. Tanto la evaluación formativa (en el proceso de formación) como la sumativa (después de que la iniciativa ha sido regulada) son esenciales. Utilice las evaluaciones para revisar las iniciativas.

Recursos para el estudio adicional

Banks, Robert, *Reenvisioning Theological Education: Exploring a Missional Alternative to Current Models* (Cómo tener una nueva visión de la educación Teológica: Exploración de una alternativa misional a los modelos actuales), Grand Rapids, MI, Eerdmans, 1999.

Cooperrider, David L., y Diana Whitney, *Appreciative Inquiry: A Positive Revolution in Change* (La indagación apreciativa: Una revolución positiva en el cambio), San Francisco, CA, Barrett-Koehler Publishers, 2005.

Harkness, Allan, ed., *Tending the Seedbeds: Educational Perspectives in Asia* (Cómo cuidar de los semilleros: Perspectivas educativas en Asia), Manila: Asia Theological Association, 2010.

Mouw, Richard J., «Evangelicalism and Philosophy» (El evangelicalismo y la Filosofía), *Theology Today* 44, no. 3, 1987, p. 329–337. *Base de datos de religión ATLA, con ATLASerials*, EBSCO*host* (10 de junio de 2011).

Olsen, Ericka, «SWOT Analysis: How to Perform One for Your Organization» (El análisis FODA: Cómo llevarlo a cabo en su organización), 2008. http://www.youtube.com/watch?v=GNXyI10Po6A&feature=related you Tube (30 de septiembre de 2011).

Stafford, Guy S., *Strategic Planning for Christian Organizations: Turning the Power of Vision into Effective Ministry* (La planificación estratégica para las organizaciones cristianas: Cómo activar la visión hacia el ministerio efectivo), Orlando, FL, Association for Biblical Higher Education, 1994.

Witmer, Timothy Z., «Seminary: A Place to Prepare Pastors?» (El seminario: ¿Un lugar para los pastores?), *Westminster Theological Journal* 69, 2007, p. 229–246. *Base de datos de religión ATLA con ATLASerials*, EBSCO*host* (10 de junio de 2011).

Apéndice del capítulo 2

Preguntas generales para el desarrollo de una filosofía operacional para la educación teológica

Documentos fundacionales

1) ¿Son apropiados los documentos fundacionales para dirigir la puesta en práctica?
2) ¿Cuál es la cosmovisión de la institución, sus suposiciones, valores, compromisos y lealtades?
3) ¿Cómo entiende la institución la naturaleza de las Escrituras? ¿Del evangelio?
4) ¿Cuáles son las presuposiciones epistemológicas de la institución?
5) ¿De qué maneras las estructuras de la institución encajan en las necesidades y los patrones locales?
6) ¿Cuál es la base para escoger el idioma de la institución?
7) ¿Cómo dominarán los estudiantes un sistema teológico específico o las habilidades para formar una teología y práctica pertinentes?
8) ¿De qué maneras debe estar intrínsecamente comprometida la teología con las muchas trayectorias del conocimiento humano? ¿De qué maneras puede la ciencia iluminar nuestro entendimiento y nuestra fe?

El currículo

Contextualización y globalización

1) ¿De qué manera debe estar arraigada la institución a su propio contexto? Por otro lado, ¿de qué maneras debe abordar la globalización?
2) ¿De qué maneras deben influir en el currículo la cultura y las situaciones contemporáneas y globales?
3) ¿Cuál es la relación de Cristo con la cultura y cómo debe influir a la educación teológica?

Tradición y transformación

1) ¿De qué maneras deben la cultura y el currículo de la institución permitir a los estudiantes a experimentar y practicar de manera progresiva el liderazgo transformacional en la institución, en la Iglesia y en la comunidad?
2) ¿De qué maneras deben darle forma a la educación teológica las grandes y perdurables ideas y movimientos de las Escrituras y de la tradición cristiana?
3) ¿De qué maneras debe la institución conservar su tradición teológica particular?
4) ¿De qué maneras debe ser un medio para el cambio innovador y la reforma dentro de esa tradición?

Diseño del currículo

1) ¿Cuál debe ser la naturaleza del currículo?
2) ¿Cómo debe darle forma al currículo la *missio Dei?*
3) ¿Cómo explica el currículo el premodernismo, el modernismo y el posmodernismo?
4) ¿Cómo va a preparar a los estudiantes para el ministerio con el pobre rural, con la clase media o con el acaudalado?
5) ¿Qué énfasis debe dársele a las habilidades del ministerio práctico? ¿Cómo debe realizarse la educación de campo?

6) ¿Cuál es el mejor lugar (o lugares) para enseñar?
7) ¿Debe enfocarse la institución en algún idioma o grupos étnicos en particular?
8) ¿Debe haber un enfoque en el ministerio entre algún grupo religioso, o no religioso, o grupo etario como el ministerio de jóvenes?
9) ¿Debe considerarse el ministerio como algo fijo en cuanto a los patrones clásicos como las categorías de la teología sistemática? ¿O debe ser el currículo emergente y centrado en problemas, por ejemplo que utiliza estudios de caso?
10) ¿De qué maneras debe el currículo ser más asiático, africano o latino?
11) ¿De qué maneras el currículo debe encajar en el estilo de aprendizaje del grupo objetivo y cómo expande las habilidades de aprendizaje de los estudiantes?
12) ¿De qué maneras aborda el currículo los problemas étnicos, de género y clase?
13) ¿Cómo explica el currículo el nivel de desarrollo del estudiante?
14) ¿Cuál debe ser el alcance, secuencia y duración del currículo?
15) ¿Cómo debe equilibrar la institución la formación académica, el desarrollo de habilidades para el ministerio y la formación espiritual?

Espiritualidad

1) ¿Cuál debe ser la naturaleza del currículo?
2) ¿Cuál es el lugar de la Biblia, de la hermenéutica y de la exégesis?
3) ¿De qué maneras debe la teología integrar la espiritualidad?
4) ¿Cómo se llevarán a cabo el discipulado personal y la dirección espiritual?
5) ¿De qué maneras debe nutrir la cultura del seminario un amor maduro hacia Dios y desarrollar una virilidad moral, capaz de soportar las pruebas y la persecución?

Resultados

1) ¿Cuáles deben ser los resultados generales de la educación teológica? ¿Los resultados específicos de los diversos programas?
2) ¿Qué procesos debe usar la institución para juzgar su propio éxito y el éxito de sus graduados?

La modalidad

1) ¿Debe llevarse a cabo el aprendizaje principalmente en contextos formales, no formales o informales?
2) ¿Qué sistemas de entrega son más apropiados para los programas particulares? ¿Qué mezcla de tecnologías deben usarse?
3) ¿Debe llevarse a cabo el aprendizaje principalmente en el salón de clases, en el campo, a la distancia, por discipulado o a través de alguna combinación de estos?
4) ¿Debe ofrecer la escuela educación continua, capacitación para laicos o cursos y títulos en línea?

La pedagogía

1) ¿Cuál es la función del educador? ¿Debe ser el profesor un dispensador de información o una guía de recursos, un depositante de conocimientos o alguien que plantea problemas?
2) ¿De qué maneras debe encajar el estilo de enseñanza en el contexto del estudiante?
3) ¿Cuál es el uso apropiado de la tecnología para el contexto de la institución? ¿Debe el estilo de enseñanza ser de alta o de baja tecnología?
4) ¿Qué procesos de enseñanza-aprendizaje son los más apropiados?
5) ¿Hasta qué grado debe sacar del contexto local la pedagogía y enfocarse en él, a diferencia de las situaciones globales?

6) ¿Debe ser el maestro generalista, especialista o desarrollar un enfoque interdisciplinario?

7) ¿Cómo se debe evaluar el aprendizaje?

La comunidad

La cultura de la institución

1) ¿Cómo debe llevarse a la práctica la filosofía de la institución en la cultura de la institución, y cómo debe un examen de esa cultura moldearla?

2) ¿De qué modo debe ser la comunidad un elemento de la educación teológica? ¿Cómo refleja la escuela los valores esenciales de la fe cristiana? ¿Cómo debe ser un modelo la comunidad para darle forma a las vidas y valores de los estudiantes?

3) ¿Cómo deben relacionarse unos con otros los administradores, el cuerpo docente y los estudiantes?

4) ¿De qué maneras es la institución un lugar donde se disfruta a Dios y se respeta a la gente?

5) ¿Cómo debe abordar la escuela áreas como la disciplina, el perdón, la resolución de conflictos, los estándares de conducta y la libertad en Cristo, las relaciones interpersonales, la espiritualidad y el servicio?

6) ¿Hasta qué grado deben los estudiantes dominar la terminología teológica o ser capaces de abordar los principios teológicos en términos cotidianos?

Las relaciones externas

1) ¿De qué maneras deben guiar las afiliaciones externas la postura de la institución en cuanto a la relación de Cristo con la cultura?

2) ¿Cuál debe ser la relación de la escuela con la Iglesia? ¿Cómo debe contribuir la institución a la vitalidad de la Iglesia?

3) ¿Cuál debe ser la relación de la institución con otras instituciones educativas teológicas y organizaciones cristianas? ¿Cómo puede participar la institución en aventuras de cooperación?
4) ¿Cómo se pueden enriquecer las experiencias educativas con la participación en asociaciones, consorcios y sociedades?

Los recursos

1) ¿Cómo se va a financiar la institución?
2) ¿Cuál debe ser la teología, la Filosofía y la política del desarrollo de recursos de la institución?
3) ¿Qué porcentaje del presupuesto debe asignarse a la recaudación de fondos?
4) ¿De qué maneras y hasta qué grado debe permitirse que los financiadores controlen la institución?
5) ¿Utiliza la escuela procesos apropiados de contabilidad, que están abiertos y por encima de recriminación? ¿Cómo se pueden mejorar los procedimientos?

Las políticas

El gobierno

1) ¿Están en su lugar los documentos apropiados de gobierno? ¿Se siguen? ¿En qué áreas necesitan revisión?
2) ¿Qué características de los potenciales miembros de la junto desplazarán de mejor manera a la institución hacia su misión?
3) ¿De qué maneras debe la institución infundir visión, planificar para el futuro y supervisar las actividades actuales?
4) ¿De qué maneras debe estar involucrada la junta en la institución para promover la sabia toma de decisiones?
5) ¿Cuáles deben ser las políticas para prevenir el conflicto de intereses?

La administración

1) ¿Qué conocimiento y habilidades interpersonales y de liderazgo deben poseer los administradores?
2) ¿Qué estilos administrativos son los más apropiados para la institución?
3) ¿Debe apreciarse la singularidad o debe haber un enfoque en la conformidad?
4) ¿Cómo debe evaluarse a los administradores?

El cuerpo docente

1) ¿Quién debe enseñar? ¿Qué criterios son primordiales para elegir al cuerpo docente, como logros académicos, experiencia ministerial, creencias doctrinales o profundidad espiritual? ¿Debe haber criterio étnico o de género para elegir al cuerpo docente?
2) ¿Cómo deben ser vistos los miembros del cuerpo docente? ¿Qué funciones principales deben desempeñar? ¿De académicos? ¿De hacedores de discípulos? ¿De consejeros? ¿De investigadores? ¿De profesionales?
3) ¿Cómo deben relacionarse entre sí los miembros del cuerpo docente? ¿Con la administración? ¿Con los estudiantes?
4) ¿Qué poderes en la toma de decisiones tiene el cuerpo docente?
5) ¿Qué restricciones deben colocarse en la libertad de cátedra?
6) ¿Cómo debe ser evaluado el cuerpo docente?

Los estudiantes

1. ¿Sobre qué base deben ser escogidos los estudiantes? ¿De qué maneras podría afectar el género, la clase, la etnia, la edad, el contexto académico, la experiencia y las creencias personales la admisión a la institución y a los programas particulares?
2. ¿De qué clase de sociedad llegan los estudiantes y a qué clase de sociedad esperan servir?

3. ¿De qué maneras podrían restringir intencional o no intencionalmente la admisión el idioma y el contexto cultural?
4. ¿De qué maneras podría influir la percepción, la interpretación y la explicación del mundo del estudiante en el currículo y la pedagogía?

La acreditación y certificación

1. ¿Cómo se medirá la calidad de la institución?
2. ¿Cuál es el lugar de las organizaciones de acreditación y certificación?
3. ¿Debe buscar la institución ser reconocida por organizaciones académicas seculares y gubernamentales?
4. ¿Cómo pueden la institución y la organización acreditadora analizar la relativa importancia de la formación académica, ministerial y espiritual?

3

Hacia la Tierra Prometida:
Misión, visión y valores y cómo forman los objetivos de la educación teológica

Paul Wright

Con cada ladrillo cocinado por el sol, ardía cada más su deseo por ella. Con cada pisada por el desierto del Sinaí, Israel no pensaba en otra cosa. La visión de la Tierra Prometida nunca salió de sus mentes. A pesar de las dificultades, de los conflictos y las adversidades, Moisés nunca dejó que Israel olvidara que era el pueblo de Dios, puesto para expresar sus valores, declarar su gloria y moverse hacia el cumplimiento de la visión que Dios tenía para ellos.

Cada institución teológica necesita una Tierra Prometida. Y cada institución necesita un Moisés que la lleve allá. La visión del lugar a donde Dios quiere llevar el ministerio y de cómo llegar allí es vital para el éxito y el crecimiento de cualquier ministerio cristiano, incluyendo a la educación teológica. Barna observa correctamente que la mayoría de los seminarios protestantes prácticamente ignoran el papel de la visión en el ministerio[1] y, de esa manera, condenan automáticamente al futuro liderazgo de la Iglesia al mantenimiento del statu quo. ¡Seguramente Dios quiere más de los que preparan a su pueblo! En este sentido, Burt Nanus declara: «No existe una fuerza más poderosa que impulse a una organización hacia la excelencia y el

1. George Barna, *The Power of Vision*, Ventura, CA, Regal, 1991, p. 13. Edición española de este libro: *El poder de la visión: cómo captar y aplicar la visión para desarrollar tu liderazgo*, Buenos Aires, Editorial Peniel, 2002.

éxito duradero que una visión del futuro atractiva, valiosa y factible, que sea compartida de forma general[2]».

Este capítulo, entonces, busca clarificar la importancia de la visión, la misión y los valores y la manera en que pueden moldear el liderazgo dentro de las instituciones teológicas. La visión responde al «qué» y da una idea clara del futuro deseado. La misión (o el propósito) responde al «por qué» y define el enfoque de la institución. Los valores esenciales, cuando son explícitos, aclaran la pregunta de «¿cómo llegamos allá?»[3]. Lógicamente, los valores de una institución forman la base de su misión (o propósito). La visión y la estrategia son desarrolladas a partir de la misión[4]. Sin embargo, casi siempre primero se tiene la visión del ministerio; y la misión y los valores son refinados a medida que la visión es aclarada. Por consiguiente, el presente enfoque seguirá el orden cronológico común.

La descripción de la visión

La promesa de libertad y de un hogar nuevo sin lugar a dudas era atractiva para los esclavizados hijos de Israel (Ex 4:29-31). Aun así, el cumplimiento de las promesas de Dios a los patriarcas estaba aferrado a sus corazones y los movilizó a seguir el liderazgo de Moisés a pesar de los retos desalentadores que tenían enfrente. «El poder de la visión reside en su capacidad de captar la atención de todos, dentro y fuera de la organización, otorgándoles un deseo, un sentido y un rumbo común[5]».

La visión va más allá de ver una posibilidad. Ve hacia el futuro con los ojos de la fe, pero con los pies firmemente arraigados en la realidad. Barna ofrece una definición excelente: «La visión para el ministerio es una imagen mental, clara del futuro preferible, impartido por Dios a sus siervos escogidos, y que está basada en un entendimiento acertado de Dios, de sí mismo y de las circunstancias[6]».

2. Burt Nanus, *Liderazgo visionario: Forjando nuevas realidades con grandes ideas*, traducción por Eduardo Reneboldi, Buenos Aires, Granica, 1995, p. 31.

3. Peter Senge, *La quinta disciplina*, traducción Carlos Gardini, Buenos Aires, Granica, 2004, p. 282-283.

4. Malphurs ilustra gráficamente esta relación. Véase Aubrey Malphurs, *Ministry Nuts and Bolts (Aspectos básicos del ministerio)*,(Grand Rapids, MI: Kregel Publications, 1997), 13.

5. Nanus, *Liderazgo visionario, p.* 47.

6. Barna, *Power of Vision*, p. 28.

Varios elementos de esta definición merecen atención. En primer lugar, es una imagen mental clara de las aspiraciones futuras. La claridad de esa imagen casi siempre es expresada con una declaración, la cual describe concisa, no obstante vívidamente, lo que la institución desea ser y hacer. En segundo lugar, a diferencia de la literatura secular sobre el tema, la visión de una organización cristiana debe ser el resultado de la dirección de Dios en la vida de las personas involucradas. La visión proviene de Dios, no de los planes personales de un ser humano. El papel del liderazgo que recibe y comunica la visión puede variar de una a otra institución, pero su dependencia de Dios debe ser clara. Finalmente, la visión no es un sueño ni una ilusión vaga, sino que está firmemente fundamentada sobre un entendimiento claro de la realidad. El conocerse a uno mismo es importante para ver las posibilidades, pero más importante aún, para conocer quién es y cómo obra Dios. Esto servirá como un respaldo en medio de la incredulidad y oposición que podrían surgir. Moisés enfrentó una resistencia que no estuvo fuera de lo común (Ex 5:2-23).

La visión puede ser expresada de manera negativa en cuanto a lo que una institución enfrenta. Pero eso es contraproducente. Lamentablemente, algunos grupos solamente están unidos por la amenaza contra su supervivencia. Aunque la visión negativa puede generar mucha energía, está basada en el temor, arraigada en la impotencia e, inevitablemente, solamente es de corta duración[7]. «Deja ir a mi pueblo» no fue suficiente para el pueblo de Israel. Más bien, Dios le señaló la tierra en donde fluía «leche y miel» (Ex 3:8; Dt 8:7-9).

La visión Casi siempre comienza con una persona. Cuando de manera intuitiva es percibida como el camino a seguir, «está compuesta de una parte de prudencia, una de introspección, mucha imaginación y discernimiento y, a menudo, una dosis saludable de desenvoltura[8]». El conocimiento, la experiencia, la motivación, la intuición, la cosmovisión, el carácter y el conocimiento que el líder tiene de sí mismo están entremezclados[9]. Tradicionalmente, la visión es transmitida de arriba hacia abajo, en un «proceso de filtración[10]». Sin embargo,

7. Senge, *La quinta disciplina*, p. 284.

8. Nanus, *Liderazgo visionario*, p. 68.

9. Arnoldo Arana, «¿Cómo articula el líder la visión?», Global Leadership Consulting (diciembre, 2008). http://www.glcconsulting.com.ve/articulos/Articulo_Como articula el lider la vision_ArnoldoArana.pdf (3 de enero, 2012).

10. Barna, *Power of Vision*, p. 141-146.

la visión de la institución puede originarse del liderazgo del escalón más bajo y después ser reconocida por los superiores o colegas sabios.

Senge aboga enérgicamente por un enfoque de equipo para el desarrollo de una visión corporativa, basándose en la visión personal de cada miembro. Al citar a Bill O'Brien de Hanover Insurance, dice: «Mi visión no es importante para ti. La única visión que te motiva es la tuya[11]». De esa manera, al edificar sobre los intereses personales de cada miembro, la visión es compartida en lugar de ser impuesta. Esto desplaza la motivación de llevarla a cabo por conformidad y transigencia. En este proceso, el líder debe estar dispuesto a compartir su propia visión, a escuchar cuidadosamente y a reflexionar, estimulando el crecimiento de los demás, también en el proceso del desarrollo personal y corporativo.

Ya sea que la formulación de la visión sea un proceso de arriba abajo o cooperativo, bien pudiera depender de factores culturales así como personales. Hofstede desarrolló el concepto de la distancia del poder para describir la aceptación de la desigualdad de poder dentro de una organización o institución. Observó que algunas culturas, por defecto, recurren a un liderazgo más autocrático o paternalista, en tanto que otras prefieren relaciones más igualitarias[12]. De esa manera, el proceso de definir y articular la visión de una institución debe reflejar el contexto cultural en el que será insertada.

En cualquier caso, no le puede restársele importancia al resultado positivo de desarrollar el consenso y la colaboración. Cuando la visión es compartida con entusiasmo, una gran cantidad de energía será liberada hacia su logro. Nanus sostiene que:

> En última instancia, el líder articula la visión, le da legitimidad y la expresa con una retórica cautivante que enciende la imaginación y las emociones de los seguidores, quienes a su vez facultan a otros para que tomen decisiones y concreten los objetivos. Pero, para que la organización alcance el éxito, la visión debe surgir de sus propias necesidades y debe ser «propiciada» y «poseída» por todos los actores importantes[13].

11. Senge, *La quinta disciplina*, p. 267.

12. Geert Hofstede, *Cultures and Organizations* (Culturas y organizaciones), Nueva York, NY: McGraw-Hill, 1997, p. 23-37, 152-154.

13. Nanus, *Liderazgo visionario*, p. 71.

La declaración de visión es una herramienta importante para articular claramente el futuro percibido de una institución teológica[14]. Ésta actúa como guía para la toma de decisiones en cuanto a los programas académicos, al reclutamiento y la contratación, a la planificación estratégica y a las decisiones sobre los recursos. Además, la declaración funciona como un espejo de evaluación en el proceso de acreditación[15]. El documento debe ser breve y conciso, que exprese las aspiraciones, la identidad y la contribución única de la institución, con un lenguaje vívido, pero comprensible. Hay que evitar los clichés y lemas desgastados. Las palabras específicas de la declaración pueden ser un factor importante para determinar el éxito de la visión.

Robert Ableman y Amy Dalessandro identificaron siete características claves de una declaración que comunica la visión institucional: (1) compartida, que refleja la colaboración de todas las partes interesadas; (2) clara, que ayuda al personal a distinguir entre las actividades que contribuyen y las que no a la visión; (3) convincente, que genera entusiasmo para el proyecto; (4) ventajosa, que exhibe los beneficios de materializar la visión; (5) compleja, que deja ver tangiblemente los resultados deseados; (6) compatible, que es adecuada a la comunidad de usuarios; y (7) observable, que expresa los resultados de una manera práctica[16].

El Seminario de Denver proporciona un ejemplo excelente de una declaración de visión:

Nuestra visión: El seminario que vemos en el futuro. Nos comprometemos y nuestros recursos a ser un seminario que…

---

14. Para ejemplos adicionales, véase Malphurs, *Ministry Nuts and Bolts*, Grand Rapids, MI, Kregel Publications, 1997, p. 122-130; Anna McGowan y Jan Sykes, «Vision Statements and Examples» (Declaraciones y ejemplos de visión), http://units.sla.org/division/dbio/inside/governance/Visionstate.pdf (12 de diciembre, 2011); José Luis Romero, «Vision Statement Examples» (Ejemplos de declaraciones de visión) (2008) http://www.skills2lead.com/vision-statement-examples.html (12 de diciembre, 2011).

15. Diane Cordero de Noriega, «Institutional Vision, Values, and Mission: Foundational Filters for Inquiry» (Visión, valores y misión institucionales: Filtros fundamentales para investigación), en *Taking Ownership of Accreditation* (Cómo tomar posesión de la acreditación), eds. Amy Driscoll y Diane Cordero de Noriega, Sterling, VA, Stylus Publishing, 2006, p. 37-39.

16. Robert Ableman y Amy Dalessandro, «Institutional Vision in Christian Higher Education: A Comparison of ACCU, ELCA, and CCCU Institutions» (La visión institucional en la educación superior cristiana: Una comparación de las instituciones ACCU, ELCA y CCCU), *Journal of Research in Christian Education* 18, 2009, p. 89-90.

1) Lleve a cabo una experiencia de aprendizaje que sea espiritualmente transformadora, intelectualmente desafiante y enfocada profesionalmente, que involucre las realidades de un mundo con necesidad de redención a todo nivel.
2) Involucre a toda nuestra comunidad en la diversidad étnica, cultural y de denominaciones de la Iglesia global.
3) Persiga el crecimiento medido y sustentable a través de programas y sistemas creativos de entrega.
4) Busque los recursos financieros adecuados para el crecimiento estratégico, en tanto que asegure la salud financiera del seminario a largo plazo.
5) Participe con los exalumnos, las iglesias, las agencias misioneras, los programas de educación teológica y otras organizaciones en los propósitos del reino a nivel mundial[17].

Una vez definida y aprobada, el liderazgo institucional tiene que comunicar la visión constantemente. Una de las funciones principales del liderazgo es «presentar la visión[18]». Esto debe hacerse a través de todos los medios disponibles, sean materiales promocionales, sermones o sesiones de enseñanza, correspondencia o conversaciones públicas y privadas. Cuando la visión es compartida por la mayoría, sus múltiples presentadores facilitarán la tarea del liderazgo de la institución.

La definición de la misión

Aunque Moisés pudo haber percibido su llamado durante las circunstancias difíciles que rodearon su nacimiento, su misión personal quedó explícita cuando Dios le habló a través de la zarza ardiente (Ex 3:7-12). Entonces, condujo a Israel su encuentro con YHWH en el monte Sinaí, en donde quedó aclarada la misión de testificarle al mundo que era la posesión especial de Dios, un reino de sacerdotes y una nación santa (Ex 19:5-6). Este modelo de

17. Denver Seminary, «Our Mission and Vision» (Nuestra misión y visión), 2010, http://www.denverseminary.edu/about-us/who-we-are/our-mission-and-vision/ (12 de enero, 2012).

18. Aubrey Malphurs, *Ministry Nuts and Bolts*, p. 116-117.

declaración de misión quedó grabado no solamente en la legislación de Sinaí, sino también en la historia posterior.

Como ya ha sido mencionado, la misión define el propósito singular de la organización y responde la pregunta de «¿por qué?». Como Peter Drucker dice, una declaración de misión no expresa solamente «buenas intenciones[19]». A diferencia de la visión, la cual describe hacia dónde se dirige la institución, la declaración de misión explica cómo llegará allá. Su enfoque es el propósito explícito y la dirección de la institución[20]. Tradicionalmente, era expresada en términos genéricos. Sin embargo, ahora es más común que se enfoque en la contribución particular de la institución[21].

La declaración puede elaborarse por medio de una serie de reuniones o en un retiro con las partes interesadas y los líderes más importantes. En este proceso, tres áreas deben ser analizadas: las fortalezas particulares, las oportunidades y necesidades del contexto ministerial y, finalmente, lo que la institución cree en realidad. Cuando surja una idea clara, una o dos personas pueden ser comisionadas a que redacten una propuesta tentativa que sería analizada y requeriría otras aprobaciones. Por lo general es más fácil que a una persona, en lugar de a un comité, se le ocurra una declaración clara.

Además de proporcionar dirección, la declaración de misión es diagnóstica, enfocándose en la meta principal de la institución. Todas las actividades, los objetivos y las metas, entonces, deben ser comparados con la misión predominante a fin de proveer un ministerio enfocado, congruente. Malphurs sugiere seis preguntas que demuestran esta función: (1) ¿Qué quiere Dios que hagamos? (2) ¿Qué estamos haciendo? (3) ¿Por qué no hacemos lo que Dios quiere que hagamos? (4) Si continuamos en nuestro curso presente, ¿dónde estaremos dentro de dos, cinco o diez años? (5) ¿Saben sus líderes claves en dónde está el ministerio y hacia dónde va? ¿Están de acuerdo con esa dirección? (6) ¿Qué se requerirá para cambiar el rumbo y desplazarse hacia la dirección

19. Peter Drucker, *Dirección de instituciones sin fines de lucro,* Buenos Aires, Editorial El Ateneo, 2001, p. 4.

20. Véase Ableman y Dalessandro, «Institutional Vision», 83.

21. Noriega, «Institutional Vision», p. 41. Véase también Joseph R. Ferrari y Jessica Velcoff, «Measuring Staff Perceptions of University Identity and Activities: The Mission and Values Inventory» (Cómo medir las percepciones del personal de la identidad y las actividades universitarias: Inventario de la misión y los valores), *Christian Higher Education* 5, 2006, p. 243-261.

ordenada por Dios?[22] De esa manera, la declaración de la misión provee la lógica para todo lo que la institución haga.

A estas alturas, sería útil que revisáramos varios ejemplos de declaraciones misioneras. El Seminario Teológico Centroamericano define su misión como: «Formar hombres y mujeres de Dios para la comunicación efectiva de las Santas Escrituras y un liderazgo de excelencia[23]». El Seminario de Denver da un ejemplo más amplio:

> El Seminario de Denver prepara hombres y mujeres para enfrentar las necesidades del mundo con el poder redentor del evangelio y la verdad transformadora de las Escrituras. A través de nuestros programas educativos y proceso de tutoría, el seminario desafía a los estudiantes a crecer espiritual, intelectual y profesionalmente para guiar al pueblo de Dios hacia el logro de su misión en el mundo[24].

Nótese que la declaración de misión es para uso interno de la institución, no necesariamente para fines publicitarios ni la recaudación de fondos. La base bíblica debe ser clara, ya sea que se exprese en lenguaje bíblico o en conceptos teológicos. La declaración pudiera ser aún más efectiva si fuera breve. Drucker declara de manera creativa: «Si puede escribir la declaración de misión en una camiseta, entonces probablemente tiene la extensión adecuada[25]». Con esa clase de precisión será fácil memorizarla y usarla a todos los niveles de función administrativa, lo cual mantendrá a la institución en su curso[26]. Las investigaciones indican que una declaración de misión clara juega un papel importante para asegurar la lealtad, así como el apoyo financiero, durante

22. Malphurs, *Ministry Nuts and Bolts*, p. 68-69.

23. Jim B. Adams, «¡Bienvenido a Seteca!», Seminario Teológico Centroamericano (23 de septiembre, 2011) http://www.seteca.edu/index.php/es/seteca-es/info/82-saludo-del-rector (30 de enero, 2012).

24. Denver Seminary, «Our Mission and Vision».

25. Citado en *Ibíd.*, p. 65.

26. Para ejemplos de declaraciones de misión véase MissionStatements.com (2012), http://www.missionstatements.com/ (12 de enero, 2012).

un proceso de cambio, particularmente durante la transición del liderazgo superior[27].

Los valores esenciales al detalle

En el Sinaí, Israel recibió la legislación que le permitió relacionarse y funcionar como el pueblo de Dios. Ésta nació del carácter de YHWH (Ex 34:6-7), cuyos valores esenciales de justicia y santidad marcaron los Diez Mandamientos, así como el resto de la legislación. Así como el ADN es incorporado en cada célula viva, los valores esenciales identificados deben saturar el desarrollo diario de la misión y la visión de la institución teológica.

Mientras que la visión pinta el cuadro del futuro deseado y la misión expresa el propósito específico, los valores esenciales son las creencias y convicciones vitales para la institución. Estos proveen la estructura relacional y teórica de la organización y un terreno común para la acción coordinada. La excelencia, el trabajo en equipo, la prioridad de la oración, la responsabilidad fiscal y la iniciativa son ejemplos de posibles valores institucionales.

No puede restársele importancia a la influencia de los valores esenciales. Estos llevan a cabo cinco funciones: 1. Definen las prioridades, metas y toma de decisiones. 2. Orientan la solución de problemas y resolución de conflictos. 3. Influyen en la satisfacción del trabajo, como así también en el compromiso con la institución. 4. Afectan el desarrollo de equipo, la toma de riesgos y el reconocimiento del personal. 5. Determinan la administración de las finanzas y los recursos[28]. En su discusión de los valores esenciales, Noriega declara: «Estos valores esenciales describen cómo trabajamos —caracterizan nuestra pedagogía, nuestro trabajo educativo, nuestros temas curriculares a lo largo de cada programa, nuestros procesos de evaluación del programa y nuestro desarrollo profesional—».[29] Al ver su impacto en la cultura organizacional, Malphurs sugiere tres descriptores importantes de los valores esenciales. En

27. Ferrari y Velcoff, «Measuring Staff Perceptions», p. 245. Véase también Joseph R. Ferrari, Joseph R., Todd L. Bottom y Robert E. Gutierrez, «Passing the Torch: Maintaining Faith-Based University Traditions during Transition of Leadership» (Cómo pasar la antorcha: El mantenimiento de las tradiciones universitarias con base en la fe durante la transición del liderazgo), *Education* 131, no. 1, 2010, p. 66.

28. Aubrey Malphurs, *Values-Driven Leadership* (El liderazgo impulsado por valores), Grand Rapids, Baker Books, 2004, p. 37-44.

29. Noriega, «Institutional Vision», p. 40.

primer lugar, deben ser constantes para que provean estabilidad en los tiempos inciertos. En segundo lugar, deben ser apasionados, indicando la energía emocional necesaria para la toma de acción. Finalmente, como pueblo de Dios, deben ser bíblicos, que reflejen su carácter[30].

Ya que los valores esenciales son tanto personales como corporativos, para que la institución logre su visión, es vital que sean explícitos y compartidos con entusiasmo por todos los participantes. El ser de un solo sentir es un motivo bíblico importante para el desarrollo del consenso en los valores definidos (Hch 4:32; Fil 2:2-4). Casi siempre, los conflictos interpersonales dentro de un ministerio tienen su origen en un desacuerdo sobre los valores. «Si usted es capaz de sacar a la superficie y clarificar los valores que alimentan el conflicto, estará bien encaminado hacia su resolución o a determinar si una resolución fuera posible. En la mayoría de los casos, la gente de la organización no comparte valores congruentes[31]». Malphurs observa que el liderazgo que sostiene valores esenciales a un nivel consciente tiende a ser proactivo. Esos líderes han pensado bien lo que creen y por qué. Estos son impulsados por los valores. Por otro lado, los valores tenidos inconscientemente tienden a caracterizar a los líderes pasivos quienes, a su vez, se ven afectados por factores externos. Por lo tanto, la búsqueda de consenso desde el principio, en cuanto a los valores esenciales, y su revisión constante puede ser vital para la supervivencia institucional[32].

¿Cómo son descubiertos los valores institucionales? Desde la persona que está arriba, cada miembro del equipo de liderazgo tiene que hacer primero un inventario personal. Varias estrategias son sugeridas. Al tomar un bloque de tiempo largo para la reflexión en silencio, cada persona debe hacer una lista de los valores que a su juicio son más importantes. Un amigo cercano o el cónyuge pueden ayudar a revisarla. Malphurs sugiere tomar la «Auditoría de los valores esenciales personales», provista en «Liderazgo impulsado por valores» (*Values-Driven Leadership*)[33]. Los valores más importantes deben enumerarse y priorizarse.

30. Malphurs, *Ministry Nuts and Bolts*, p. 20-24.
31. Malphurs, *Values-Driven Leadership*, p. 40.
32. *Ibíd.*, p. 46.
33. *Ibíd.*, p. 165-167. Ver también la auditoria presentada en Aubrey Malphurs, *Planeamiento Estratégico*, Buenos Aires, Editorial Peniel, 2006, p. 361-362.

Después del examen personal, el equipo de liderazgo puede comparar notas y comenzar a buscar lo que tienen en común. Las declaraciones de valores de otras iglesias u organizaciones comerciales pueden ayudarles a identificar los valores que resuenan con el grupo. El describir a la institución ideal, también puede darles otra perspectiva. En tanto que es similar a la declaración de la visión, una descripción semejante pudiera extraer los valores subyacentes. Por otra parte, el análisis del presupuesto de la institución puede darles pistas sobre los valores reales. Una vez que la lista esté completa, los valores recolectados deben ser reducidos a un grupo de 5 a 10 elementos, que luego serán priorizados.

Es importante distinguir entre los valores reales y las aspiraciones. Los valores reales son las «creencias [observadas] que poseen y sobre las que actúan a diario», y que se reflejan en las respuestas a la pregunta: «¿Por qué lo hacemos?»[34]. Los valores aspirados no están en práctica, sino en el proceso de adquirirlos. Para mantener la autenticidad, es mejor que los indique y mantenga al mínimo en la lista. El comportamiento percibido como coherente con los valores declarados conducirá hacia el desarrollo de la credibilidad de la institución.

Finalmente, es importante que los valores de la institución sean expresados en una declaración o credo[35]. Así, habrá más claridad en el desarrollo del consenso, asegurar la fidelidad y comunicarlos a otros. Lo recomendable es que incluya una introducción, una explicación y una base bíblica para cada valor. La redacción debe ser elaborada cuidadosamente para estimular el interés, infundir orgullo y transmitir claramente la idea de cada elemento. El número de valores debe limitarse a menos de diez (y preferiblemente la mitad) para estar claros y enfocados[36]. Por ejemplo, el Seminario de Denver define sus valores como «compromisos con [...] la autoridad bíblica, la erudición vigorosa, la ortodoxia caritativa, las relaciones redentoras y el interés global[37]».

34. *Ibíd.*, p. 50.

35. Para ejemplos de credos véase Malphurs, *Values-Driven Leadership*, 145-163.

36. *Ibíd.*, p. 83.

37. Una definición ampliada se puede ver en: Denver Seminary, «Our Core Commitments» (Nuestros compromisos esenciales) (2010). http://www.denverseminary.edu/about-us/who-we-are/our-corecommitments/ (12 de enero, 2012).

Una revisión diaria del credo puede ayudar a los líderes en la toma de decisiones. Las decisiones, grandes o pequeñas, pueden ser analizadas a través del filtro de los valores esenciales tal y como la institución los define. Esto le dará coherencia a la visión y a la misión del liderazgo. Además, el equipo de liderazgo tiene que comunicarlos Casi siempre por todos los medios posibles hasta que saturen el pensamiento de toda la institución. Una manera particularmente eficaz para ello es que narren historias sobre la manera en que esos valores están reflejados en la experiencia de la administración, del personal y del cuerpo estudiantil. Como tales, ayudan a formar el *etos* de la administración, del personal y del cuerpo estudiantil. Se espera que los graduados sean bien conocidos por los mismos valores esenciales que moldearon su carácter.

La declaración de los valores esenciales es importante para la evaluación periódica, particularmente durante la autoevaluación del proceso de acreditación. Noriega observa que «sirven como criterio para evaluar nuestra intencionalidad. ¿Estamos funcionando como si esos valores fueran esenciales para nuestro trabajo?[38]».En este proceso de rendición de cuentas, es necesario proveer evidencia de que los valores preestablecidos, en efecto, guían los resultados estudiantiles, el diseño curricular, el desarrollo del claustro y otros aspectos de las funciones diarias de la institución teológica.

De la visión a la realidad

De todas las dificultades surgidas para llevar a Israel a la tierra prometida, probablemente la más difícil fue lidiar con la resistencia del propio pueblo de Moisés. En más de una ocasión tuvo que lidiar con la erosión diaria de la visión: quejas, mezquindad, resistencia y rebelión total. ¡La respuesta de Israel a los diez espías significó que la visión tardaría en cumplirse otros cuarenta años! ¡Imagine la desilusión personal de Moisés con la falta de fe de Israel, cuando el cumplimiento estaba justo al alcance de sus manos! El hacer que el pueblo de Dios se dé cuenta de su visión bien pudiera ser el aspecto más difícil del liderazgo.

Durante el proceso de implementar la visión de la institución teológica puede darse una amplia gama de respuestas. Senge observa que las respuestas

38. Noriega, «Institutional Vision», p. 40.

tienden a oscilar desde la apatía y el incumplimiento a la participación y el compromiso.

> En la mayoría de las organizaciones contemporáneas hay relativamente pocas personas «alistadas», y aún menos «comprometidas». La gran mayoría se encuentra en un estado de «acatamiento». Los que acatan siguen el impulso de la visión. Hacen lo que se espera de ellos. Respaldan la visión hasta cierto punto. Pero no están alistados ni comprometidos[39].

Lamentablemente, la mera conformidad, ya sea a regañadientes o genuina, engendra mediocridad y un statu quo letárgico que dificulta la materialización de la visión. Obviamente, hace falta que todo el personal responda con entusiasmo. La diferencia vital entre la simple conformidad y el compromiso es que el personal comprometido quiere la visión. Éste asume su responsabilidad y hará simplemente cualquier cosa para llevarla a cabo.

Entonces, ¿cómo podemos estimular a los demás a que se comprometan de verdad con la visión? Senge ofrece las siguientes sugerencias. En primer lugar, comprométase usted mismo. Demuestre su propia pasión por el proyecto. En segundo lugar, sea honesto y sincero en cuanto a la discusión de la visión y las dificultades. No exagere los beneficios ni minimice los problemas. Finalmente, deje que la otra persona decida cómo responderá. La manipulación o coerción nunca originará una respuesta apasionada a la visión. «La lección más dura para muchos directivos es que, en última instancia, *no se puede hacer nada para que otra persona se aliste o se comprometa*. El alistamiento y el compromiso requieren la libertad de escoger[40]».

El papel del liderazgo en la comunicación del avance hacia la visión es, hasta cierto grado, una acción equilibradora. Por un lado, es necesaria para distinguir la visión personal de la corporativa[41]. Los subordinados no harán suya la visión mientras que sea solamente el reflejo de las aspiraciones personales del líder. Por otro lado, es vitalmente necesario que la personifique. La esencia del liderazgo académico es la integridad con la que vive la visión. Ella

39. Senge, *La quinta disciplina*, p. 277.
40. *Ibíd.*, p. 282. La cursiva es del autor.
41. Barna, *Power of Vision*, p. 133.

es el resultado de lo que el líder cree, valora y hace[42]. De esa manera, guiando con el ejemplo, la tarea es facultar a los demás para que sigan esa iniciativa. En este sentido, Nanus observa: «... su principal objetivo es capacitar a las nuevas personas para que actúen en nombre de la nueva visión y contribuir a que se mantengan comprometidos[43]». Cuando otros vean su propia visión materializada como parte de la visión corporativa más grande, aumentarán las probabilidades de que se comprometan sinceramente. Éste sugiere la siguiente fórmula para el liderazgo visionario:

> Objetivo compartido + personas empoderadas + cambios organizacionales apropiados + pensamiento estratégico = liderazgo visionario exitoso[44].

A un nivel práctico, será necesario que aprenda formas nuevas de ver el proceso administrativo para que guíe a otros hacia acciones que sean congruentes con la visión, misión y valores de la institución. Tendrá que estimular, reforzar y recompensar el desempeño consecuente con la visión. Las nuevas formas de organización para la visión deben ser analizadas, junto con políticas operativas o procesos nuevos. Probablemente, habrá que aprender nuevas habilidades o tendrá que contratar personal que apoye la misión, la visión y los valores[45].

No obstante, es de esperar que surja alguna clase de resistencia. Si la ignorara, podría destruir al ministerio. Por consiguiente, hay que reconocerla y seguir un proceso de resolución. Después de que analice los motivos de los que se resisten, podrá aplicar una estrategia apropiada a la situación. Esto pudiera incluir una combinación de desarrollo de la coalición, coerción, el debate de argumentos opuestos, negociaciones, no responder a la resistencia, animarlos a que se marchen, la contratación de personas que apoyen la visión, la inclusión de otros en la planificación, escuchar a los que se resisten, razonar con ellos, desarrollar las relaciones, recompensar las acciones constructivas

42. James Arthur, «Greater Expectations: Vision and Leadership in Christian Higher Education» (Expectativas mayores: Visión y liderazgo en la educación superior cristiana), en *Leadership in Christian Higher Education* (El liderazgo en la educación superior cristiana), eds. Michael Wright y James Arthur, Exeter, UK, Imprint Academic, 2010, p. 5.

43. Nanus, *Liderazgo visionario*, p. 213-214.

44. *Ibíd.*, p. 222.

45. *Ibíd.*, p. 210-213.

y trabajar hacia el consenso[46]. Sin embargo, el proceso no carecerá de crisis. «Todos los líderes, independientemente de sus habilidades y de su relación con Dios, enfrentan crisis. Los líderes enfrentan dificultades incluso dentro del ambiente del servicio cristiano. Entienda que una crisis no es necesariamente una situación negativa. Una crisis simplemente es un punto estratégico en el que su habilidad para dirigir es puesta a prueba[47]».

Las respuestas de Moisés a la resistencia a su liderazgo son particularmente útiles en este momento. Su hermana y su hermano cuestionaron su vida personal y por ende su liderazgo, lo cual resultó en que Dios interviniera a través de la lepra de María. De manera significativa, este contexto provee una pista importante de su carácter: Moisés era humilde, más que cualquier otro hombre en la faz de la tierra (Nm 12:3). Su fortaleza espiritual y emocional controlada fue evidente en su negativa a defenderse. Más bien, permitió que Dios interviniera por él.

Posteriormente, un conflicto de visiones hizo que Coré, Datán y Abiram descuidaran su propia responsabilidad en Cades-barnea, para luego culpar a Moisés de no haber cumplido la visión y acusarlo de ser un dictador con el pueblo de Dios. La primera reacción de Moisés, movido a una ira justa, es caer sobre su rostro, humillándose en oración. Él niega los cargos, reprende a los rebeldes y sugiere una prueba, pidiéndole a Dios que intervenga y determine cuáles reclamos son justos. De nuevo, el Señor llega a la defensa de Moisés, enviando primero fuego del cielo para consumir a Coré y a los levitas rebeldes, y luego, abriendo la tierra para tragarse al resto de los rebeldes (Nm 16). En esta y otras ocasiones, las crisis hicieron que Moisés buscara al Señor, renovando su intimidad con el Señor y recibiendo la seguridad de que su visión era certera.

Por consiguiente, el líder de Dios tendrá que calcular el costo del cumplimiento de la visión. Él o ella tienen que estar dispuesto, ya sea a soportar el trauma o a dejar que otro se encargue de llevarla a cabo. Uno también tiene que estar consciente de que algunos simplemente no tienen la capacidad para aceptar la visión de Dios en este tiempo. La separación obligada del personal resistente en la institución puede ser la única opción, aunque dolorosa[48]. Sin

46. Aaron D. Anderson, *Engaging Resistance* (Cómo enfrentar a la resistencia), Stanford, California: Stanford Business Books, 2011, p. 125.

47. Barna, *Power of Vision*, p. 73.

48. *Ibíd.*, p. 148.

embargo, la sanidad y unidad subsiguientes pueden proveer el ímpetu para alcanzar la visión.

Por ejemplo, el rector de un seminario en América del Sur comenzó a movilizar su institución hacia una visión más enfocada a través de conversaciones con el personal, retiros del equipo y conferencias acerca del tema por un período de dos años. Una nueva visión fue aprobada y ratificada por la junta. Aunque la mayoría del equipo del liderazgo captó la visión, la resistencia pasiva de algunos actores clave finalmente, llevó al estancamiento de las funciones administrativas. Al entregar su renuncia a la junta, el rector provocó una serie de conversaciones al nivel de la junta que resultaron en las posteriores renuncias del personal recalcitrante. Aunque el proceso de negociar varias renuncias fue muy doloroso, el cuerpo docente y el personal restante quedaron unidos bajo la nueva visión que había sido establecida el año anterior y, de esa manera, hubo la oportunidad para un crecimiento nuevo.

Conclusión

Israel efectivamente llegó a la Tierra Prometida, aunque Moisés no pudo llevarlos personalmente. Dios sí cumplió sus promesas a su pueblo. Su experiencia puede servir como un estímulo y modelo para las generaciones posteriores de aquellos que buscan cumplir el plan de Dios. La definición de la visión, de la misión y de los valores, formulados tal vez en un solo documento, juega un papel importante para que una institución teológica vaya más allá del statu quo hacia el cumplimiento de un papel específico y del propósito de Dios. El líder de Dios tiene ante sí el desafío de utilizar estos conceptos para llevar a su pueblo a la Tierra Prometida.

El lector bien puede verse desafiado a dar un liderazgo claro a su institución teológica, al ayudar a definir su visión, su misión y sus valores. No es un proceso fácil, sino vital, para que la institución tenga un enfoque y plan claros para el crecimiento. Las siguientes preguntas para la reflexión y acción ayudarán al lector a que comience a trabajar con los conceptos a un nivel práctico.

Puntos para reflexión y acción

1. En este capítulo la experiencia de Moisés, de Israel y de la Tierra prometida fue utilizada como un modelo de visión, misión y valores.

¿Qué otros ejemplos bíblicos vienen a su mente que pudieran ilustrar estos conceptos?

- ¿Cuál le impacta más? ¿Por qué?

2. ¿Tiene su institución una declaración de visión, misión, credo o valores? Si así es, ¿qué áreas cree usted que podrían refinarse o desarrollarse?
   - Si su institución no tiene una declaración de visión, escriba una tentativa aquí. ¿Qué le gustaría que fuera su institución en los próximos 10-20 años? ¿A quién cree que debe incluirse para redactar la declaración formal?
3. ¿Quiénes son las personas interesadas más influyentes que deberían ser incluidas en el proceso de definir la visión, misión y valores de su institución?
   - Al conocer la cultura y contexto de su institución, ¿cómo cree que debe proceder su institución para definir la visión, misión y valores?
   - ¿Cuál entiende es su propio papel en definir y dirigir a su institución hacia el logro de la visión de Dios?
4. ¿Cuál es la misión declarada de su institución? ¿Cómo evidencia la organización el logro de su misión? ¿Qué tan bien lo logra?
   - Si su institución no tiene una declaración de misión, escriba una propuesta tentativa aquí. Si la tiene, escriba una revisión utilizando lo que ha aprendido.
5. ¿Cuáles son sus valores personales más importantes?
   - ¿Cuáles son los valores más importantes de su institución? ¿Están declarados o implícitos? ¿Puede pensar en valores adicionales que usted considere importantes?
   - ¿Están alineados sus valores personales y los valores institucionales? ¿En qué áreas ve un conflicto (no alineación)?
   - Si un conflicto de valores aparece entre usted y la institución, o entre usted y un colega, ¿qué se puede hacer para resolver el conflicto?

Recursos para el estudio adicional

Ableman, Robert, y Amy Dalessandro, «Institutional Vision in Christian Higher Education: A Comparison of ACCU, ELCA, and CCCU Institutions» (La visión institucional en la educación superior cristiana: Una comparación de las instituciones ACCU, ELCA y CCCU), *Journal of Research in Christian Education* 18, 2009, p. 84–119.

Anderson, Aaron D., *Engaging Resistance* (Cómo lidiar con los que se resisten), Stanford, CA, Stanford Business Books, 2011.

Arana, Arnoldo, «¿Cómo articula el líder la visión?», Global Leadership Consulting (Diciembre, 2008). http://www.glcconsulting.com.ve/articulos/Articulo_Como articula el líder la vision_Arnoldo Arana.pdf (3 de enero, 2012).

Arana, Arnoldo, «Los roles comunicacionales del líder», Global Leadership Consulting (Septiembre, 2008). http://www.glcconsulting.com.ve/articulos/Articulo_Los roles comunicacionales del lider_Arnoldo Arana.pdf (3 de enero, 2012).

Arthur, James, «Greater Expectations: Vision and Leadership in Christian Higher Education» (Expectativas mayores: Visión y liderazgo en la educación superior cristiana), en *Leadership in Christian Higher Education* (El liderazgo en la educación superior cristiana), editado por Michael Wright y James Arthur, p. 3–32, Exeter, UK, Imprint Academic, 2010.

Barna, George, *The Power of Vision*, Ventura, CA, Regal Books, 1992. Edición española de este libro: *El poder de la visión: cómo captar y aplicar la visión para desarrollar tu liderazgo*, Buenos Aires, Editorial Peniel, 2002.

Board of Trustees of Northern Illinois University, «Sample Mission and Vision Statements» (Muestras de declaraciones de misión y visión), 2012. http://www.niu.edu/strategicplan/mission/samples.shtml (30 de enero, 2012).

Diamond, Robert M., ed., *Field Guide to Academic Leadership* (Guía de campo para el liderazgo académico), San Francisco, CA, Jossey-Bass, 2002.

Drucker, Peter, *Dirección de instituciones sin fines de lucro*, Buenos Aires, Editorial El Ateneo, 1990.

Farmer, Paul C., y John Gabriel, *How to Help your School without Breaking the Bank* (Cómo ayudar a su institución sin quebrar al banco), Alexandria, VA, Association for Supervision and Curriculum Development, 2009.

Ferrari, Joseph R., Todd L. Bottom y Robert E. Gutiérrez, «Passing the Torch: Maintaining Faith-Based University Traditions during Transition of Leadership» (Cómo pasar la antorcha: El mantenimiento de las tradiciones universitarias con base en la fe durante la transición del liderazgo), *Education* 131, no. 1, 2010, p. 64–72.

Ferrari, Joseph R., y Jessica Velcoff, «Measuring Staff Perceptions of University Identity and Activities: The Mission and Values Inventory» (Cómo medir las percepciones del personal de la identidad y las actividades universitarias: Inventario de la misión y los valores), *Christian Higher Education* 5, 2006, p. 243–261.

Glaser, John P., *Leading through Collaboration: Guiding Groups to Productive Solutions* (Cómo dirigir a través de la colaboración: Cómo llevar a los grupos a soluciones productivas), Thousand Oaks, CA, Corwin Press, 2005.

Hofstede, Geert, *Cultures and Organizations* (Culturas y organizaciones, Nueva York, McGraw-Hill, 1997.

Holcomb, Edie L., *Asking the Right Questions: Tools for Collaboration and School Change* (Cómo hacer las preguntas correctas: Herramientas para la colaboración y el cambio de la institución), 3a ed., Thousand Oaks, CA, Corwin Press, 2009.

Malphurs, Aubrey, *Ministry Nuts and Bolts* (Aspectos básicos del ministerio), Grand Rapids, MI, Kregel Publications, 1997.

Malphus, Aubrey, *Planeamiento estratégico*, Buenos Aires, Peniel, 2006.

Malphurs, Aubrey, *Values-Driven Leadership* (El liderazgo impulsado por valores), Grand Rapids, MI, Baker Books, 2004.

Manktelow, James, y Amy Carlson, «Mission Statements and Vision Statements: Unleashing Purpose» (Declaraciones de misión y de visión: Cómo librar el propósito), MindTools (1996–2012). http://www. mindtools.com/pages/article/newLDR_90.htm (12 de diciembre, 2011).

Nanus, Burt, *Liderazgo visionario: Forjando nuevas realidades con grandes ideas*, traducción por Eduardo Reneboldi, Buenos Aires, Granica, 1995.

Nevarez, Carlos, y J. Luke Wood, *Community College Leadership and Administration* (El liderazgo y la administración universitarios), Nueva York, Peter Lang Publishing, 2010.

Noriega, Diane Cordero de., «Institutional Vision, Values, and Mission: Foundational Filters for Inquiry» (Visión, valores y misión institucionales: Filtros fundamentales para investigación), en *Taking Ownership of Accreditation* (Cómo tomar posesión de la acreditación), editado por Amy Driscoll y Diane Cordero de Noriega, p. 37–51, Sterling, VA, Stylus Publishing, 2006.

Senge, Peter, *La quinta disciplina*, Buenos Aires, Granica, 2004.

Senge, Peter, Art Kleiner, Charlotte Roberts, Richard B. Ross y Bryan J. Smith, *The Fifth Discipline Fieldbook* (Libreta de campo de La quinta disciplina), Nueva York, Crown Publishing, 1994. The Teal Trust. «Vision Forming». http://www.teal.org.uk/vl/vl4proc.htm (12 de diciembre, 2011).

Thiagarajan, Sivasailam, y Glenn Parker, *Teamwork and Teamplay: Games and Activities for Building and Training Teams* (Trabajo en equipo y juego en equipo para desarrollar y entrenar equipos), San Francisco, CA, Jossey-Bass, 1999.

4

Factores que contribuyen a la excelencia en la educación teológica

Steve Hardy

El buen fruto es el mejor indicio de la excelencia en la educación teológica. Los graduados de los programas de primera predican mejor, evangelizan mejor, administran mejor y viven mejor, en la medida que sus vidas imitan fielmente a nuestro Señor Jesucristo. Su experiencia de aprendizaje los preparó bien para los ministerios a los que fueron llamados por Dios. Esa excelencia en la formación debe ser celebrada a medida que vemos lo que Dios ha hecho.

Aunque un lindo recinto, una biblioteca bien utilizada y la filosofía del prospecto pueden impresionar a los visitantes, una institución de formación teológica no es de primera simplemente porque alguna vez lo fue o porque su publicidad lo dice. Es de primera porque su propósito, proceso y producto están de acuerdo con los principios bíblicos. Es una comunidad de gente competente, eficaz y emocionalmente saludable, que constantemente aprende más del contexto y está equipada adecuadamente para atenderlo bien.

¿Cuáles son los factores que contribuyen a la excelencia de una institución teológica? Me gustaría sugerir once factores: (1) Claridad de propósito. (2) Un equipo de líderes que entiende el liderazgo. (3) Un plan estratégico coherente y abarcador. (4) Sensibilidad ante el contexto. (5) Los estudiantes apropiados. (6) Profesores de alta calidad. (7) Un apoyo administrativo sólido. (8) Instalaciones adecuadas. (9) La crítica constructiva de los dueños. (10) Estabilidad y (11) Compromiso con la reflexión y el cambio.

Claridad de propósito

La formación de todo el pueblo de Dios es una orden del Señor Jesús, como parte de su Gran Comisión para toda la Iglesia (Mt 28:18-20). Los programas de formación del liderazgo evangélico generalmente están conscientes de que deben ser lugares estratégicos, en donde los líderes presentes y futuros son equipados para el reino de Dios. Todo el currículo debe contribuir conscientemente a que los estudiantes continúen su aprendizaje a lo largo de la vida y que lo pongan en práctica.

Reconocemos a un Dios soberano que hace que todas las cosas funcionen de acuerdo con su propósito y para el bien de su pueblo. Sin embargo, eso no abre la puerta para una mala administración y un currículo mal diseñado. No se puede verificar la excelencia (o el fracaso) sin que aclaremos a dónde quiere llegarse. El primer factor que contribuye a la excelencia es una visión clara sobre por qué existe el programa de formación.

La declaración de propósito del Colegio Universitario Bíblico de Singapur lee: «La misión del Colegio Universitario Bíblico de Singapur es glorificar a Dios, al preparar a siervos fieles de Jesucristo para la edificación de la Iglesia y la urgente evangelización de los no alcanzados[1]». La mayoría de las declaraciones de propósito de los programas evangélicos de capacitación, comienzan afirmando que existen para glorificar a Dios. Tanto las personas como las instituciones quieren oír a Dios: «Bien, buen siervo y fiel». El pueblo de Dios debe ser equipado para la vida y el ministerio a través del estudio y la aplicación de la Palabra de Dios. La Biblia es rica en ejemplos de cómo puede y debe hacerse la formación teológica de manera efectiva. Esa formación incluye estar conscientes de que Dios está entre nosotros mientras oímos su voz, nos gozamos de lo que he hecho y está haciendo en la vida y el ministerio de nuestros estudiantes, y somos renovados por su Espíritu, que vive y trabaja en y a través de nosotros. El Colegio Universitario Bíblico de Singapur honra

1. Singapore Bible College. «Mission Statement» (Declaración de misión), (17 de febrero de 2011), http://www.sbc.edu.sg/en/about-sbc-mainmenu-27/mission-and-fundamental-mainmenu-28 (29 de abril, 2012).

a Dios al equipar a los estudiantes que servirán a la Iglesia de Cristo y que evangelizarán a los no alcanzados.

El propósito principal de la formación teológica no es el desarrollo de monumentos educativos impresionantes, aunque es bueno que tengamos instalaciones atractivas y funcionales. Tampoco es que complazcamos a las autoridades gubernamentales, aunque el reconocimiento oficial del Ministerio de Educación puede ser útil. La viabilidad financiera y un equipo de personal estables son importantes, pero el propósito principal de instituciones de entrenamiento no es el reclutamiento de suficientes estudiantes ni la recaudación de fondos para que el personal y el cuerpo docente estén ocupados hasta que se jubilen. Una institución de primera existe para sus estudiantes y la gloria de Dios. El consenso en cuanto al propósito de un programa de educación teológica le da forma al programa de maneras que estimulan la excelencia.

Un equipo de liderazgo que entiende el liderazgo

Las instituciones de educación teológica están en el negocio de la preparación de líderes para la Iglesia, las organizaciones cristianas y la sociedad. Si una institución hace bien su formación del liderazgo, es porque tiene un concepto claro de cómo puede encontrarlo, estimularlo, desarrollarlo y usarlo. La institución tiene un buen equipo que no solamente dirige, sino que también moldea al liderazgo. La educación teológica moldea la vida de los estudiantes para que Dios pueda usarlos como líderes y personas influyentes para el bien de su Reino. Las habilidades de la vida son aprendidas, principalmente viendo a alguien que las hace bien. Para la excelencia en la educación teológica, los líderes, los maestros y el personal deben demostrar los mismos conocimientos, las habilidades y el carácter que el programa pretende desarrollar en sus estudiantes.

Hay que seguir enfatizando la importancia del carácter en el liderazgo. Lo que somos en el contexto de la comunidad comunica mejor que nuestras palabras lo que es importante para nosotros. La competencia profesional como maestros o administradores va de la mano con actitudes y relaciones piadosas.

Un buen equipo de liderazgo reflejará una diversidad de dones, personalidades y experiencias. Ellos se respetan y disfrutan mutuamente. Aunque visionarios brillantes hayan iniciado muchos programas de primera, éstos dejarán de serlo si aquellos visionarios no saben cómo compartir su liderazgo y visión con nosotros. Los estudiantes no aprenderán el valor del cuerpo, de los contactos y de la comunidad si la institución tiene líderes que no confían en, ni facultan a otros. Los graduados imitarán al liderazgo que hayan observado. Por consiguiente, algunos graduados iniciarán iglesias o ministerios de las que solamente ellos estarán a cargo hasta que se mueran. Los graduados de otra institución pudieran comportarse de un modo bien distinto si vieron equipos de liderazgo que edificaban sobre los dones de los otros y a líderes dispuestos a hacerse a un lado y a pasarles su liderazgo, sin dificultades, a manos capaces. Los buenos equipos de liderazgo contribuyen a programas de educación teológica de primera.

Un plan estratégico, coherente y abarcador

Una institución de primera, con un buen liderazgo de acuerdo con su visión y propósito, tiene un plan estratégico. Este plan es el mapa hacia la excelencia que permite que la institución (y todos los demás) verifiquen si todo lo que tiene que ver con la excelencia en realidad, está llevándose a cabo. Un plan estratégico, coherente y excelente es desarrollado sobre la visión y los valores de la institución, y surge tanto de la investigación interna como de la externa. La investigación interna evalúa las fortalezas y debilidades de la institución. Hay que fortalecer o reparar algunas cosas, en tanto que otras deben ser desechadas. La investigación externa considera las necesidades de los estudiantes presentes y potenciales, junto con las necesidades de la comunidad, las iglesias y las organizaciones en las que servirán los graduados.

El plan estratégico debe surgir de la oración y del sueño de toda la comunidad, hasta que llegue a ser una manera viable para que la institución vaya de en donde se encuentre hacia donde se crea que debe estar dentro de los próximos cinco o diez años. Semejante plan debe incluir los detalles de cómo será fortalecida la administración, las finanzas, el mantenimiento, el personal y el gobierno. Tiene que estar redactado en un lenguaje comprensible y disponible para todos en la comunidad de la institución. Un buen plan estratégico sirve como un punto de referencia para monitorear el progreso del programa. Debe revisarse a fondo de cada cinco a ocho años. Un plan estratégico bien elaborado y abarcador es un factor significativo que contribuye a la excelencia (véase el apéndice para un resumen breve de cómo puede ser desarrollado).

El currículo formal es un plan estratégico para los estudiantes. Éste incluye un paquete de recursos y experiencias dirigidas que deben llevarlos del lugar en que se encontraban cuando iniciaron sus estudios, hasta el que deben de estar cuando se gradúen. Los que enseñan cursos individuales dentro del currículo formal tienen que estar conscientes de cómo funciona cada materia con todas las demás para que las metas del paquete curricular sean logradas.

Sin embargo, hay un paquete aún mayor que tiene un efecto más grande en lo que los estudiantes *de verdad* aprenden. Se trata del currículo escondido, que es donde los valores se hacen visibles en la vida diaria de la institución. En tanto que el aprendizaje del salón de clase y de la biblioteca es importante, los estudiantes aprenden a medida que observan cómo se comporta el personal y los estudiantes, y cómo se relacionan los unos con otros, reflejando valores y planes, a medida que se implementan las políticas, usan el dinero y mantienen las instalaciones. La manera en que los equipos de liderazgo funcionan será más instructiva acerca del liderazgo, de los dones y del respeto mutuo, que cualquier cosa dicha en clase o en un sermón acerca del liderazgo. La educación teológica de primera aprovecha tanto el currículo formal como el informal para moldear la vida de los estudiantes.

Sensibilidad al contexto

Si un programa de educación teológica equipa eficazmente a hombres y mujeres con el conocimiento y las habilidades para el ministerio y la vida, se debe a que su liderazgo y personal docente los conocen muy bien. Los estudiantes provienen de trasfondos diversos y traen consigo una rica variedad de experiencias. El liderazgo y el personal docente de un programa de primera también, deben estar familiarizados con el mundo cambiante en que sus estudiantes viven y con los ministerios para los que está preparándolos. El currículo no es un modelo sagrado del cielo, guardado y transmitido fielmente como «una talla única», para todos. Un programa de educación teológica de primera equipa a estudiantes específicos para el ministerio dentro de un contexto específico. Si los estudiantes del Seminario Evangélico de Lima van a servir como plantadores de iglesias en las ciudades grandes del Perú, entonces su currículo no debería de estar basado en libros de texto norteamericanos. Los estudiantes del centro de capacitación misionera de Durami, Etiopía, tienen un currículo que ha sido diseñado brillantemente con cursos que cubren la teología e historia de la Iglesia Copta de Etiopía, y el cual también provee experiencia de primera mano en comunidades mayoritariamente musulmanas. Gran parte del currículo de Durami no sería útil para los estudiantes inscritos en el Instituto Bíblico Portugués.

El entender el contexto de los estudiantes significa estar conscientes de quiénes son, de lo que saben y de lo que saben hacer. El conocerlos tanto a ellos como su mundo permite que un programa responda contextualmente a su realidad. No se enseña el material ya conocen ni tampoco aquel para el que carecen el trasfondo para entenderlo. Lo que se enseña llena los vacíos y provee las bases desde las que se continuara. Los estudiantes son ayudados para que reflexionen en sus propias experiencias y desarrollen las habilidades únicas que poseen dentro del llamado.

El conocimiento del contexto que aguarda a los graduados significa que los estudiantes serán preparados para que encajen y sean útiles en éste cuando se gradúen. Si los estudiantes llegan como presbiterianos, no deberían graduarse como pentecostales o metodistas, pues no estarían preparados para ser eficaces dentro de la iglesia presbiteriana. Si los estudiantes provienen de iglesias rurales con el fin de aprender a servir en sus lugares de origen, el programa de estudios fracasaría si al momento de la graduación solamente pudieran trabajar en la ciudad.

El tomar en serio el contexto significa que cuando los graduados prediquen, utilizarán palabras y formas de comunicación entendibles para los oyentes. Cuando enseñen, responderán preguntas que la gente tiene (o que debería tener), y cuando estudien, investigarán problemas reales. Éstos observan modelos que pueden ser imitados a nivel local. Éstos aprenden destrezas por medio de los métodos educativos apropiados, las cuales a su vez podrán usar para enseñar a otros.

El conocimiento del contexto incluye el entender el entorno sociopolítico en el que la institución de educación teológica existe. Ese es el verdadero mundo del de donde los estudiantes provienen, en el que estudian y al que regresarán a ministrar. Si el VIH y el SIDA son tan prevalentes al punto de que el pastor entregado tiene que oficiar un sinnúmero de funerales al mes, el currículo debería estar diseñado para preparar pastores que trabajarán dentro de ese contexto. Si el contexto es uno de corrupción, guerra y refugiados, asuntos ambientales, odio étnico o grandes brechas entre los ricos y los pobres, el currículo debería preparar a los estudiantes para que respondan a esas necesidades. En tanto que un programa de formación no puede ser todo para toda la gente, y definitivamente no resolverá todos los problemas posibles, un programa de educación teológica de primera toma en serio su contexto para que los graduados estén bien preparados para ministrar en respuesta a las necesidades reales de la gente que vive allí.

Las instituciones de formación de primera extienden su influencia regional en la medida en que siguen sirviendo a sus graduados y a las comunidades en donde ahora ministran. Se convierten en centros de recursos de manera formal e informal para su educación continua. Para esto, la institución debe conocer a los graduados y su contexto.

Los estudiantes apropiados

Aunque un programa de educación teológica esté brillantemente diseñado, con maestros maravillosos, el financiamiento apropiado y buenas instalaciones, no producirá fruto si está capacitando a los estudiantes *inapropiados*. Esto no es un comentario sobre el valor intrínseco de los seres humanos, más bien es una implicación que surge del propósito de la institución.

Si la intención de una institución teológica es evangelizar a sus estudiantes, entonces puede recibir a cualquiera, asumiendo que posea las credenciales académicas que lo certifiquen para estudiar al nivel enseñado por el programa de educación teológica. Sin embargo, si el propósito es equipar al pueblo de Dios para que camine en obediencia, a medida que estudia su Palabra, entonces la institución debe admitir solamente a estudiantes que afirmen ser pueblo de Dios y que hayan demostrado el deseo tanto de estudiar las Escrituras como de andar en obediencia a ellas. No cada hijo o sobrino de pastor estará contento con una beca completa para asistir a esta clase de institución bíblica.

Si el propósito del programa de educación teológica es equipar discípulos maduros para la obra del ministerio, y específicamente para ministerios de liderazgo en la iglesia local o en organizaciones cristianas, entonces solo debería admitir estudiantes que sienten un llamado al ministerio, cuyos antecedentes demuestran que Dios los ha usado en papeles de liderazgo dentro de la iglesia local. No cada estudiante que solicita es apto para ingresar.

La mayoría de los programas de educación teológica probablemente pudieran recibir más estudiantes de los que están inscritos actualmente. Lo razonable económicamente es que busquen estudiantes y así, hagan buen uso de las instalaciones y de los maestros. Lo triste es que una cantidad de programas no tan excelentes abren sus puertas a cualquiera que pueda pagar la matrícula, o a quien pueda encontrársele becas o incluso subsidios del Estado. Sin embargo, el que los salones de clases y los dormitorios estén llenos de estudiantes que no se sienten llamados al ministerio cristiano, o que ni siquiera están comprometidos a seguir a al Señor Jesús, dificultará la enseñanza. Esos graduados no estarán dispuestos o serán incapaces de servir en las iglesias locales, sino que además esa mezcla poco saludable de estudiantes puede afectar el proceso de aprendizaje. Los estudiantes son parte del currículo oculto. Esos que no están interesados en las cosas espirituales, que pasan más tiempo quejándose por la comida o metiéndose en actividades inapropiadas que estudiando la palabra de Dios, pueden influir de manera negativa al resto del cuerpo estudiantil, en lugar de fomentar una comunidad que se deleita en la adoración y en aprender a servir. El tener a los estudiantes apropiados para el propósito del programa es un factor significativo para que sea una educación teológica de primera.

Maestros de alta calidad

Lo que hace que instituciones como el Seminario Evangélico Teológica Jos (JETS por sus siglas en inglés) de Nigeria, o la Universidad Internacional Africana (AIU por sus siglas en inglés), anteriormente Escuela Evangélica Graduada de Teología de Nairobi (NEGST por sus siglas en inglés), sean programas de educación teológica de primera son sus buenos maestros. Los maestros son el recurso más importante de cualquier programa de capacitación. Los buenos maestros conocen a sus estudiantes y, de manera creativa, los ayudan a aprender lo que necesiten saber del currículo formal. A medida que desarrollan relaciones saludables con sus estudiantes se convierten en una parte positiva del currículo informal. Sus vidas ilustran lo que dicen en el salón de clases. Uno de sus mejores regalos para los estudiantes es ayudarlos a aprender. Los buenos maestros no se limitan a dar buenas conferencias. Cada vez que enseñan, revisan su contenido y metodología, en lugar de limitarse a transmitir la misma información, del mismo modo en que la recibieron de sus propios maestros hace muchos años. Sus estudiantes no tan solo aprueban los exámenes; entienden los conceptos claves y dominan las destrezas.

Un buen equipo de enseñanza cuenta con algo más que el adiestramiento y los títulos apropiados. También, tiene experiencia en sus áreas de enseñanza. Los profesores de la predicación, ¡saben predicar! Los que enseñan misiones han vivido y trabajado en otras culturas. Y como maestros, han aprendido las destrezas de la enseñanza.

Aunque parezca obvio el decir que una institución teológica de primera es un lugar del aprendizaje, lo cierto es que ese ambiente incluye más de lo que los estudiantes aprenden en sus cursos. En los programas de capacitación de primera, los maestros y los administradores también, son estudiantes permanentes. Los maestros aprenden cuando prestan atención a la crítica. Estos aprenden al mantenerse al día en su área de especialización. Investigan y escriben. Estos asisten a seminarios de pedagogía con el fin de adquirir nuevas perspectivas sobre la metodología. Participan en conferencias acerca de sus áreas de interés. Aprenden los unos de los otros durante sus visitas ocasionales a otras clases y cuando comparten sus programas de estudios para que cada maestro esté consciente de la manera en que su curso encaja dentro del currículo global. Oran los unos por los otros y se estimulan mutuamente «a realizar actos de amor y buenas acciones» (He 10:24; NTV).

Los programas de capacitación de primera buscan buenos maestros. Estos invierten en su educación continua y les ofrecen salarios adecuados para que atiendan las necesidades de sus familias. El tener buenos maestros probablemente sea el factor más significativo para la excelencia en la educación teológica.

Un apoyo administrativo sólido

Los maestros enseñan mejor cuando cuentan con el apoyo de un equipo administrativo competente. Las estructuras administrativas que están bien diseñadas hacen que el programa funcione sin dificultades y de manera eficiente. El aprendizaje ocurre dentro de un sistema complicado, en el cual muchas piezas tienen que funcionar de manera simultánea. Eso incluye las finanzas, ya que sin los fondos apropiados, ni los que enseñan ni los que administran funcionarán.

Cuando existe una buena administración, no siempre es tan visible. Pero las cosas simplemente funcionan mejor. Uno de los mejores equipos administrativos que he visto está en el Seminario Teológico Bautista Árabe de Beirut. Se trata de un grupo de gente en su mayoría joven, entusiasta y competente que está muy contento de llevar a cabo sus diversas funciones. En la mayoría de instituciones, la recepcionista quizás sea la persona más importante en términos de la imagen pública de la institución. Alguien tiene que asegurarse de que los edificios y los terrenos estén limpios y bien cuidados, y que el equipo esté en buenas condiciones y sea reemplazado de vez en cuando. Alguien tiene que ordenar los libros de texto y los suministros para que los estudiantes y los maestros tengan los recursos necesarios para el aprendizaje. Los libros tienen que ser cuidadosamente escogidos, las publicaciones y otros materiales tienen que estar organizados en una biblioteca. Hay que reclutar a los estudiantes y sus solicitudes tienen que ser examinadas cuidadosamente. Los registros académicos y estudiantiles, los contenidos de las clases y los resultados de las evaluaciones tienen que estar bien archivados. Hay que asignar los salones de clases, administrar las becas, desarrollar presupuestos y recaudar fondos. Además de todas esas actividades rutinarias, los estudiantes y el personal necesitan orientación y cuidado pastoral.

Todas esas son labores administrativas, la mayoría de los cuales no deben ser llevadas a cabo por gente que solamente tiene dones de enseñanza. Pero el que administración sea llevada a cabo de un modo eficiente o pobre afectará tanto el aprendizaje de los estudiantes aprenderán como lo que practiquen en sus ministerios. La forma en que el cuerpo docente, los administradores y el personal se relacionan entre sí y con los estudiantes es una lección poderosa acerca del cuerpo de Cristo. La labor administrativa de gente competente, con descripciones claras de su trabajo y dispuesta a servir a los maestros, al personal y a los estudiantes será imitada por los graduados en sus iglesias y ministerios. Un equipo de apoyo administrativo sólido es un factor esencial para la excelencia en la educación teológica.

Instalaciones apropiadas

Un campus espacioso, con flores y pasillos, edificios espléndidos equipados con todas las herramientas electrónicas más recientes y una biblioteca con millones de libros y publicaciones son cosas agradables. Sin embargo, en sí mismos, no son los factores principales que fomentan la excelencia en la educación teológica. Tan solamente son monumentos a alguien que podía dar mucho dinero. Algo anda verdaderamente mal si el orgullo por las instalaciones sobrepasa al de los graduados. Sin embargo, un programa no puede ser excelente si no cuenta con las instalaciones apropiadas ni bien cuidadas para la administración e investigación.

Una biblioteca de primera no es la que está llena de decenas de miles de libros que nadie ha leído. Más bien, una biblioteca de primera siempre está en uso porque contiene materiales actualizados que apoyan el currículo y las necesidades de la comunidad educativa. Una biblioteca útil es una herramienta que no solamente mejora el aprendizaje de los estudiantes, sino también el de los maestros. Su contenido ha sido seleccionado sistemáticamente, de acuerdo con una política derivada tanto de su propia declaración de misión como la de la institución. El personal capacitado organiza y mantiene los materiales accesibles y en buen estado para que la biblioteca siga siendo útil lo mismo para los estudiantes como para el cuerpo docente. En este siglo XXI, una biblioteca de primera aprovecha al máximo la Internet y los CD y DVD para la investigación.

Las instituciones no son catalogadas de primera simplemente porque tengan un programa residencial y un recinto bonito. El que sea residencial tal vez no sea en absoluto necesario, dependiendo del propósito del programa. Pero cada programa sí requiere un espacio de oficina para el personal administrativo y los maestros, junto con un espacio seguro para los archivos y expedientes. Cada programa educativo necesita una biblioteca apropiada (y quizás hasta una librería), así como suficientes salones de clases. Si hiciere falta un hospedaje para los estudiantes y el personal, debería ser funcional, diseñado para que supla las necesidades del programa y un producto del plan estratégico de la institución a largo plazo. Éste debe recibir el mantenimiento apropiado para salvaguardar la inversión y evitar que los residentes corran un riesgo innecesario.

He tenido el privilegio de visitar algunos recintos que fueron construidos no solamente con un fin funcional, sino para que declararan la gloria de Dios. El Colegio Universitario Bíblico de Highlands en Kenia hace que uno se sienta como en la Universidad de Princeton. SAIACS en Bangalore, India, ha desarrollado un Centro para Oportunidades Educativas —un centro maravillosamente amueblado para «directores ejecutivos» que hace que los visitantes quieran volver como estudiantes—. En tanto que en sí mismas las instalaciones no determinan la excelencia, la ausencia de instalaciones adecuadas y de una biblioteca que funcione bien puede evitar que un programa sea de primera, o por lo menos que sea percibido como de primera.

La crítica constructiva de los dueños

El fundamento del programa de educación teológica es un segmento importante de su infraestructura. Los programas de formación no existen para servirse a sí mismos. No escriben reportes para su propio beneficio. Alguien tuvo la visión y las finanzas para iniciar el programa ya fuere con el deseo de servir a la Iglesia o a las organizaciones cristianas o a la comunidad más amplia. Las instituciones de formación para el liderazgo tienen que estar estructuradas de tal manera que sepan escuchar y mantener informados a quienes sean los «dueños» funcionales del programa: sus fundadores, los que contribuyen financieramente y a quienes reciben sus servicios.

La institución seguramente necesitó un consejo directivo o una junta de gobierno para que quedara legalmente inscrita. Estos no son grupos simbólicos que solamente existen como un requisito del reglamento. Antes bien, estos grupos establecen las normas y los reglamentos fundamentales para el funcionamiento de todo el programa de educación teológica. La institución presenta sus reportes ante la junta. La junta directiva no administra, pero al estar compuesta por expertos y amigos, sus miembros aportan consejos y experiencias que contribuyen a la excelencia de las labores administrativas y educativas. Una de las instituciones más excelentes que he visitado es la Escuela Graduada de Teología de Hong Kong, la cual tiene una junta compuesta por algunas personas muy impresionantes, quienes conocen bien a la institución y trabajan juntas para asegurarse de que el programa funcione bien.

Estabilidad

Por decirlo de manera negativa, un programa de educación teológica de primera no vive en una crisis constante. No batalla cada semestre con la búsqueda de maestros. No pasa cada miércoles preguntándose cómo pagará los salarios el viernes. Su salud financiera no depende de los antojos de uno o dos de los donantes principales. El currículo no cambia cada año para agregar los cursos propuestos por los profesores invitados. No cambia de instalaciones de cada tres a cinco años. La administración no depende de mano voluntaria ni de maestros que solamente enseñarán por un año como mínimo.

La estabilidad no solamente indica que es un programa de educación teológica de primera. Es un factor que contribuye a esa excelencia. En tanto que la estabilidad implica más que las finanzas, la falta de recursos financieros contribuye a la inestabilidad. Una institución de formación de liderazgo de primera tiene los fondos adecuados para llevar a cabo su plan estratégico.

Un programa de formación, como el Seminario Teológico Centroamericano (SETECA), de Ciudad de Guatemala, ha demostrado su excelencia en la manera que ha asumido la responsabilidad de su salud financiera. Ellos ofrecen talleres sabatinos que ayudan a los ministerios de jóvenes, de la escuela dominical, mujeres y niños. Los lunes ofrecen cursos para pastores de todo el país. También, cientos de personas de distintas regiones del país asisten los sábados a sus programas de pregrado. Estos programas han ayudado a que el SETECA desarrolle relaciones sólidas con sus amigos, iglesias y ministerios, y especialmente con sus estudiantes graduados.

Los graduados de un programa de primera deben darle las gracias al Señor por la formación que recibieron durante sus estudios. Una manera de expresar su agradecimiento es que le envíen donativos a menudo a la institución. Las iglesias y las organizaciones que han recibido a los graduados también deben darle las gracias al Señor, junto con expresiones de agradecimiento y donaciones a la institución que reflejen su satisfacción por las habilidades de sus pastores y líderes. La comunidad comercial debería complacerse en invertir en el desarrollo de líderes de calidad y carácter.

Sin embargo, las donaciones para las instituciones de educación teológica no surgen de la nada. Se requiere el trabajo de cultivar relaciones que beneficien al programa de formación. Es necesario pedirle a la gente que dé y que ore. Los donantes darán con gusto en la medida en que vean lo que Dios haya hecho y está haciendo a través del programa. Las fundaciones locales también pueden ser de ayuda, pero por lo general, solamente se interesan en proyectos que tendrán un impacto local. El desarrollo y mantenimiento del apoyo financiero requiere el saber cómo compartir la historia y las necesidades de la institución.

Una institución que cuenta con los recursos financieros adecuados puede invertir en su programa y especialmente en la gente que lo hace realidad. Los maestros y el personal serán contratados por su competencia y su contribución a la comunidad. Sin embargo, solamente contribuyen a la estabilidad cuando deciden quedarse. Eso ocurrirá en la medida que el programa atienda sus necesidades prácticas, pagándoles un salario apropiado y preocupándose por su salud, alojamiento y las necesidades educativas de sus hijos. Los maestros y el personal también, se quedarán si sienten que son respetados y que son una parte importante de la institución. La gente disfruta ser parte a largo plazo de una comunidad que sabe cómo alegrarse y llorar junta.

El personal puede frustrarse e irse si no está capacitado o carece de las herramientas y los recursos apropiados para que sea eficaz en el desempeño de su labor. En el caso de los maestros esto implica libros, acceso al Internet y publicaciones con las que puedan preparar sus clases, así como tiempo y espacio para dedicarse a la investigación y escritura. Los miembros del personal se sienten honrados cuando se les permite que participen en conferencias y que aprendan cosas nuevas o que asuman nuevas responsabilidades.

La estabilidad no implica que un programa no pueda ni deba cambiar. Quizá desde hace tiempo algunos de los miembros del personal debieron de haber sido alentados a jubilarse o irse. El currículo tiene aspectos que deberían de ser eliminados o modificados radicalmente. Algunos de los edificios deberían ser derribados. Pero la comunidad educativa permanece estable a medida que implementa una visión clara y los valores de su plan estratégico. La estabilidad contribuye muchísimo a la excelencia.

Compromiso con la reflexión y el cambio

El que una institución sea de primera requiere calidad en muchas de las distintas áreas del programa. La afirmación pública de esa calidad es una señal clara de excelencia. Eso ocurre cuando el gobierno la reconoce oficialmente o es acreditada por algún departamento de educación o a través de las agencias regionales de acreditación. Ese reconocimiento oficial de la calidad es importante para la mayoría de los estudiantes, ya que los programas acreditados con títulos validados abren puertas después de la graduación. Sin embargo, la acreditación no contribuye a la excelencia. Ésta solamente indica que el programa es excelente (o quizás lo fue).

La afirmación pública también, puede provenir de los propios graduados o de la comunidad que los haya recibido. Estos son quienes más se han beneficiado y quienes ven el fruto del programa. La afirmación pública, ya sea oficial o informal, produce buenas relaciones públicas. Ello estimula la confianza en la calidad del programa de capacitación. Esto no solamente atrae estudiantes nuevos, sino también los donativos de gente que se alegraría de que ese buen programa continuara.

La excelencia, al igual que los edificios, amerita un mantenimiento habitual. Pero la excelencia en la educación teológica requiere más que el mantenimiento. Los buenos maestros preguntan cómo pueden mejorar sus clases. El currículo tiene que ser reconsiderado a medida que el contexto y los estudiantes cambian para que supla las necesidades de cada nueva generación.

La comunidad de aprendizaje debe estar consciente de sí misma y de su impacto. Las maneras múltiples y bien diseñadas para recolectar y evaluar la crítica revelarán a qué grado está logrando lo que pretende y en qué puede mejorar. Cada aspecto y etapa de un programa de excelencia debe estructurar esa evaluación y renovación constantes.

Los programas de primera desarrollan una cultura interna de autorreflexión y renovación. Cada miembro de la administración y del personal debe estar sujeto a la revisión anual de su desempeño, incluso su autorreflexión y una evaluación de 360 grados a manos de los que trabajan por encima, debajo y a su lado. Al final de cada curso, los maestros deben ser evaluados por los estudiantes, incluyendo su desempeño y cuánto valoran la materia. ¿Cuán competente fue el instructor en el área enseñada? ¿Hubo una metodología creativa en la enseñanza de la clase? ¿Qué se puede decir de las relaciones y el carácter?

El fruto del programa, es decir los graduados, están mejor capacitados para comentar acerca de la calidad de su educación de tres a cinco años después de la graduación. Para entonces, estarán totalmente sumergidos en la práctica de lo que aprendieron. ¿Qué materias fueron más útiles? Desde su perspectiva, ¿qué materias fueron una pérdida total de tiempo? ¿Qué les hubiese gustado aprender? La opinión de los graduados debería tener más peso en la reconfiguración del currículo que la de los maestros, quienes tienden a pelearse para que lo de siempre continúe junto con unos cuantos cursos adicionales en su propia área de especialización o interés. Es de esperarse que los graduados sean más que conscientes que los maestros acerca del verdadero impacto del currículo.

También, hay que escuchar a los dueños del programa, las iglesias y las organizaciones a las que servimos. ¿Han encajado bien los graduados? Si no es así, ¿por qué? ¿Qué recomendaciones darían acerca de los maestros o de cualquier otra parte del programa de formación?

Tal vez, la mejor forma de estimular la renovación interna sería que cada cierto tiempo respondamos preguntas evaluativas, tales como las usadas en el autoestudio del proceso de acreditación formal. Estas preguntas surgieron a medida que otros programas de educación teológica identificaron los factores o estándares necesarios para una educación de calidad. En otras palabras, nuestra excelencia no se limita al modo que veamos las cosas; concordamos con una red educativa más amplia.

El gobierno utiliza listados de estándares similares para la acreditación. El verificar que un programa esté de conformidad con lo que el mundo secular considera que sea una educación de calidad es bueno. Sin embargo, las instituciones evangélicas de formación generalmente tienen metas distintas a las de las universidades locales. Los cuerpos gubernamentales no están en la mejor posición de evaluar qué tan bien nos va en la formación de carácter, o en la preparación de gente para el ministerio eficaz.

La mejor evaluación no es aquella que recibimos de otros, sino la que hacemos por nosotros mismos, de acuerdo con los estándares desarrollados por colegas de otras instituciones de formación de liderazgo, equivalentes a la nuestra en la región. Conviene que seamos minuciosos a medida que documentamos hasta qué grado estamos al día en las áreas indicadoras de la excelencia en la educación teológica. Esta autoevaluación se convierte en un reporte que puede ser compartido con el liderazgo de las redes de educación teológica evangélica, tales como las agencias que están asociadas con el Concilio Internacional para la Educación Teológica Evangélica (ICETE, por sus siglas en inglés – www.icete-edu.org). Un equipo pequeño visitará la institución, no con el fin de hacer una investigación independiente de su calidad, sino para verificar que cuán minucioso ha sido su autoestudio. Los que han estado involucrados en la formación teológica son los más indicados para llamarse a cuentas sobre el mantenimiento de los estándares acordados. Aquellos que reciben la afirmación de esas agencias acreditadoras deben sentirse honrados de que sus colegas reconozcan su calidad en una plataforma a nivel mundial.

Sin embargo, nótese que lo que contribuye a la excelencia no es la afirmación de calidad, sino el proceso de reflexión, combinado con el compromiso institucional de aprender a hacer mejor las cosas.

Conclusión

La calidad de la educación teológica es demostrada por graduados eficientes y el reconocimiento de los colegas. Esa excelencia es el resultado de los factores que hemos discutido: claridad de propósito, un buen plan estratégico, un sólido equipo de liderazgo y administración, un programa arraigado en su contexto, buenos maestros que trabajan con los estudiantes adecuados, estabilidad, instalaciones adecuadas y la crítica constructiva de los dueños. Pero tal vez el factor más importante es que la comunidad educativa sea una comunidad de aprendizaje, comprometida no solamente a hacer bien las cosas, sino a mejorarse constantemente.

Puntos para reflexión y acción

1. Mientras que piensa en los siguientes factores, ¿hasta qué grado están ya presentes en el programa de formación teológica del que usted es parte?

FACTORES	Débil o ausente	Adecuado /bueno	Fuerte
(1) Claridad de propósito			
(2) Un equipo de liderazgo que entiende el liderazgo			
(3) Un plan estratégico, coherente y abarcador			
(4) Sensibilidad al contexto			
(5) Los estudiantes apropiados			
(6) Maestros de alta calidad			
(7) Apoyo administrativo sólido			
(8) Instalaciones adecuadas			
(9) La crítica constructiva de los dueños			
(10) Estabilidad			
(11) Compromiso con la reflexión y el cambio			

2. Pídale a tres personas que estén familiarizadas con su institución que hagan una evaluación similar. (Si es posible, elija gente que tenga diferentes funciones como estudiante, graduado, maestro, o personal)

FACTORES	Débil o ausente	Adecuado /bueno	Fuerte
(1) Claridad de propósito			
(2) Un equipo de liderazgo que entiende el liderazgo			
(3) Un plan estratégico, coherente y abarcador			
(4) Sensibilidad al contexto			
(5) Los estudiantes apropiados			
(6) Maestros de alta calidad			
(7) Apoyo administrativo sólido			
(8) Instalaciones adecuadas			
(9) La crítica constructiva de los dueños			
(10) Estabilidad			
(11) Compromiso con la reflexión y el cambio			

3. ¿Explicaron estas personas los factores que consideraron fuertes y, de esa manera, contribuyen a la calidad del programa de educación teológica? Si así es, resuma lo que dijeron.

4. Al ver dos o tres de los factores más fuertes de su programa, en su opinión, ¿qué podría hacer usted para fortalecerlos aún más?

5. En la medida en que usted (o las personas con las que habló) identifica algunos de los factores como débiles o ausentes, ¿por qué usted (o ellos) siente que tal sea el caso?

6. **¡Haga un plan!** Enumere y describa cuatro cosas que usted o su personal podrían hacer para fortalecer los factores débiles, ausentes o simplemente adecuados de su institución, para que su programa demuestre de mejor manera la excelencia de la educación teológica.

(1) Lo débil, ausente o simplemente adecuado: ________________

____

Qué se puede hacer para fortalecer (o arreglar) esto:

____

____

____

____

____

(2) Lo débil, ausente o simplemente adecuado: ________________

____

Qué se puede hacer para fortalecer (o arreglar) esto:

____

____

____

____

____

(3) Lo débil, ausente o simplemente adecuado: ________________

____

Qué se puede hacer para fortalecer (o arreglar) esto:

____

____

____

____

____

Recursos para el estudio adicional

Libros

Banks, Robert, *Reenvisioning Theological Education* (Cómo tener una nueva visión de la educación teológica: Exploración de una alternativa misional a los modelos actuales), Grand Rapids, MI, Eerdmans, 1999.

Bowers, Paul, *Accreditation as a Catalyst for Renewal in Theological Education* (La acreditación como un catalizador para la renovación en la educación teológica), *Africa Journal of Evangelical Theology* 1, no. 1, 1982, p. 11-21.

Ferris, Robert W., *Renewal in Theological Education: Strategies for Change* (Renovación en la educación teológica: Entrenamiento efectivo para líderes eclesiásticos), Wheaton, Billy Graham Center, Wheaton College. 1990.

Hardy, Steven A., *La excelencia en la educación teológica: Entrenamiento efective para líderes eclesiales*, Carlisle, Cumbria, Langham, 2016.

Kohl, Manfred W. y A. N. Lal Senanayake, eds., *Educating for Tomorrow: Theological Leadership for the Asian Context* (Educación para el mañana: El liderazgo teológico para el contexto asiático), Bangalore, SAIACS Press, 2002.

Sitios web

ICETE accreditation standards (Estándares de acreditación de ICETE, P ej. ACTEA). http//www.theoledafrica.org/actea/Standards/Default.asp

ICETE Manifesto for Renewal in Theological Education (Manifiesto de ICETE para la renovación de la Educación Teológica) http://icete-edu.org/manifesto/Manifiesto_ICETE_ES.pdf

Apéndice del capítulo 4

Una nota sobre la planificación estratégica

Cómo hacer planes estratégicos para los programas de formación teológica.

(Adaptado del capítulo 3 de *La excelencia en la educación teológica* de Steven A. Hardy, 2016).

1. Comience reflexionando en quién es usted y cómo está.
   - Celebre lo que hace bien.
   - Decida si debe continuar con lo que ha estado haciendo (y si se debe seguir haciéndolo como siempre).
   - A medida que hace evaluaciones habituales a lo largo del tiempo, haga listados de las cosas que necesitan mejora.
   - Considere si debe incluir otras cosas más importantes, en cuyo caso, probablemente sea necesario que elimine algo de menor importancia.

2. Investigue quién lo necesita, sobre todo prestándole atención al consejo de sus graduados.
   - Sus estudiantes futuros, presentes y anteriores.
   - Las iglesias de sus graduados y otras iglesias.
   - Las organizaciones cristianas.
   - La comunidad.

3. Evalúe los recursos que tiene (o que podría tener).
   - Enumere la gente, las instalaciones, los libros, las finanzas, etc. que Dios le ha dado.
   - Antes de que comience algo nuevo, celebre estos regalos, fortalezca a su equipo y cuide lo que tiene.
   - Reconozca los límites de sus recursos, pues usted no puede ser de todo para todos. Defina qué no tratará de asumir.

4. Escriba (o revise) su plan estratégico y examine cuidadosamente cada una de estas áreas:
   - El programa académico, incluso los asuntos de desarrollo de carácter.
   - Las experiencias en el campo, qué tan bien los estudiantes ponen en práctica lo aprendido.
   - La suficiencia de las estructuras, de las reglas y de la organización administrativa para apoyar los programas ofrecidos.
   - La calidad de la biblioteca, del salón de clases y del espacio de oficina, del equipo de enseñanza.
   - Su salud financiera.
   - Las relaciones con las iglesias y la comunidad.
5. Organice sus planes con prioridades y observe:
   - Los resultados. ¿Qué es lo que quiere lograr en un área en particular?
   - El proceso. ¿Cómo espera obtener esos resultados? ¿Qué hace falta para ir de donde está a dónde quiere estar?
   - Los recursos. ¿Cuánto costará el proceso en lo que respecta a tiempo, gente, espacio o finanzas para lograr lo que usted quiere?

Segunda Parte

El liderazgo académico: Características y responsabilidades

5

El rector y el decano como colaboradores en la educación teológica

Fritz Deininger

Esdras ha estado en la institución por ocho años. Todavía se acuerda de su primer día en su nuevo puesto como decano. No bien había llegado a su oficina cuando recibió una llamada telefónica del rector, quien deseaba reunirse con él. Para sorpresa suya, el rector lo invitó a la cafetería del seminario. Esdras esperaba que el rector le hablara de su trabajo nuevo, de asuntos administrativos, de la planificación de las reuniones. Pero la mayor parte del tiempo, conversaron sobre sus intereses personales, de sus familias, de sus experiencias de ministerio y su percepción de los temas actuales de la educación teológica. La conversación terminó con una invitación del rector. Le dijo que se sintiera en la libertad de acercársele en cualquier momento para discutir los asuntos relacionados con su puesto nuevo.

Mientras se acordaba y reflexionaba sobre su primer encuentro con el rector, Esdras comprendió que esa reunión informal había sido el comienzo de la relación de confianza entre ambos. Durante las semanas y los meses siguientes aclararon los asuntos relacionados con sus respectivas labores y funciones en los diversos aspectos administrativos de la institución. Con el paso de los años, como colegas desarrollaron un aprecio mutuo que se convirtió en la base de una relación de trabajo innovadora en el desarrollo de la institución. Incluso, cuando Esdras piensa en algunos de los asuntos difíciles en los que tuvieron que trabajar y en los tiempos en que hubo desacuerdos, entiende que no se distanciaron porque estaban comprometido el uno con el otro, y con el éxito de la institución. De hecho, su relación se fortaleció como resultado de los desafíos de trabajar juntos desde sus respectivos papeles y puestos. Esdras se sentía satisfecho de ser parte de la visión y misión de la institución.

¿Será única la experiencia de Esdras como decano? ¿Será este caso la descripción de una situación ideal? ¿Será excepcional o común su relación? El ejemplo definitivamente demuestra que el desarrollo de una relación eficiente, beneficiosa para la institución, requiere un esfuerzo y la disposición de crear un espacio significativo para la interacción personal y profesional. Las relaciones crecen a lo largo del tiempo. Hay que nutrirlas y cuidarlas para que sean vitales. Tanto el rector como el decano juegan una parte vital en el éxito o el fracaso de su relación.

Este capítulo afirma que el desarrollo de una educación teológica de calidad en el seminario amerita que el liderazgo académico desarrolle una relación funcional y de confianza. Su habilidad para trabajar juntos creará un potencial, el cual se reflejará en la atmósfera como una comunidad de aprendizaje. El rector y el decano traen consigo su trasfondo familiar, social, educativo y cultural. Ambos tienen que estar conscientes de los factores que han formado su entendimiento y práctica del liderazgo. La vida y las experiencias profesionales pueden ser recursos complementarios para el desarrollo de la relación. Al mismo tiempo, los factores que formaron la vida de cada persona pudieran convertirse en áreas tensas, lo cual probablemente saldrá a la luz cuando trabajen juntos. Este capítulo considerará algunas de esas áreas de posibles tensiones.

Los líderes académicos tienen el reto de demostrarle al cuerpo docente, al personal y a los estudiantes, que son capaces de resolver las tensiones, los problemas, sin dejar de apoyarse mutuamente. Tienen que estar convencidos de que ambas partes tendrán que esforzarse por desarrollar una relación eficaz, pues ésta no surgirá automáticamente. Ciertos elementos realzan la aceptación mutua y el vínculo que sirven de base para un equipo de liderazgo fuerte. En este capítulo se tratarán unos cuantos de estos elementos, como la necesidad de tener funciones y labores claramente definidas, la comunicación efectiva y el proceso de la toma de decisiones. La convicción subyacente al escribir este capítulo, es que el compromiso de los líderes académicos de las instituciones teológicas a desarrollar una relación eficiente entre ellos, contribuirá a la preparación de hombres y mujeres para el ministerio eficaz de edificar a la Iglesia, alcanzar al mundo y, en última instancia, glorificar a Dios.

Aclaración de términos

Un sinnúmero de términos son usados alrededor del mundo para referirse a los puestos del liderazgo académico. Entre éstos: presidente, director, rector, director de estudios, director académico y decano. El lenguaje cultural o las influencias históricas han dejado una marca en cuanto al título del puesto. Hoy día, el entendimiento común es que al puesto administrativo principal se le llama «director ejecutivo» (CEO, por sus siglas en inglés) o «rector», mientras que a la persona que se le confían los asuntos académicos se le llama «director académico» o «decano». El desafío no cambia independientemente del título o la etiqueta del puesto, o la responsabilidad que tenga dentro de la institución. El puesto de liderazgo es otorgado para dirigir y desarrollar la institución y crear programas académicos, a fin de que hombres y mujeres sean preparados para el ministerio eficiente. Los puestos de liderazgo no son un fin en sí mismos, sino que son otorgados el beneficio del incremento de la calidad de la educación teológica. Por lo tanto, una relación de trabajo efectiva entre el rector y el decano es esencial.

En esta ponencia adoptamos los términos «rector» y «decano» para referirnos a los puestos de liderazgo académico dentro del seminario. Por supuesto que en muchos seminarios este equipo también, incluye a los jefes departamentales, a los directores de los programas, a los decanos de los programas doctorales y otros puestos relacionados con lo académico. Definitivamente, es un desafío desarrollar un equipo de liderazgo que abarque a todos los que están involucrados, de una u otra manera, en el liderazgo académico, pero esos asuntos van más allá del alcance de este capítulo.

Una declaración para su consideración

La declaración que propongo es un desafío para los líderes académicos:

> *La relación entre el rector y el decano puede ser una herramienta poderosa para el desarrollo competente de la institución. Su compromiso con el éxito de la otra parte y de la institución es la clave para desarrollar una comunidad de aprendizaje. Si su relación*

estuviera matizada por la desconfianza y la tensión, crearía una atmósfera destructiva a todos los niveles de la administración institucional. Esto también dificulta la enseñanza y el aprendizaje. Por lo tanto, el desarrollo y mantenimiento de una relación de confianza entre el liderazgo académico tiene que ser una prioridad en la agenda del rector y el decano. Al mismo tiempo, ambos tienen que enfocarse en el cumplimiento de la visión y la misión de la institución, y comprometerse a trabajar en pro del seminario y de la formación de hombres y mujeres para el ministerio. El rector y el decano tienen que estar conscientes de que su relación personal, profesional y posicional contribuye a la eficacia de la formación en la educación teológica.

Un breve contexto histórico de la relación

El desarrollo de la decanatura provee perspectivas útiles para la relación interdependiente entre los puestos del rector y del decano. El cargo del decano surgió en el siglo XIX en los Estados Unidos. Los rectores habían estado a cargo de todos los asuntos académicos, administrativos, del cuerpo docente y estudiantil. Eran el centro de la administración y el funcionamiento del seminario. El aumento en la matrícula los obligó a dedicarse a las relaciones públicas y a la recaudación de fondos. Muchas veces tenían que alejarse de la institución, viéndose obligados a delegarles a otros algunas de sus responsabilidades y funciones. Durante su ausencia, se hizo evidente que las responsabilidades del rector no podían ser cumplidas de una manera adecuada. Ahí surge la necesidad de que alguien lo ayude con sus labores administrativas. Como McLean lo observa: «Desde el principio, la decanatura se derivó de la rectoría, y sus obligaciones se definieron con relación a ese cargo [...] el puesto del decano se creó para manejar el exceso de labores del rector[1]». Por lo tanto, el crecimiento de la institución y el aumento de las responsabilidades del rector, llevó a la creación del oficio del decano como una clase de asistente

1. Jeanne P. McLean, *Leading from the Center. The Emerging Role of the Chief Academic Officer in Theological Schools* (Cómo dirigir desde el centro. El papel emergente del decano en las instituciones teológicas), Scolars Press studies in theological education, Atlanta, GA, Scholars Press, 1999, p. 17.

administrativo. Nótese que no fue creado por una decisión o planificación estratégica, sino que surgió de una necesidad.

Con el paso del tiempo, a medida que la estructura institucional adquirió más complejidad, el oficio del decano evolucionó de ser asistente del rector a un puesto de liderazgo y responsabilidad administrativa significativos[2]. Hoy día, muchas instituciones seculares y teológicas alrededor del mundo han adoptado el puesto del decano como parte de sus estructuras administrativas. El cargo ha sufrido cambios significativos, relacionados con la extensión, su papel dentro de la institución y las responsabilidades del trabajo. Por lo general es considerado una función muy importante, después de la del rector. En muchas instituciones, los decanos asumen la función del rector cuando él o ella están ausentes. Este desarrollo histórico demuestra porqué los puestos del rector y del decano son interdependientes. El denominador común para servir en la institución debería de ser la comprensión mutua y el esfuerzo de crear una relación eficaz . Es esencial que ambos trabajen bien juntos.

Factores que influyen en la relación

En su extensa investigación sobre el liderazgo ejemplar, a lo largo de varios continentes, Kouzes y Posner concluyen en que «ven un mensaje claro, tejido en cada situación y acción: *el liderazgo es una relación*[3]». Mi experiencia personal en puestos de liderazgo como líder de equipo, decano y coordinador de programas, resalta que las relaciones son cruciales para el logro de los objetivos tanto en el ministerio cristiano como en la educación teológica. Debido a que he estado involucrado en seminarios con líderes académicos en distintas partes del mundo, me he convencido de que los programas e instituciones de formación teológica exitosos valoran las habilidades relacionales y la integración del liderazgo con el cuerpo docente y el personal en todos los niveles. Los seminarios del programa de liderazgo académico de ICETE (IPAL, por sus siglas en inglés) son patrocinados por instituciones en distintos países. Las instituciones casi siempre coordinan los seminarios. Además de usar sus instalaciones, también nos dan la oportunidad, como

2. *Ibíd.*, p. 19.

3. James M. Kouzes y Barry Z. Posner, *The Jossey-Bass Academic Administrator´s Guide to Exemplary Leadership* (Guía Jossey-Bass del director académico para el liderazgo ejemplar), 1a edición, San Francisco, CA, Jossey-Bass, 2003, p. 2-3.

organizadores, de experimentar la relación de trabajo entre el liderazgo y el personal. Recuerdo una institución donde el personal nos ayuda en todos los asuntos administrativos y técnicos con alegría y dedicación, más allá de lo que se requiere de sus labores normales. La razón detrás de ese compromiso con la excelencia es un reflejo de las habilidades relacionales del liderazgo académico.

El liderazgo en las instituciones teológicas tiene que ver con relaciones que se expresan en dos áreas o niveles. En primer lugar, es una relación entre líderes y seguidores. Los rectores y los decanos ocupan ciertas posiciones de liderazgo dentro de la estructura administrativa de la institución. Estos ejercen su liderazgo sobre el cuerpo docente y el personal. La aceptación de su liderazgo es evidente en la dedicación y el desempeño de los que trabajan en la institución. Como lo descubrieron Kouzes y Posner, la credibilidad es la clave para ser aceptado como líder[4]. En segundo lugar, es una relación entre los que ocupan diversos papeles y posiciones de liderazgo dentro de la institución, como el rector, el decano, los jefes departamentales, los directores de los programas y los administradores de la oficina. El desarrollar un equipo de liderazgo que esté compuesto por todo el personal administrativo es un desafío importante porque su relación afecta la atmósfera de la institución.

Factores bíblicos como base de la relación

La Biblia es un libro que trata de relaciones. Pablo amonesta a los cristianos en Roma: «Ámense los unos a los otros con amor fraternal, respetándose y honrándose mutuamente» (Ro 12:10; véase una exhortación similar en Fil 2:2-4; Ef 4:1-3; NVI). Este desafío va dirigido a la comunidad cristiana en general, pero sus palabras pueden ser entendidas como dirigidas hacia los líderes cristianos. No hay lugar para la competencia entre ellos. Al contrario, su relación de trabajo busca honrarse mutuamente, respetarse enfrente de los demás y reconocer los logros de los otros. Los líderes académicos deben estar comprometidos con el éxito de los demás. Su deseo es que juntos logremos algo. No están buscando objetivos individuales ni sus ambiciones personales. El segundo desafío que Pablo plantea es la aceptación mutua como un valor fundamental dentro de cualquier relación de trabajo en los puestos de liderazgo. Los rectores y los decanos deben buscar una apertura sin defensa y la habilidad de ser vulnerables y reconocer las fortalezas y las debilidades. Esta forma de

4. *Ibid.*, p. 14.

relacionarse mutuamente de manera ejemplar sirve como una demostración constante para el cuerpo docente, el personal y los estudiantes, de que los principios bíblicos funcionan en sus relaciones.

El tercer desafío está relacionado con el hecho de que el liderazgo fluye del ser. A medida que tanto el rector como el decano caminen con Dios, crecerán en su relación mutua. Como Juan lo dice: «Pero si vivimos en la luz, así como él está en la luz, tenemos comunión unos con otros», (1 Jn 1:7; NVI). En el corazón de su relación está su cercanía personal y espiritual con Dios. Los líderes deben cuidar su relación personal con Dios y ser transformados porque influye en la manera en que se relacionan con los demás.

El cuarto desafío está relacionado con el apoyo y el empoderamiento mutuo. «Por eso, anímense y edifíquense unos a otros, tal como lo vienen haciendo» (1 Ts 5:11; NVI). El rector y el decano de una institución tienen que trabajar hombro con hombro para fortalecerse el uno al otro como líderes. También, buscan formas personales, espirituales, profesionales y académicas de «edificarse mutuamente». Algunas de estas formas serán tratadas en este capítulo.

Factores personales en la formación de la relación

Los puestos de liderazgo son moldeados por la persona que está en el cargo. Las experiencias de la vida influyen en la formación personal antes de que llegue a un puesto de liderazgo. Por ejemplo, si alguien ha vivido fuera de su país por muchos años y regresa al ambiente cultural de origen, llevará nuevas perspectivas al papel de líder.

Hay que tomar en cuenta los factores personales en el nombramiento de rectores y decanos. ¿Qué clase de persona se necesita para el desarrollo de la institución? El perfil del puesto debe explicar claramente qué clase de persona necesita la institución en ese momento de su fase de desarrollo o consolidación, además de considerar las aptitudes administrativas o académicas del candidato.

El rector y el decano tienen que estar conscientes de que dirigen a partir de lo que son. Cada líder está dotado de una personalidad única. Los antecedentes de su vida y su personalidad pueden representar una ventaja o un obstáculo para desarrollar una relación de trabajo efectiva. Por lo tanto, ambos tienen que evaluar y aceptar sus propios antecedentes y su carácter personal. ¿Habrá algún factor que no le permita confiar en la otra persona? También, tienen que confiar en su propia capacidad de liderazgo. Un examen de su liderazgo podría fortalecer esta confianza revelándole las fortalezas, debilidades y áreas en que debe desarrollarse. Los líderes tienen que aprender a depender del poder transformador del Espíritu Santo y de la Palabra de Dios. Como líderes cristianos creemos que Jesús puede remover los obstáculos para una relación de confianza (1 Jn 1:6-9).

Desarrollar una relación entre el rector y el decano incluye apertura y el compartir acerca de las experiencias de la vida. A medida que llegan a conocerse mutuamente a un nivel personal, la apreciación de la persona aumenta. Sin embargo, también hay que agregar que compartir acerca de los asuntos personales entre los que están en puestos de liderazgo no es común en todos los ambientes culturales. Hay que tomar eso en cuenta y respetarlo. Es un desafío discernir cómo se pueden transformar las prácticas culturales a la luz de la palabra de Dios.

Los factores culturales como el trasfondo de la relación

No existe un patrón común para el desarrollo de una relación efectiva entre el rector y el decano en todas las culturas a lo largo del globo. Cada ambiente cultural tiene su propio diseño de cómo los líderes de diversos puestos se relacionan entre sí. Su relación casi siempre refleja el patrón del liderazgo de la sociedad. El énfasis puede reflejar la estructura de un liderazgo jerárquico o un patrón más democrático. Los rectores y los decanos se ven desafiados a ir más allá de los patrones que dominan una sociedad y a implementar los principios bíblicos del liderazgo. ¿Cómo debe ser la relación entre el rector y el decano para que sean eficaces al dirigir la institución? ¿Cómo deben relacionarse mutuamente con respecto a su papel y posición? ¿Qué influencia tiene el trasfondo cultural en su relación?

La estructura de la sociedad casi siempre influye la comprensión de los puestos de liderazgo en las instituciones teológicas. Si una sociedad relaciona la distancia con los puestos de poder, entonces, el rector, en la mayoría de los casos, tendrá una relación superior con el decano. En esos casos, tiene que darse una cercanía saludable, pero también, una distancia respetuosa en la relación de trabajo. La edad es incluso otro factor importante en una cultura que crea distancia o cercanía en la relación.

El rector tiene la gran responsabilidad de iniciar y desarrollar la relación con el decano. Bouchard, Thistlethwaite y Weber, en su capítulo sobre «El papel del rector como líder académico», enfatizan que «la responsabilidad del rector de crear una relación efectiva con el decano es la más crucial y delicada de sus responsabilidades como líder académico[5]».

Las diferencias culturales también, deben ser tomadas en cuenta cuando el rector y el decano provienen de diferentes países, incluso de un trasfondo étnico distinto dentro de su propio país. Ambos tienen que educarse para entender a la otra persona, su trasfondo cultural, la percepción del papel como líder y la manera en que funcionan las relaciones dentro de esa cultura.

Factores institucionales como estructuras para la relación

Los rectores y los decanos dirigen desde cierta posición dentro de la estructura administrativa de la institución. Cada uno tiene un lugar único de autoridad y responsabilidad. Se confía en el rector para que dirija el logro e implementación de la visión y la misión institucionales. Él o ella es responsable de ejecutar las políticas de la junta. El rector responde a la junta y a las entidades de apoyo.

Por otro lado, el puesto del decano está relacionado con todos los asuntos académicos. Él o ella desarrollan una identificación común de la visión y misión académicas de la institución entre los miembros del cuerpo docente y el personal. El decano desarrolla relaciones de equipo que facultan y estimulan a los empleados de la institución. Él o ella le responden al rector.

Esta descripción breve deja claro que ambos tienen que aceptar su respectivo lugar y funcionar dentro de la estructura de la institución. La eficacia de su relación de trabajo depende de su aceptación de las oportunidades y limitaciones de sus papeles de liderazgo.

Asuntos clave para el desarrollo de una relación eficiente

Aunque el rector y el decano tienen la intención de servir a Dios en la institución, su relación no funciona de manera automática. El nombramiento para ciertos puestos no garantiza que trabajen juntos en armonía. El desarrollo

5. Charles E. Bouchard, Susan Thistlethwaite y Weber Timothy, «The President's Role as Academic Leader» (La función del rector como líder académico), en *A Handbook for Seminary Presidents* (Manual para rectores de seminarios), ed. G. D. Lewis y Lovett H. Weems, Grand Rapids, MI, Eerdmans, 2006, p. 3.

de una relación efectiva de trabajo debe ser intencional. Por lo tanto, el rector y el decano tienen el desafío de crear espacio para la interacción. ¿Cuánto tiempo invierten los rectores y los decanos en el desarrollo de su relación?

Kouzes y Posner afirman bien la importancia de invertir tiempo para desarrollar una relación de trabajo, a medida que hacen énfasis en el resultado:

> El éxito en el liderazgo y en la vida ha sido, es y seguirá siendo en función de qué tan bien la gente trabaje y se lleve entre sí. El éxito para dirigir bien dependerá totalmente de la capacidad de desarrollar y mantener relaciones humanas que le permitan completar las cosas de manera habitual y extraordinaria[6].

Selección y llamado: Aceptación personal

Una relación de trabajo comienza con la selección y el llamado a un puesto de liderazgo. En las instituciones teológicas no existe un patrón común en cuanto al proceso de selección del rector y del decano. Por lo general, la junta elige y nombra a los rectores, con o sin la participación de quienes trabajan en la institución. Es importante que asuman el puesto con una profunda comprensión de que es la obra de Dios. «No es un "llamado" al que uno aspira; es un llamado que uno experimenta en el contexto de una junta o convocatoria religiosa superior para este trabajo[7]».

Los decanos casi siempre o han sido parte del cuerpo docente o tenido diversos puestos antes de asumir el puesto administrativo. El estar consciente del llamado de Dios al liderazgo académico fortalece y estimula la perseverancia durante las dificultades. Esto contribuye a la efectividad y satisfacción laboral, como comparte Smith de su experiencia personal: «Es difícil imaginarse que el administrador principal que no ve su trabajo institucional como una vocación esté muy satisfecho o que sea muy eficaz en el puesto. La vocación en el sentido técnico, por supuesto, significa llamado[8]».

---

6. Kouzes y Posner, *Jossey-Bass Academic Administrator´s Guide*, p. 3.

7. Daniel Aleshire, Cynthia Campbell, y Kevin Mannoia, «The President's Vocation and Leadership» (La vocación y el liderazgo del rector), en *A Handbook for Seminary Presidents* (Manual para rectores de seminarios), eds. G. D. Lewis y Lovett H. Weems, Grand Rapids, MI, Eerdmans, 2006, p. 3.

8. Jane I. Smith, «Academic Leadership: Roles, Issues, and Challenges» (Liderazgo académico: funciones y desafíos), *Theological Education* 33, 1996, p. 11.

El rector juega un papel vital en la selección del decano, lo cual sienta la base para una relación y un desarrollo profesional eficientes. El rector definitivamente funciona como mentor, a medida que se desarrolla un compromiso mutuo. McLean resalta el papel importante del rector en el desarrollo de las capacidades en la vida del decano:

> La mayoría de los rectores tienen un papel decisivo al contratar decanos; ellos definen las labores específicas del puesto; y determinan, a través de la diferenciación de papeles, los parámetros administrativos y de liderazgo del trabajo del decano. Los rectores generalmente establecen las condiciones del nombramiento del decano y, dada su función como supervisores, se encargan de su evaluación y desarrollo profesional[9].

Cuando el nombramiento a puestos de liderazgo son considerados como un nombramiento de Dios, se expresa de manera correcta como un privilegio y no como una carga (1 Ti 1:12). Este entendimiento puede hacer que el líder y la comunidad institucional sientan una mayor responsabilidad ante Dios.

El liderazgo y la labor de liderar: participación personal

Los rectores y los decanos traen consigo su propio estilo de liderazgo. Esas son cualidades que tienen que evaluar entre sí. ¿En qué áreas se complementan? ¿Cuáles áreas tienen que ser desarrolladas? El interés principal de ambos debe ser de qué manera su estilo de liderazgo contribuye al logro de la visión y la misión de la institución. Ambos pueden apoyar y facultar a otros en su papel de líderes. Su labor es fortalecer a otros en el liderazgo. Esta responsabilidad, a la larga, se extiende a todos los que están involucrados en la institución, a fin de fomentar el apropiamiento de la visión y la misión.

El apoyarse y facultarse mutuamente en los puestos de liderazgo es una parte vital de la relación del rector y el decano. Los ejemplos bíblicos de líderes nos animan a un enfoque holístico para relacionarnos mutuamente. Moisés jugó una parte importante en la vida de Josué y en su desarrollo como líder. Ellos pasaron tiempo juntos y con Dios (Ex 24:13; 32:17; 33:11). A Josué le dieron labores para que desarrollara sus habilidades como líder (Ex 17:8-16; Nm 13-14). Moisés lo comisionó para que dirigiera a Israel de acuerdo con

9. McLean, *Leading*, p. 83.

las instrucciones de Dios (Dt 31:7-8). Dios mismo animó a Josué (Jos 1:5-6), pero también le dijo a Moisés que le diera «ánimo y fuerzas», y así lo hizo (Dt 3:28; NTV). Otro líder ejemplar es Pablo, quien tenía el compromiso de apoyar y facultar a sus colaboradores. Su contribución más influyente fue la vida de Timoteo, quien siguió su ejemplo (2 Ti 3:10). Los colaboradores recibieron labores y se le delegaron responsabilidades (1 Ti 1:3; Tit 1:5). Pablo reconoce el servicio fiel y el logro (Col 1:7-8). Su estilo de liderazgo demuestra lo que Kouzes y Posner observan:

> Los líderes ejemplares hacen que otras personas se sientan fuertes. Estos permiten que otros hagan suyo y se responsabilicen por el éxito, al realzar su aptitud y su confianza en sus habilidades, escuchar sus ideas y tomar las acciones correspondientes, al involucrarlos en las decisiones importantes y reconocer y darle crédito a su contribución[10].

¿Cómo pueden el rector y el decano apoyarse, estimularse y facultarse entre sí? Ambos necesitan una imaginación creativa para descubrir oportunidades para ir más allá de relacionarse entre sí, a un nivel operacional. La mutua aceptación personal es un factor del papel alentador de líderes. Se darán algunas ideas como estímulo para la creatividad personal.

La parte del rector

1. Fomentar una relación abierta de confianza y comprensión estimula al decano a compartirle sus asuntos personales o relacionados con el trabajo. Las situaciones de tensión se convierten en cargas compartidas. El desgaste se reduce porque se apoyan mutuamente durante los problemas. La apertura estimula al decano a buscar el consejo del rector, quien también se beneficia de su vida y experiencias de liderazgo.
2. Fortalecer el apoyo del cuerpo docente y del personal a través de su relación con el decano.
3. Proteger al decano cuando las tensiones y los malos entendidos ocasionen situaciones problemáticas.
4. Expresar su aprecio por los logros del decano cuando sea apropiado.

10. Kouzes y Posner, *Exemplary, 2003*, 72.

5. Facultar al decano en su capacidad profesional, al establecer un «Plan estratégico de desarrollo del decano».
6. Estimular al decano para que continúe en la especialización académica, a través de la investigación, la escritura y las publicaciones.

La parte del decano

1. Afirmar al rector como líder y demostrarle su apoyo ante el cuerpo docente, el personal y los estudiantes.
2. Interesarse y preocuparse por el rector como persona, como una parte su ministerio. Orar con el rector puede servir para que sea animen espiritualmente mutuamente.
3. Responder constructivamente a las ideas, visiones y sugerencias para demostrar que apoya al rector como líder de la institución.
4. Aceptar la autoridad del rector en el apoyo de la visión y misión de la institución.
5. Estar abierto y ser sincero en las conversaciones con el rector, de forma que contribuya al desarrollo de la confianza.

Aunque los rectores y los decanos tengan distintos estilos o percepciones sobre el ejercicio del liderazgo, pueden funcionar como un equipo siempre y cuando estén dispuestos a crear el espacio y a desarrollar un entendimiento común a nivel operacional, a medida que trabajan juntos en la dirección de la institución.

Diseño y desarrollo: Contribución personal

La definición de las labores y funciones del rector y el decano sienta la base para una relación de trabajo saludable. Ambos contribuyen a la educación teológica de maneras particulares. Por un lado, el rector tiene que declarar claramente qué espera del decano. Juntos deben clarificar las áreas de responsabilidad mediante una descripción de trabajo escrita. Por otro lado, el decano tiene que aceptar su papel dentro del marco de la administración en la institución. No se espera que el rector funcione como decano, ni que el decano actúe actuar como rector. McLean afirma que «cuando alguna de las dos partes entiende mal la función, puede haber tropiezos y confusión[11]».

La división de sus funciones y labores depende de varios factores. En primer lugar, depende del tamaño de la institución. Por ejemplo, en instituciones más pequeñas, el rector pudiera estar muy involucrado en las relaciones con el cuerpo docente. En segundo lugar, si fue el fundador del seminario, pudiera jugar un papel prominente en todos los aspectos de la administración. En este caso, el decano suele ser visto como su asistente. En tercer lugar, el desarrollo institucional, junto con los cambios importantes en el programa académico y la reestructuración de la administración, pudiera requerir una nueva división de funciones y labores. En cuarto lugar, el ambiente cultural de la institución influye en la división de las funciones y labores.

El símbolo del «arquitecto» y el «constructor» ha sido usado para describir las funciones y labores del rector y el decano:

> Si al rector se le percibe como el arquitecto de la dirección de una institución, el decano es el constructor. Si el rector tiene que tener una visión amplia, el decano tiene que enfocar su creatividad. El decano, al trabajar con el cuerpo docente, es quien da forma y sustancia a la visión del rector, y el decano, al trabajar con el rector, es quien supervisa y dirige los recursos para los diseños específicos del cuerpo docente[12].

En la institución, el rector y el decano tienen que estar de acuerdo en sus funciones y labores. Les toca diseñar, para su relación de trabajo, un plan operativo que tome en cuenta sus dones así como su personalidad. Esto puede influir la división de funciones y labores. A medida que comparten el liderazgo de la institución, puede surgir un paradigma nuevo para su descripción de trabajo porque sus funciones y labores casi siempre se traslapan o relacionan con ambos puestos.

---

11. McLean, *Leading*, p. 86.

12. Elizabeth C. Nordbeck, «The Once and Future Dean: Reflections on Being a Chief Academic Officer» (El una vez y futuro decano: Reflexiones en cuanto a ser director académico), *Theological Education* 33, Supplemento, 1996, p. 32.

Funciones y labores comunes del rector

1. Hacerse responsable de toda la dirección de la institución y de la implementación de las políticas de la junta.
2. Construir un puente entre la junta gobernante, el cuerpo docente y el personal.
3. Mantener el enfoque en la visión y la misión de la institución.
4. Asegurar y administrar los recursos para cumplir la misión de la institución.
5. Desarrollar un plan estratégico general para el desarrollo de la institución.
6. Recaudar fondos y administrar las relaciones públicas.
7. Desarrollar relaciones con la comunidad de usuarios, los donantes y la comunidad más amplia.
8. Delegar los aspectos operacionales al decano y a los demás del equipo de liderazgo.
9. Enseñanza limitada en el área de experiencia.

Aleshire da una descripción desafiante del trabajo del rector:

> Desarrollar, motivar y mantener un equipo administrativo de alta categoría; constituir planes de desarrollo y encajar esos planes con los intereses y compromisos de los donantes; y proveer guía institucional en el contexto de colegas altamente educados y por lo general pensadores independientes, requiere de esfuerzo intelectual. El buen trabajo del rector puede ser el trabajo más desafiante intelectualmente de una institución teológica, y hoy los rectores tienen que enfocar su atención intelectual en la diversidad y complejidad de sus labores[13].

Funciones y labores comunes del decano

1. Se encarga de los asuntos diarios relacionados con lo académico y la administración.

13. Aleshire, Campbell, y Mannoia, «President's Vocation», p. 9.

2. Responsabilidad total de los programas académicos, de los asuntos estudiantiles, de la biblioteca y del personal.
3. Responsable del diseño y desarrollo del currículo.
4. Asegura la calidad de educación y se encarga de la acreditación.
5. Diseña una evaluación eficiente del cuerpo docente, el personal, la enseñanza y el aprendizaje.
6. Se relaciona con el cuerpo docente en todos los aspectos de enseñanza y aprendizaje.
7. Función limitada de enseñanza en el área de experiencia.

Se podrían agregar más funciones y labores. Es importante que el rector y el decano elaboren su propio listado que tome en cuenta la situación específica de su seminario. Al trabajar con el listado, pueden definir sus funciones y labores. Mientras más detallado sea el listado, la descripción de trabajo será más clara. En una discusión abierta se definen y clarifican las funciones y labores del rector y del decano.

Comunicación y conexión: Apertura personal

La comunicación es la clave para una relación efectiva. Esto no solo es cierto del rector y del decano, sino de todos los niveles de administración en la institución. El rector tiene que informar al decano cualquier decisión que tome la junta, que sea pertinente para los asuntos académicos y para la institución como un todo. El decano tiene que consultarle al rector cualquier situación que el rector tenga que saber, o de la que deba estar consciente. La comunicación abierta entre sí, con el cuerpo docente y el personal es la base de una atmósfera de confianza en la institución. Los líderes que tienen seguridad en sus decisiones pueden comunicar libremente los cambios necesarios a toda la gente que le concierna. El rector y el decano deben ser ejemplos, a medida que exhiben estas habilidades relacionales al resto de la comunidad.

El rector y el decano deben organizar puntos regulares de contacto. Además de conversaciones no calendarizadas que se llevan a cabo en cualquier momento, también deben agregar a sus labores diarias tiempo para interacción. Las conversaciones informales y las reuniones formales a diversos niveles son importantes para desarrollar patrones fuertes de comunicación. Las reuniones personales calendarizadas para discutir asuntos relacionados con el trabajo que se planifican regularmente están en el centro de su función como líderes.

Comunicarse con su comunidad o con los donantes es generalmente responsabilidad del rector. Sin embargo, también el decano debe tener parte al diseminar las noticias del seminario y de las actividades institucionales. Ya que ambos comparten sus experiencias, punto de vista y su perspectiva administrativa, enriquecen la comunicación y se crea interés en los programas de formación de la institución.

Delegación y toma de decisiones: Confianza personal

La toma de decisiones y delegar tareas son elementos cruciales en una relación efectiva entre líderes. Los líderes maduros y efectivos delegan tareas y autoridad para ejecutar su visión y misión para la institución. Si el rector y el decano han desarrollado una relación de confianza, puede verse en la manera en que operan en su puesto de liderazgo, en su desempeño diario y en la toma de decisiones. Es un desafío para el rector delegar tareas y autoridad al decano.

> La confianza y el respeto mutuo son esenciales. Es importante que el decano y el rector definan claramente la autoridad, para determinar qué decisiones se tomarán en consenso y cuáles serán responsabilidad única de alguno de ellos. Si están de acuerdo desde el principio en que el decano sea responsable de algunas decisiones, entonces esa autoridad debe permanecer en el decano, y el rector debe tener mucho cuidado de no desacreditar ni dudar del decano. «Los buenos límites desarrollan una buena administración[14].

La autoridad delegada en la toma de decisiones demuestra confianza. El rector y el decano tienen que estar de acuerdo en los parámetros para los niveles de toma de decisiones. ¿Qué áreas de trabajo pueden decidirse sin consultar al rector? Por ejemplo, ¿quién tomará la decisión final en asuntos relacionados con los estudiantes, con su desempeño, o incluso con su despido? ¿Puede el decano tratar estos asuntos consultándolos con el encargado de los estudiantes o con el cuerpo docente? ¿Qué áreas de trabajo pueden determinarse solo después de consultar al rector? Por ejemplo, ¿necesitan la aprobación del rector

14. Bouchard, Thistlethwaite, y Weber, «President's Role», p. 74-75.

los cambios en el programa académico o currículo? Para evitar confusión y tensiones, las líneas de autoridad claras tienen que establecerse.

Posibles áreas de tensión en la relación

Las relaciones de los que están en el liderazgo académico se prueban constantemente, ya sea que se cimienten verdaderamente en bases firmes o no. El rector y el decano deben estar conscientes de que hay amenazas para su relación. El ejemplo bíblico de Pablo y Bernabé muestra que incluso después de trabajar juntos en un equipo por algún tiempo, pueden surgir tensiones que estiran la relación y crean problemas que son sumamente difíciles de resolver (Hch 15:36-41). Solamente trataremos unas cuantas posibles áreas de tensión que pueden crear problemas (consulte también el capítulo que trata de la resolución del conflictos).

Diseño de funciones y labores poco claro: Muchas veces, las tensiones surgen por el diseño poco claro de las descripciones de trabajo. Eso lleva a límites poco claros en cuanto a las funciones y labores del rector y del decano. Los traslapos o las brechas en las responsabilidades administrativas crean tensión, si los límites no están claramente definidos.

Visiones y estrategias divergentes: La visión y misión institucionales son la base para desarrollar la educación y los programas teológicos. El rector y el decano tienen que estar a la altura de las expectativas de la junta y de la comunidad interesada. Al mismo tiempo, ambos se enfrentan a los cambios al hacer teología, a las expectativas de las iglesias, a las necesidades de los estudiantes y a las maneras de estudiar teología. ¿Cómo responde la institución a la disminución de la cantidad de estudiantes en el programa residencial? ¿Debe el seminario buscar obtener el estatus de universidad? Es probable que surjan muchos problemas y que ocasionen tensión.

Diferencias de personalidad y estilo de trabajo: Las personalidades distintas pueden ser una fuente de gran potencial. Las fortalezas y debilidades de los líderes pueden complementarse entre sí. Al mismo tiempo, sus diferentes personalidades pueden crear tensiones. Algunos líderes siempre quieren asegurarse de que el equipo esté de acuerdo con las decisiones tomadas. Otros prefieren tomar la iniciativa y seguir adelante con la planificación e implementación de lo que creen que es lo correcto. El desafío constante entre hacerle caso a la gente o a las tareas puede causar tensión dentro de la relación.

El visionario constantemente desarrolla ideas nuevas, en tanto que el analista pudiera ser visto como alguien que obstaculiza el progreso.

Imagínese a un rector muy creativo, que le presenta ideas nuevas al decano sobre cómo mejorar los programas para atraer a más estudiantes. Sin embargo, la personalidad del decano se inclina por considerar cuidadosamente todas las propuestas y todas las implicaciones antes de tomar la decisión final. Las numerosas propuestas del rector son un desafío constante que hasta supera la capacidad del decano. Esa clase de diferencias puede afectar la relación de trabajo o ser una fuente de equilibrio y protección.

Expectativas defraudadas y resultados: En cualquier relación hay expectativas en cuanto a los resultados personales o laborales. Mientras más altas sean las expectativas, mayor es la decepción cuando no se cumplen. Lo mismo es cierto con los seminarios teológicos. Por ejemplo, un rector que esperaba resultados de su decano podría decepcionarse cuando los miembros del cuerpo docente se van de la institución, o la cantidad de estudiantes disminuye de manera significativa. Esas expectativas defraudadas deben tratarse de manera razonable y con justicia.

Falta de comunicación y confianza: Ya hemos hecho énfasis en la importancia de la comunicación para desarrollar una relación de confianza. La falta de una comunicación abierta tiende a disminuir la confianza. Cuando la desconfianza se ha arraigado en una relación se cree tensión.

Cómo resolver las tensiones en la relación

El rector, el decano y los que están en el liderazgo académico en las instituciones teológicas, tienen que demostrar que son capaces de tratar con las tensiones y de resolver los problemas. Es una señal de madurez cristiana y del liderazgo tratar con las tensiones y buscar formas de superar las diferencias. De hecho, las tensiones tienen que verse como desafíos para el desarrollo y no como derrota en la relación, ni como falta de espiritualidad. Cheldelin y Lucas dan una perspectiva útil sobre los resultados de la resolución de conflictos: «El conflicto es un proceso en el que una parte percibe que la otra parte se opone a sus intereses. El conflicto es inevitable, pero no tiene que ser destructivo. El conflicto creativo puede mejorar la resolución de problemas, clarificar la toma de decisiones y fortalecer el compromiso[15]».

Soluciones bíblicas: Los cristianos tienden a hacer énfasis excesivo en el aspecto espiritual de las relaciones, a costa de tratar con las verdaderas razones de las tensiones. Las tensiones relacionales se pelean en el corazón. La apariencia externa en las reuniones parece sugerir que no hay tensiones. Los cristianos en general, y el rector y el decano en particular, tienen que ser capaces de resolver las tensiones para que no permanezca ningún resentimiento en el corazón. No tienen que quedar sentimientos amargos después de tratar con las áreas de tensión de una manera espiritual y culturalmente apropiada.

Aclaración de las diferencias: Las tensiones no se pueden resolver si las causas subyacentes no se han identificado y los problemas no se ha mencionado claramente. En algunos contextos culturales esto se puede hacer a través de la conversación directa o escribiéndole a la persona involucrada. En algunas culturas, la distancia entre el rector y el decano no permite la posibilidad de confrontarse directamente. Esto debe tomarse en cuenta al buscar soluciones.

Afirmación del compromiso: Un primer paso para su resolver las tensiones es ratificar el compromiso con el éxito de cada uno. El rector y el decano tienen que volver a enfocar su atención en los objetivos generales de sus puestos. Una manera de buscar esto apropiadamente, es seguir el consejo de Pablo: «No hagan nada por egoísmo o vanidad; más bien, con humildad consideren a los demás como superiores a ustedes mismos» (Fil 2:3; NVI). Esto definitivamente es un desafío en muchos ambientes culturales, donde el patrón común del liderazgo es jerárquico. El compromiso con el bienestar de la institución, y no con sus propios planes, también es importante, particularmente cuando sus diferencias amenazan con obstaculizar o incluso destruir el ministerio y desarrollo de la institución.

Evaluación realista: Las áreas de tensión pueden ser atendidas. Los problemas pueden resolverse. Esto, definitivamente, es la base de toda relación de trabajo saludable. Sin embargo, el hecho es que algunas diferencias no son resueltas tan fácilmente, y otras quizá no se resuelvan en lo absoluto. Incluso, si el rector y el decano están comprometidos con resolver las áreas de tensión, algunos asuntos pudieran quedarse latentes y ambos tendrían que admitir

15. Sandra Cheldelin y Ann F. Lucas, *The Jossey-Bass Academic Administrator's Guide to Conflict Resolution* (Guía Joseey-Bass del director académico para la resolución de conflictos), 1a. ed., San Francisco, Jossey-Bass, 2004, p. 25.

que no llegarán a un acuerdo. ¿Acaso es un fracaso? En mi opinión no. El que entiendan claramente las diferencias puede fortalecer su relación. También fomenta el respeto mutuo. Cheldelin y Lucas explican: «En cualquier conflicto interpersonal, ambas personas tienen que evitar ser humillados, lo cual ocurre cuando sienten que sus opiniones son escuchadas y que tanto el contenido como el mensaje de sus emociones, generalmente cuando son parafraseadas, fueron entendidos[16]».

Comentarios finales

La relación entre el rector y el decano es fundamental para el desarrollo de todas las áreas de la institución. ¿Acaso es excepcional la experiencia de Esdras o debería ser común entre los líderes académicos? El liderazgo es de una relación. El rector y el decano deben demostrarles al cuerpo docente, al personal y a los estudiantes que tienen una buena relación personal y profesional. Su compromiso mutuo con el éxito del otro y el desarrollo del seminario es una dinámica importante para toda la comunidad. Todos los líderes académicos tienen ante sí el reto de desarrollar relaciones de confianza y eficientes en el trabajo.

Puntos para reflexión y acción

1. En la sección «Una declaración para su consideración», presentada anteriormente, le propuse un reto a los líderes académicos. ¿Cuál es su respuesta a la declaración?
2. ¿Qué tan importante es el desarrollar una relación de trabajo entre los líderes académicos en su contexto? Describa la colaboración ideal entre el rector y el decano en su contexto.
   Enumere algunas maneras prácticas de cómo el rector y el decano pueden fortalecer su relación.
3. Defina las funciones y labores del rector y del decano de su institución. Identifique las áreas que necesitan aclaración.
4. ¿Cómo pueden, como rector y decano, estimularse y facultarse mutuamente en su institución?

16. *Ibíd.*, p. 47.

5. Identifique las áreas de tensión en el equipo de liderazgo. ¿Cuáles son las causas? Sugiera formas de resolver las tensiones:
6. ¿Cuáles son los sueños y visiones del liderazgo académico en su institución?

6

La decanatura como ministerio:
Un puesto de liderazgo desafiante

Fritz Deininger

Hace algunos años me pidieron que compartiera mi punto de vista en cuanto a ser decano en Asia, en donde trabajaba en una institución teológica en ese entonces. Los participantes del seminario eran de varios países distintos de Asia. Respondieron de manera entusiasta en la discusión que hubo después. Expresaron la necesidad de crear una plataforma para los decanos, para la interacción personal y el desarrollo de aptitudes profesionales. Cuando investigaba los programas de capacitación en el puesto de trabajo para el liderazgo académico, me di cuenta de que no se ofrecía ninguna formación en el mundo mayoritario.

Durante ese tiempo conocí al doctor Paul Sanders, quien también tenía la carga y la visión de desarrollar las aptitudes de los decanos. Acordamos trabajar juntos, comenzando con seminarios en Asia. Cuando abordé al liderazgo de la Asociación Teológica de Asia (ATA), ellos estuvieron dispuestos a considerar una propuesta para llevar a cabo un seminario para los decanos. Eso llevó a las primeras sesiones de capacitación en el puesto de trabajo en 2005 en Bangkok, con participantes de diferentes países de Asia y del Medio Oriente. Prácticamente todos los decanos coincidieron en que el desarrollo de capacidades en las sesiones fue desafiante y proveyó apoyo para sus puestos de liderazgo académico. Hubo muchos seminarios después en Asia. Ese fue el comienzo de lo que con el tiempo llegó a ser IPAL (el programa de ICETE para el liderazgo académico, por sus siglas en inglés). Desde entonces, se han llevado a cabo muchos seminarios para el desarrollo de capacidades del liderazgo académico en Asia, en el Caribe, en Europa Oriental y en América Latina.

El trabajo y ministerio de los líderes académicos varían en las distintas regiones del mundo. Además de esta complicación está la variedad de términos que se usan para describir el puesto de los líderes académicos. Los títulos que se le dan a la persona en el liderazgo académico están relacionados con la tradición o estructura de la institución y con los sistemas adoptados de educación. Ahora, al puesto suele conocerse con el título de se le llama «Director Académico». McLean explica que este título se refiere al «… administrador que tiene la supervisión principal de las operaciones diarias del área académica, incluso el currículo, los programas académicos, la política y, en algunos casos, el personal y presupuestos académicos[1]». Para este estudio usaremos el término «decano», que ha sido adoptado en muchas instituciones alrededor del mundo para referirse al puesto responsable de los asuntos académicos del seminario.

En este capítulo nos enfocaremos en la decanatura como ministerio. A los decanos se les coloca en un puesto de liderazgo importante dentro de la institución teológica. Su papel de liderazgo sirve para lograr la visión y la misión del seminario, de formar hombres y mujeres para el ministerio. Es un ministerio desafiante, porque los decanos funcionan en una posición de administración intermedia. Tienen responsabilidades administrativas, y al mismo tiempo están muy involucrados con el cuerpo docente y los asuntos académicos. Los decanos funcionan como administradores, gerentes, facilitadores, maestros y eruditos. Desempeñan varias funciones como: personas de recursos para la enseñanza y el aprendizaje, pastores para cuidar al cuerpo docente y al personal, mediadores en la resolución de conflictos y representantes del cuerpo docente, del personal y de los estudiantes ante el liderazgo institucional. En pocas palabras, los decanos enfrentan desafíos personales, administrativos, académicos y profesionales. Aquí nos enfocaremos en unos cuantos aspectos de su ministerio.

1. McLean, *Leading*, p. 9.

La decanatura como una trayectoria personal

Llegar a la decanatura es una decisión importante. Es un llamado a un ministerio emocionante y desafiante. El cargo está lleno de oportunidades para: crecimiento personal, desarrollo como líder académico, logro académico al crear una comunidad de aprendizaje, ayudar al cuerpo docente y al personal a tener éxito y para capacitar a los estudiantes a fin de que sean efectivos en el ministerio. Sin embargo, estas oportunidades están acompañadas de desafíos y frustraciones. Hay que vencer numerosos obstáculos en el camino, tales como enfrentar limitaciones personales como líder, frustraciones con el cuerpo docente, el personal y los estudiantes, y políticas institucionales y patrones de liderazgo que parecen estar fuera de contacto con la realidad. Tomar en cuenta tanto las oportunidades como las frustraciones da una base realista en el proceso de tomar decisiones antes de aceptar el cargo.

El perfil del decano

A los decanos de las instituciones teológicas se les coloca en un puesto de liderazgo importante. Sus responsabilidades varían ampliamente y dependen de la estructura administrativa de la institución. El contexto cultural también influye en su función. Por lo tanto, no es posible crear un perfil que represente al decano ideal en todo el globo. Smith nos recuerda de su propia experiencia que «el papel no me define, sino que yo defino el papel a partir de cualquier profundidad de riqueza que yo aporte de mi propia vida y trayectoria[2]». Cada puesto de liderazgo se forma con la personalidad, el carácter y las experiencias de la persona que llega al cargo, así como a través de sus habilidades y logros académicos. La singularidad de la persona apoya a la efectividad y a la contribución particular como decano. Esta es una observación importante.

El perfil personal

En los seminarios para el liderazgo académico hemos reunido algunos rasgos que deben caracterizar a alguien en un puesto de liderazgo.

2. Gordon T. Smith, «Academic Administration as an Inner Journey» (La administración académica como una trayectoria interna), *Theological Education* 33, Supplemento, 1996, p. 61.

Personalidad y carácter

Los decanos deben ser personas de integridad y confiabilidad, para que el cuerpo docente, el personal y los estudiantes puedan confiar en que las decisiones y las políticas son para el beneficio de todos. Deben sentirse emocionados en cuanto a su ministerio para que eso cree un ambiente de trabajo inspirador. Deben ser creativos e innovadores para organizar la enseñanza y el aprendizaje. Su vida debe reflejar su fe personal y confianza en Dios. Los decanos deben ser capaces de administrar y organizar su vida personal. Deben ser disciplinados y enseñables. Los decanos tienen que ser de mente abierta, lo suficiente como para aceptar el punto de vista de otros y recibir nuevas ideas. También es importante que sean accesibles y flexibles, que se relacionen bien con la gente. Por encima de todo, los decanos tienen que ser líderes-siervos, que se caracterizan por su humildad. Tener una personalidad carismática es una de varias cualidades que podrían considerarse útiles para cumplir su papel de manera efectiva.

Profesional y académico

En las instituciones teológicas, los decanos no necesariamente tienen un título teológico, pero deben entender los asuntos teológicos. Definitivamente, tienen que haber tenido una formación en administración académica y gerencia de organizaciones no lucrativas. La administración de tiempo y responsabilidades de trabajo, las habilidades para dirigir reuniones y el entendimiento de los procesos de comunicación son esenciales para el cargo. Los decanos también tienen que ser entrenados en el manejo de conflictos, el desarrollo de recursos humanos y las habilidades de liderazgo. Tienen que entender el desarrollo de currículo, la evaluación de la enseñanza y el aprendizaje y la manera de crear una comunidad de aprendizaje. Este listado de ninguna manera es completo, pero deja ver que la labor multifacética de la decanatura demanda preparación y habilidades en muchas áreas.

Reflexión y evaluación

Alguien que aspira a llegar a ser decano, definitivamente tiene que estar consciente de las demandas del cargo relacionadas con la personalidad y el carácter, pero también tiene que tomar en cuenta los desafíos profesionales y académicos. Una pregunta importante que se debe responder antes de aceptar el cargo de decano es si se está preparado verdaderamente para eso. La función se puede llevar a cabo con éxito de diversas maneras. Un inventario personal podría ser útil para evaluar lo que uno podría contribuir al puesto. Buller explica:

> Saber qué clase de decano se es no quiere decir que solo hay una clase de decano que puede tener éxito en todas las instituciones y en todas las situaciones. Algunos decanos son mejores para crear programas, en tanto que otros son mejores para construir sobre lo que ya se ha establecido. Algunos decanos son más efectivos al trabajar con estudiantes y miembros del cuerpo docente, en tanto que a otros les va mejor cuando se enfocan en los donantes externos y en implementar las metas de la administración superior. Sin embargo, cuando usted tiene un entendimiento de la clase de decano que es, se da cuenta de que es más capaz de funcionar de mejor manera con sus fortalezas, compensar sus debilidades y equilibrar las distintas necesidades conflictivas de la unidad en la que trabaja[3].

Esa evaluación personal también, debe incluir una reflexión en cuanto a la disposición a aceptar el cambio de puesto. Quizá sería difícil aceptar algunos de los ajustes. Por ejemplo, si a alguien le encanta enseñar y se requiere que pase mucho más tiempo en la administración, no estaría muy satisfecho en el puesto. Es bueno considerar la recomendación de Nordbeck: «Por lo menos hay cuatro clases de personas que no deben llegar a ser directores académicos: los que están más contentos entre los estantes de libros y en los atriles del salón de clases; los que aprecian mucho el sentido satisfactorio del trabajo terminado; los que prosperan con la calma y la previsibilidad de su rutina; los que agonizan intensamente con el conflicto y la crítica[4]». Sin embargo, para los que son apropiados para el puesto, el papel que juega el decano tiene un gran potencial para crecimiento personal y profesional. Los que lo asuman encontrarán la importancia de la disposición a aprender en el camino. Pocos de los que llegan al puesto encajan en el perfil ideal, y muchos no llenan

3. Jeffrey L. Buller, *The Essential Academic Dean: A Practical Guide to College Leadership* (El director académico esencial: Una guía práctica para el liderazgo universitario), 1a. ed., San Francisco, CA, Jossey-Bass, 2007, p. 23.

4. Elizabeth C. Nordbeck, «The Once and Future Dean: Reflections on Being a Chief Academic Officer» (El una vez y futuro decano: Reflexiones en cuanto a ser director académico), *Theological Education* 33, Suplemento, 1996: p. 23.

las expectativas, especialmente en sus etapas iniciales. La mayoría de los que asumen el desafío tienen que adaptarse al puesto en cierto punto.

El perfil institucional

Muchas veces se escoge y se nombra a los decanos porque hay que llenar un puesto vacante. La disponibilidad llega ser el criterio principal para abordar a una persona para el trabajo y no la aptitud. Una manera de identificar qué clase de persona se necesitará para que ejerza el papel particular que el decano tendrá que jugar, es crear un perfil institucional. Identificar cuestiones como si la prioridad de la organización es desarrollar los programas académicos o promover el avance de la institución es un paso importante en el proceso. Un perfil institucional revelará asuntos como: ¿cuáles son las necesidades de liderazgo académico del seminario en este momento? ¿Qué clase de persona puede desarrollar el lado académico del seminario? ¿Debe la persona aportar algunos años de administración académica al puesto? ¿Cuáles son las habilidades de liderazgo y administración que se necesitan en este momento? Un perfil también debe tomar en cuenta la personalidad, el carácter y las aptitudes de la clase de persona que se necesita para abordar estas cuestiones. Mientras más claro sea el cuadro que se formula en el perfil, es más probable que se identifique a la persona apropiada para el puesto.

La llegada al puesto

Muchos decanos no buscan de manera activa el puesto. Por lo general sienten que no son apropiados para el cargo. Hay esperanza para los decanos que asumen el puesto de mala gana. La investigación realizada por McLean reveló que «muchas de las personas capaces que nunca aspiraron a la administración pueden desarrollar las habilidades y recursos personales para trabajar con éxito en esa función[5]». Este hallazgo debe estimular a todos los candidatos, porque no tienen que ser perfectos cuando llegan a ser decanos. El crecimiento y el éxito del liderazgo académico tardan en desarrollarse. La apertura para aprender y la disposición a formarse garantizan un ministerio fructífero en el liderazgo académico.

5. McLean, *Leading*, p. 3-4.

Nombramiento: El aspecto institucional

Hay varios procedimientos para seleccionar a un decano:

- Selección y nombramiento por parte del rector, y junto con, o sin sugerencias del cuerpo docente.
- Selección por parte del cuerpo docente y confirmación del rector.
- Sugerencia del cuerpo docente y del personal y nombramiento por parte del rector.
- Solicitud personal para el puesto y nombramiento por la junta o el rector

Cualquiera que sea método que se utilice para llevar a alguien a liderazgo, es esencial que el cuerpo docente y el personal acepten a la persona como su líder. Por lo tanto, es aconsejable que se incluya al cuerpo docente y al personal en el proceso de selección. El rector también juega un papel importante para preparar el camino para el decano.

Aceptación: El aspecto personal

En primer lugar, la aceptación por parte de aquellos a quienes servirá el decano es esencial para la persona que llega al puesto. Muchos decanos han trabajado como miembros del cuerpo docente antes de asumir responsabilidades administrativas. Eso hace que su liderazgo sea aceptable, porque entienden el mundo académico desde su propia experiencia. Su papel como miembros del cuerpo docente también tiende a contribuir a un fuerte sentido de misión personal. Según Abdul-Rahman, las investigaciones confirman que: «Las razones más importantes por las que los decanos decidieron trabajar como administradores académicos fueron el estímulo que recibieron de colegas, su confianza en que tenían las habilidades requeridas y su deseo de más influencia en las decisiones académicas e institucionales[6]».

Un segundo factor importante es la aceptación del puesto por parte de la persona elegida. ¿Está dispuesta la persona a adaptarse al nuevo papel? Un sentido claro del llamado de Dios al puesto da una base fuerte para el ministerio

---

6. Mary Abdul-Rahman, ed., *Career Paths and Hiring Practices of Chief Academic Officers in Theological Schools* (Senderos profesionales y prácticas para contratar a los directores académicos en las instituciones teológicas), Volumen 3 de Monographs on Academic Leadership (Monografías sobre liderazgo académico), St Paul, MN, Seminary School of Divinity, 1996, p. 4.

académico. La aceptación personal da apoyo al crecimiento y al liderazgo efectivo. Tal vez uno de los mejores ejemplos de esto es el personaje bíblico de José. El curso de su vida cambió cuando lo llevaron a Egipto. Aunque fue vendido en esclavitud, se le dio la responsabilidad de un puesto de liderazgo en dondequiera que trabajaba. Una casa egipcia recibió bendición y prosperidad debido al liderazgo capaz y confiable de José (Gn 39:3-6). Con el tiempo, fue nombrado para un puesto de liderazgo nacional (Gn 41:41-57). José desarrolló sus habilidades como líder en la administración, a lo largo de la trayectoria personal de su vida. Él acepto nuevos puestos y desafíos. Más importante aún, él sabía que Dios estaba con él (Gn 39:2-21), y les confirmó a sus hermanos que Dios lo había llevado a los diferentes lugares y puestos (Gn 45:8). Los decanos necesitan la misma convicción de que están en el lugar apropiado, al aceptar la labor con todo su corazón, y al servir con toda su fuerza, sabiendo que Dios está con ellos.

Evaluación: El aspecto administrativo

La duración del nombramiento varía de institución a institución. En algunos casos, a los decanos se les nombra sin un límite de tiempo. Son decanos de por vida. Por lo general su desempeño no se evalúa. En ciertos contextos, eso es una cuestión cultural, porque no es común evaluar a alguien en un puesto de liderazgo. También puede ser imposible, o por lo menos muy difícil, retirar a alguien de un puesto de liderazgo. En situaciones como esa, podría ser útil para ambas partes tener un contrato por un período limitado de tiempo. También es importante que la persona sea elegida cuidadosamente. En algunas instituciones, el desempeño del decano se evalúa anualmente o después de un período de servicio. Ya que el decano rinde cuentas al rector, él puede llevar a cabo la evaluación.

Declaración de misión personal

La declaración de misión institucional da motivación, claridad de propósito, identidad y guía para la dirección global de la institución. Los líderes académicos trabajan dentro del marco de la misión de la institución, para lograr el propósito de los programas de formación, a fin de preparar hombres y mujeres para el ministerio. ¿Por qué, entonces, debe el decano crear una declaración de misión personal? En primer lugar, conecta la misión de la institución con el involucramiento y objetivos personales del liderazgo académico. En segundo lugar, crea un sentido de pertenencia al llamado a la decanatura y provee clarificación y perspectiva en cuanto a la contribución personal que se desea hacer para el desarrollo de la educación teológica. Tercero, apoya la creatividad para el desarrollo de capacidades a nivel personal y profesional, para ser efectivo en el puesto. Cuarto, desafía a pensar más allá de la rutina del cargo y de labores prescritas de la descripción de trabajo. Quinto, provee un marco para la toma de decisiones diarias e institucionales, con base en valores y principios. Sexto, faculta al líder académico y da fortaleza en medio de las demandas y los cambios para lograr la visión y la misión de la institución.

Se recomienda que el decano aparte tiempo para reflexionar y pensar de manera creativa, poco después de ser nombrado al puesto. ¿Por qué esta recomendación? Es una oportunidad de oro para aclarar el fundamento personal para el liderazgo académico. Eso también provee un tiempo para descubrir la dirección de Dios para el puesto. Muchos decanos han compartido conmigo que las demandas diarias de su tiempo absorben toda su energía y no dejan mucho espacio para la creatividad. La experiencia nos dice que esperar que haya oportunidad de tiempo libre después de estar en el puesto por algún tiempo es más difícil que apartar tiempo al principio. Es una buena mayordomía apartar tiempo para escribir una declaración de misión personal poco después de haber asumido el cargo, porque los faculta para ser efectivos en su papel de líderes académicos desde el principio.

Componentes de la declaración de misión personal

El desarrollo personal

El carácter de la decanatura da oportunidades naturales para el crecimiento personal debido al alcance del puesto, que incluye las responsabilidades académicas, administrativas, de liderazgo y pastorales. Al mismo tiempo, la planificación intencional del desarrollo personal resulta en avance aún mayor. Smith nos habla de su propia experiencia: «mi trayectoria me ha convencido de que el desarrollo personal es un asunto profesional[7]». Hacer algunas preguntas podría ayudar a determinar las áreas de desarrollo personal. ¿Qué clase de persona quiero ser como líder académico? ¿Qué clase de erudito académico quiero ser? ¿Qué clase de líder quiero ser?

7. Smith, «Academic Administration», p. 66.

El logro profesional

Es esencial identificar las áreas relacionadas con el aspecto profesional de ser decano que se deben desarrollar. Pueden incluir habilidades administrativas o todos los aspectos relacionados con el papel de líder académico. ¿Qué quiero lograr? ¿Cuáles son las contribuciones para la educación teológica en general o en particular? ¿Cuál es mi contribución para el desarrollo de la institución?

Los valores y principios

Los valores son la fuente de la cual fluyen nuestras actitudes. Estos influyen nuestro comportamiento. En tanto que los valores y los principios están fundados en la enseñanza de la Palabra de Dios, proveen cierta perspectiva para el ministerio como decano. Estos determinan las convicciones y guían en la toma de decisiones. ¿Qué valores y principios le guían personalmente, así como en el ministerio académico? Los valores y los principios están relacionados con la ética de trabajo (yo no llevo trabajo a casa), las prioridades relacionales (la gente es más importante que los programas), las expectativas (no puedo decir «no») y el puesto (principios de liderazgo).

El legado que dejamos

Lo que el Nuevo Testamento nos dice acerca de los líderes en general también es cierto para los que están en el liderazgo académico: «Acuérdense de sus dirigentes, que les comunicaron la Palabra de Dios. Consideren cuál fue el resultado de su estilo de vida, e imiten su fe» (He 13:7; NVI). Los decanos deben preguntarse qué legado quieren dejar. ¿Qué deben recordar de ellos, el cuerpo docente, el personal y los estudiantes? ¿Cuál es la contribución particular para la institución que el rector, la junta y la comunidad apreciarán?

Se requiere de tiempo para escribir una declaración de misión personal, y se tiene que revisar y ajustar a la realidad a lo largo de la trayectoria académica. El valor de una declaración de misión personal se puede ver en la manera en la que puede motivar a un liderazgo académico más efectivo. Smith concluye en que no se puede ser un decano efectivo si no «le pongo atención a la trayectoria interna de la administración académica[8]». Una buena declaración de misión da fortaleza en medio de los cambios y tiempos difíciles. Apoya a la fiabilidad y a la veracidad del liderazgo académico, porque ayuda a cimentar las decisiones en la base de los valores y principios.

8. *Ibíd.*, p. 65.

La decanatura como una oportunidad académica

La posición de liderazgo del decano provee una oportunidad única para dar forma y desarrollar programas académicos, el currículo, políticas educativas y para facilitar una enseñanza de calidad y una atmósfera de aprendizaje en la institución. McLean da un resumen de las responsabilidades principales del líder académico:

> Dentro de las instituciones, los directores académicos tienen la responsabilidad administrativa principal de los programas académicos y del personal, de quien dependen esas metas educativas. En su papel de liderazgo, los directores académicos fomentan el entendimiento y el compromiso con la misión, y trabajan con los administradores, con el cuerpo docente y con otros grupos interesados para desarrollar el currículo, para formar el cuerpo docente, para fortalecer la enseñanza, el aprendizaje y la erudición, y para nutrir la vida de la comunidad[9].

La decanatura representa una oportunidad emocionante para desarrollar los programas educativos, a fin de preparar a los estudiantes para el ministerio efectivo, en una sociedad cambiante. Es un puesto que requiere de creatividad para desarrollar una comunidad de aprendizaje.

El decano como erudito

Muchos decanos llevan la experiencia del cuerpo docente a su nuevo papel de liderazgo. No necesariamente tienen que renunciar a su participación como maestros. McLean observó que, «la mayoría de directores académicos llegan a sus puestos directamente del cuerpo docente, y permanecen activos como maestros o eruditos durante en su servicio administrativo»[10]. La descripción de trabajo del decano debe proporcionar la oportunidad de estudiar, investigar y escribir como parte del ministerio regular. El cargo de decano puede ser un puesto que se ocupa por un tiempo limitado, por lo que será esencial que se mantenga actualizado en el campo académico. Un equilibrio saludable entre el trabajo administrativo y la participación académica también tiene influencia en la satisfacción en el trabajo. McLean explica: «en tanto que los decanos

9. McLean, *Leading*, p. 4-5.
10. *Ibíd*, p. 25.

varían en cuanto al equilibrio que personalmente logran entre la enseñanza/erudición y las demandas de la administración académica, su habilidad para encontrar ese equilibrio puede ser importante para su duración en el puesto[11]». Lograr el equilibrio puede ser un asunto de planificación cuidadosa y búsqueda de oportunidades. Por ejemplo, apartar un tiempo para investigar o asistir a conferencias durante los períodos de vacaciones puede, de por sí, proporciona una exposición limitada al trabajo académico y erudito.

Enseñar regularmente debe ser una parte integral de la administración académica. Smith sugiere que «es esencial que el decano enseñe de manera regular [...] ese involucramiento en el salón de clases le permite al decano participar en la vida académica de la institución, así como administrarla, conocer a los estudiantes y que ellos lo conozcan, y permanecer en contacto activo con su propia disciplina académica[12]». La sensación de estar desconectado de la participación en la investigación y la enseñanza, debido a las demandas en la administración, debe evitarse. Estar involucrado en la enseñanza y en la erudición es esencial para desarrollar credibilidad y efectividad como administrador. Aunque los decanos originalmente eran parte del cuerpo docente, deben demostrar que todavía son parte del cuerpo docente. Por supuesto que la carga de enseñanza depende del tamaño de la institución y, por lo tanto, de las demandas administrativas.

El decano con relación al cuerpo docente

Comúnmente se entiende que «los decanos trabajan en un puesto de administración media[13]». Sus responsabilidades los colocan en el centro de las operaciones diarias de la institución. Los decanos trabajan bajo las órdenes el rector, casi siempre de la junta, y son parte de la administración superior. Al mismo tiempo, son parte de, y representan al cuerpo docente y abogan por, y trabajan para, ambos grupos. Su puesto les permite facilitar el trabajo del rector y también el del cuerpo docente y el del personal. Los decanos facultan a otros para que puedan tener éxito y trabajar bien. Como lo explica Smith: «el decano es alguien cuyo propósito incluye permitir que otros alcancen su

11. *Ibíd.*, p. 27.

12. Jane I. Smith, «Academic Leadership: Roles, Issues, and Challenges» (Liderazgo académico: funciones, cuestiones y desafíos), *Theological Education* 33, Suplemento, 1996, p. 2.

13. Buller, *Essential*, p. 1.

potencial, a fin de que puedan prosperar dentro del foro académico, tanto en su enseñanza como en su investigación[14]». Definitivamente es un reto en el ministerio académico apoyar a otros en su desarrollo personal y profesional. En resumen: «Los decanos quizás juegan sus papeles más críticos para el desarrollo de la institución en la selección, desarrollo, evaluación y jubilación del cuerpo docente[15]». Por lo tanto, los decanos deben darle una alta prioridad al establecimiento, desarrollo y mantenimiento de una relación significativa con el cuerpo docente. Esto incluye orientar al cuerpo docente como grupo y como miembros individuales. Desarrollar el cuerpo docente personal, espiritual, profesional y académicamente debe ser un objetivo principal de la administración académica.

Cómo desarrollar confianza

Para una relación de trabajo efectiva es esencial el desarrollo de confianza entre el decano y el cuerpo docente. Trasladarse de un puesto de enseñanza a un puesto administrativo provee la base para la confianza. «Se confiaba más fácilmente en los decanos que habían enseñado y aconsejado a los estudiantes, que habían tenido experiencia en equilibrar su erudición, enseñanza, trabajo de comité y otros compromisos profesionales y eclesiásticos, para que comprendieran los asuntos importantes para el cuerpo docente, que en los decanos que no tenían experiencia en el cuerpo docente[16]». La confianza del cuerpo docente se desarrolla a medida que el decano muestra un interés personal en la vida personal de los miembros del cuerpo docente, y va más allá del nivel de la relación administrativa y formal. La clave para una relación de confianza es la comunicación abierta y confiable.

Uno de los desafíos para trabajar con el cuerpo docente es la diversidad de sus personalidades y trasfondos.

> Esta responsabilidad con personas particulares y con el cuerpo docente colectivamente pone demandas extraordinarias en los decanos. Se espera que ellos conozcan las idiosincrasias de las

14. Smith, «Academic Administration», p. 62.

15. Rusell E. Richey, «To a Candidate for Academic Leadership: A Letter» (Para el candidato al liderazgo académico: Una carta), *Theological Education* 33, Suplemento, 1996, p. 42.

16. Jeanne P. McLean, ed., *Dean-Faculty Relationships: Meeting the Challenge, Volume 5 of Monographs on Academic Leadership* (Las relaciones decano-cuerpo docente: Cómo enfrentar el desafío, Volumen 5 de Monografías sobre el liderazgo académico), St Paul, MN, St Paul Seminary School of Divinity, 1998, p. 3.

> personalidades individuales, sus comportamientos, motivaciones, necesidades e intereses, así como que entiendan la dinámica de sus interacciones entre sí y el carácter del grupo como un todo[17].

El decano debe estar informado en cuanto a los asuntos personales del cuerpo docente como enfermedades en la familia, muerte de parientes, situaciones de crisis, así como de estímulos y experiencias alegres. Las oportunidades para expresar preocupación, y para demostrar apoyo por medio de visitas y de interacción personal, apoyan una relación de confianza.

Cómo involucrar al cuerpo docente

Los miembros del cuerpo docente tienen que estar involucrados en la toma de decisiones en los asuntos que tienen que ver con la comunidad. Esto incluye discusiones sobre cambios institucionales, desarrollo del currículo, asuntos relacionados con los estudiantes y cualquier cosa que tenga que ver con la enseñanza y el aprendizaje. Delegar tareas puede ser una parte importante del programa del desarrollo del cuerpo docente. Cuando el decano delega tareas y responsabilidades a miembros del cuerpo docente, muestra confianza en las habilidades de la persona. Hay que estimular al cuerpo docente para que continúe con la investigación y publicaciones, además de su ministerio de enseñanza. Los decanos deben monitorear la carga de trabajo de los miembros del cuerpo docente.

Cómo desarrollar un equipo en el cuerpo docente

Es un desafío desarrollar un equipo entre el cuerpo docente. Hay que unir a los maestros individuales para que formen un grupo de educadores comprometidos con un alto grado de interdependencia, para lograr la excelencia en la formación para el ministerio. Los miembros del cuerpo docente tienen el desafío de cumplir su vocación en solidaridad y colaboración mutua. Los decanos juegan un papel importante al ayudar a los miembros del cuerpo docente a entender su participación personal como parte de la misión y contribución institucionales para el logro de los objetivos de formación. El desarrollo de un equipo en el cuerpo docente no ocurre automáticamente, sino que requiere de tiempo y esfuerzo por parte del decano.

17. *Ibíd.*, p. 1.

Cómo crear una comunidad de aprendizaje

El crear el ambiente para una enseñanza y un aprendizaje eficaz es parte del ministerio académico. Asegurar que el currículo y los programas de capacitación estén en línea con la visión y la misión institucionales, y que también cumplan los requisitos del ministerio, es un desafío. Los decanos no solo mantienen el statu quo. Están involucrados en las revisiones de currículo, en el diseño de programas nuevos y en introducir tecnología. El liderazgo académico supervisa la excelencia en la enseñanza y el aprendizaje, así como el desarrollo del cuerpo docente.

La decanatura como un desafío administrativo

La responsabilidad administrativa es central para el trabajo del decano. Su «responsabilidad principal es la supervisión de los programas académicos, de las políticas, del personal y de la planificación, el director académico trabaja con el rector, con otros administradores, con el cuerpo docente, con el personal y con los estudiantes para llevar a cabo la misión educativa de la institución[18]». Las muchas tareas, papeles y expectativas pueden ser abrumadores para el decano nuevo. Tener un decano de experiencia como mentor puede ser útil en el proceso de crecimiento personal en el puesto. Los decanos también deben considerar crear un grupo de compañerismo para apoyarse mutuamente. Reunirse con colegas, compartir experiencias y apoyarse unos a otros en el ministerio puede dar el ánimo que tanto se necesita. Los seminarios para liderazgo académico (IPAL) también funcionan para que el liderazgo académico se reúna. Hay necesidad de interacción personal así como de desarrollo de capacidades.

La percepción personal

Los decanos tienen que desarrollar una actitud positiva hacia su administración, porque es parte de su ministerio. Aceptar el puesto como un llamado, definitivamente proporciona una perspectiva distinta en cuanto a los asuntos administrativos. Algunos decanos dijeron que trabajar en la administración

18. McLean, *Leading*, p. 27-28.

también tiene un efecto positivo en su salud espiritual[19]. Smith reconoció la necesidad de un desarrollo holístico en el liderazgo académico:

> Tengo que desarrollar las competencias únicas que van con el puesto: habilidades de planificación estratégica, desarrollo de equipo, asuntos personales, finanzas y elaboración de presupuestos, desarrollo del currículo, y las diversas dimensiones de la administración académica. Sin embargo, está la trayectoria interior que puede ser mucho más crucial para mi efectividad de largo plazo. Eso involucra mi desarrollo emocional, mi trayectoria como persona de oración, la integridad de mis relaciones de trabajo y la calidad de mis relaciones íntimas[20].

El manejo del puesto

El puesto del decano no es estático sino dinámico, lo que significa que hay espacio para el desarrollo. No solo es un marco para cumplir ciertas labores y tareas de acuerdo el plan prescrito. Se dan oportunidades para desarrollar el puesto y para explorar áreas nuevas a fin de implementar la misión institucional y apoyar el crecimiento personal. Hay varias formas de facilitar esto.

1. El rector y el decano deben trabajar juntos para desarrollar el puesto, de acuerdo con la visión y la misión de la institución.
2. Desarrollar un perfil personalizado del puesto, que tome en cuenta la persona, el carácter y las habilidades del decano.
3. Ser proactivos en ir más allá del paradigma tradicional.

La carga de trabajo del despacho académico ha aumentado cuantitativamente. Los decanos son responsables de muchos aspectos del seminario. Tienen la difícil tarea de administrar el trabajo en el tiempo que tienen disponible. Tienen que encontrar una forma de manejar el lado administrativo del puesto, así como de reducir algunas de sus labores. Por lo tanto, delegar tareas y responsabilidades es esencial para el liderazgo efectivo. Al delegar se deja ver que el líder académico confía en otros para cumplir las labores, a fin de que él o ella se liberen de algunas responsabilidades. Algunos

19. *Ibíd.*, p. 244.
20. Smith, «Academic Administration», p. 66.

líderes son reacios en delegar a otros, por temor a la competencia o a la pérdida de control. A veces es la falta de confianza en nosotros, o el esfuerzo que implica invertir en alguien para que haga la tarea, lo que evita que ellos deleguen. El líder académico debe responder a la pregunta: ¿Estoy dispuesto a delegar? ¿Qué tareas tengo que hacer yo mismo? ¿Qué clase de trabajo puedo delegarles a otros?

Cuidar de los demás es parte del ministerio académico. Cuando el cuerpo docente y el personal enfrentan asuntos personales y de trabajo, por lo que necesitan de estímulo. Esto puede incluir hacer que alguien esté a su lado para fortalecerlos. El liderazgo académico debe ser sensible a las necesidades del cuerpo docente y del personal. El apóstol Pablo fue un excelente ejemplo de esto. Él dejó ver su interés por los miembros de su equipo a través de su preocupación por su bienestar físico (Fil 2:25-30; 1 Ti 5:23), por su condición espiritual (1 Ti 6:11-16) y por su desarrollo profesional (1 Ti 4:11-16). El cuidado pastoral del decano es una parte importante del ministerio que no se debe descuidar debido a limitaciones de tiempo. Cuando yo era miembro del cuerpo docente experimenté un tiempo de crisis física y tuve que ser hospitalizado. Significó mucho para mí cuando el decano me visitó el mismo día después de muchas horas de reuniones.

Preparación para el sucesor

A muchos decanos no se les nombra para el puesto administrativo de por vida. Es posible que perciban la administración académica como parte de su desarrollo personal y profesional por cierto periodo de tiempo. Definitivamente, es importante tener en mente que el periodo de servicio en el puesto no debe ser demasiado corto, porque se requiere de tiempo para crecer en el puesto. Los rectores y los decanos reconocen que «se requiere de dos a tres años para acostumbrarse al trabajo, y por lo menos cinco años para aprender la cultura, obtener credibilidad y hacer que las cosas se cumplan a cabalidad[21]».

Varios factores pueden ayudar a determinar la cantidad apropiada de tiempo que el decano debe permanecer en el cargo. El cumplimiento de ciertos objetivos y asignaciones institucionales en el desarrollo de los programas académicos puede ser una indicación para seguir adelante en la carrera. Los cambios en el liderazgo institucional o en la estructura administrativa pueden

21. McLean, *Leading*, p. 256.

hacer que sea necesario salir del puesto. El desarrollo de visiones divergentes entre el rector y el decano puede llevar al acuerdo de renunciar al cargo. Las razones personales y familiares pueden requerir de un cambio de dirección en la vida. Finalmente, el deseo de regresar a la investigación, a la escritura académica y a la enseñanza puede ser una razón convincente para dejar el cargo administrativo. Cualesquiera que sean los factores que influyan en la decisión de cambiar, no hay que dejar la decanatura debido a frustraciones y problemas no resueltos. El decano debe terminar bien y planificar trabajar en cooperación con el rector, para asegurar la continuidad en el ministerio académico de la institución.

Aunque el rector y la junta son responsables de elegir al sucesor, el decano también juega un papel importante al prepararse para el cambio. En primer lugar, el líder efectivo deja una estructura administrativa bien establecida, sobre la cual el sucesor puede edificar. Esto incluye políticas y programas académicos, un cuerpo docente funcional, un personal administrativo capacitado y un liderazgo para los asuntos estudiantiles. En segundo lugar, si la sucesión es bien planificada y se encuentra un candidato, el decano puede hacer una contribución vital al prepararlo para el cargo. La contribución oscila entre compartir experiencias personales en la administración y aspectos institucionales y construir puentes para el sucesor y la comunidad institucional.

Los cambios en el liderazgo académico casi siempre ocasionan un sentimiento de pérdida entre los que continúan trabajando en la institución. Por lo tanto, los cambios deben manejarse bien. Hay que informar bien al cuerpo docente, al personal y a los estudiantes, tan pronto como la situación lo permita, para una comunicación abierta. El rector es quien tiene que cultivar una atmósfera positiva de expectación. Ellos pueden articular la perspectiva de que los cambios producirán resultados positivos en la institución.

Conclusión

Llegar al liderazgo académico es un desafío y un privilegio. Es un ministerio que lleva al crecimiento personal, así como en las áreas profesional y académica. El decano es instrumental para cumplir la visión y la misión de la institución, para desarrollar los programas académicos y para suplir las necesidades de los estudiantes. La tarea de crear una comunidad con un sentido claro de misión y propósito es su desafío constante. Desarrollar un equipo de alta calidad en el cuerpo docente para la enseñanza y el aprendizaje es otra tarea importante. En cada una de esas cosas, el trabajo tiene un aspecto sagrado. «Hagan lo que hagan, trabajen de buena gana, como para el Señor y no como para nadie en este mundo» (Col 3:23; NVI).

Puntos para reflexión y acción

1. ¿Cuál es el perfil del decano de su institución? ¿Ha sido definido claramente? ¿Necesita una revisión? Desarrolle un perfil si su institución no lo tiene.
2. Una declaración de misión personal guía el desarrollo personal y el avance ministerial. ¿Cuál es su declaración de misión personal? Escriba una declaración de misión personal si no la tiene.
3. ¿Cómo se desarrolla usted como erudito académico?
4. Relacionarse con el cuerpo docente es esencial para crear una atmósfera efectiva de enseñanza y aprendizaje. ¿Cómo crea, desarrolla y mantiene una relación personal y de trabajo con su cuerpo docente?
5. ¿Cuáles son sus desafíos administrativos? ¿Cómo los enfrenta? ¿Cómo maneja su carga de trabajo?

Recursos para el estudio adicional

Bright, David F., y Mary P Richards, *Academic Deanship: Individual Careers and Institutional Roles* (La decanatura académica: Carreras individuales y las funciones institucionales), 1a. ed., The Jossey-Bass Higher and Adult Education Series, San Francisco, CA, Jossey-Bass, 2001.

Buller, Jeffrey L., *The Essential Academic Dean: A Practical Guide to College Leadership* (El director académico esencial: Una guía práctica para el liderazgo universitario), 1a. ed., San Francisco, CA, Jossey-Bass, 2007.

Bush, Tony, y Les Bell, eds., *The Principles and Practice of Educational Management*, Reprinted. Educational Management (Principios y prácticas de la administración educativa. Reimpreso. Administración educativa), Londres, Sage, 2007.

Fullan, Michael, *The Jossey-Bass Reader on Educational Leadership* (Guía sobre el liderazgo académico de Jossey-Bass), 1a. ed., San Francisco, CA, Jossey-Bass, 2000.

Hudnut-Beumler, James, «A New Dean Meets a New Day in Theological Education» (Un decano nuevo encuentra un día nuevo en la educación teológica), *Theological Education* 33, Suplemento, 1996, p. 13-20.

Kouzes, James M., y Barry Z. Posner, *The Jossey-Bass Academic Administrator's Guide to Exemplary Leadership* (Guía Jossey-Bass del director académico para el liderazgo ejemplar), 1a. ed., San Francisco, CA, Jossey-Bass, 2003.

Krahenbuhl, Gary S., *Building the Academic Deanship: Strategies for Success* (Cómo desarrollar la decanatura académica: Estrategias para el éxito), ABC-CLIO, Westport, CT, Praeger, 2004.

Lucas, Ann F., *Leading Academic Change: Essential Roles for Department Chairs* (Cómo dirigir el cambio académico: Papeles esenciales para los directores de departamento), 1a. ed., San Francisco, CA, Jossey-Bass, 2000.

Martin, James, y James E. Samels, *First among Equals: The Role of the Chief Academic Officer* (El primero entre sus semejantes: El papel del director académico), Baltimore, MD, The Johns Hopkins University Press, 2000.

McLean, Jeanne P., ed., *Dean-Faculty Relationships: Meeting the Challenge*, vol. 5 de Monographs on Academic Leadership (Las relaciones decano-cuerpo docente: Cómo enfrentar el desafío, Volumen 5 de Monografías sobre el liderazgo académico), St Paul, MN, St Paul Seminary School of Divinity, 1998.

———, *Leading from the Center: The Emerging Role of the Chief Academic Officer in Theological Schools* (Cómo dirigir desde el centro: El papel emergente del director académico en las instituciones teológicas), Scholars Press Studies in Theological Education, Atlanta, GA, Scholars Press, 1999.

———, ed., *Leading from the Center: The Role of the Chief Academic Officer* (Cómo dirigir desde el centro: El papel emergente del decano en las instituciones teológicas), vol. 1 de Monographs on Academic Leadership, St Paul, MN, St Paul Seminary School of Divinity, 1996.

———, ed., *Professional Development for Chief Academic Officers: A Call to Action* (El desarrollo profesional para los directores académicos: Un llamado a la acción), vol. 4 de Monographs on Academic Leadership, St Paul, MN, St Paul Seminary School of Divinity, 1996.

Richey, Rusell E., «To a Candidate for Academic Leadership: A Letter» (Para el candidato al liderazgo académico: Una carta), *Theological Education* 33, Supplement, 1996, p. 35-45.

Ristau, Karen M., *Challenges of Academic Administration: Rewards and Stresses in the Role of the Chief Academic Officer* (Desafíos de la administración académica: Recompensas y tensiones en el papel del administrador académico), vol. 2 de Monographs on Academic Leadership, St Paul, MN, University of St Thomas, 1996.

Smith, Gordon T., «Academic Administration as an Inner Journey» (La administración académica como una trayectoria interna), *Theological Education* 33, Suplemento, 1996, p. 61-70.

Smith, Jane I., «Academic Leadership: Roles, Issues, and Challenges» (Liderazgo académico: funciones, cuestiones y desafíos), *Theological Education* 33, Suplemento, 1996, p. 3-12.

Toulouse, Mark G., «A Dozen Qualities of the Good Dean» (Una docena de cualidades del buen decano), *Theological Education* 42, no. 2, 2007, p. 109-126.

Tucker, Allan, y Robert A. Bryan, *Academic Dean: Dove, Dragon, And Diplomat, Second Edition* (El decano: Paloma, dragón y diplomático, Segunda Edición), 2a ed., Nueva York, American Council on Education, 1991.

Wolverton, Mimi, Walter H. Gmelch, Joni Montez, y Charles T. Nies, eds., *The Changing Nature of the Academic Deanship* (La naturaleza cambiante de la decanatura), San Francisco, CA, Jossey-Bass, 2001.

Tercera Parte

El liderazgo académico: Prácticas administrativas

7

La planificación estratégica en la educación teológica

Manfred Waldemar Kohl

«La planificación estratégica» (en algunos lugares llamada «el plan maestro» o «el plan general de programa») es totalmente esencial para cada institución teológica y ministerio cristiano. La falta de un plan estratégico es como correr una carrera sin una pista —estar sin dirección, no tener una meta o manera de progresar—. «Sin un plan estratégico claro, todos tienen la sensación de que están en la misma banda, pero cada cual tocando música distinta[1]».

Permítame compartirle una experiencia personal. Me encontraba sentado en mi oficina en Abijan, Costa de Marfil, en África Occidental, cuando oí unas voces. Me uní al grupo y pregunté qué estaban discutiendo. Me contaron del plan maestro que había sido desarrollado para construir un nuevo estadio de fútbol, justo enfrente del edificio de mi oficina. En la propiedad que señalaban, yo veía un parque pequeño, edificios derribados y tiendas improvisadas, pero ellos veían un estadio de fútbol recién construido.

El líder del grupo me mostró los planes, no solamente el diseño arquitectónico, sino el calendario, los horarios diarios y el presupuesto. Me describieron la manera en que el proyecto afectaría a la ciudad y sus

1. Bobb Biehl y Ted W. Engstrom, *Increasing your Boardroom Confidence* (Cómo desarrollar la confianza de su salón de juntas), Sisters, OR, Questar, 1988, p. 179. Ted Engstrom, quien como presidente de Visión Mundial escribió muchos libros sobre la administración Cristiana, publicó por años un boletín mensual, *Management,* con gran énfasis en la planificación estratégica.

ciudadanos. Me explicaron que estuvieron estudiándolo por dos años, y luego pasaron casi dieciocho meses trabajando en la estrategia, analizando todos los resultados posibles —desde los cambios necesarios en los patrones de tráfico, las repercusiones para la juventud (incluso los niños de la calle), hasta las ganancias para los comerciantes— y al menos otra docena de aspectos explícitos. Yo me quedé atónito por el alcance de su visión y la detallada planificación. Por último, me dijeron que de acuerdo con su estudio, su plan estratégico y el plan de acción, confiaban en que dentro de exactamente dos años, el 24 de marzo a las 7:30 de la noche, 58,500 personas estarían sentadas en el estadio terminado. El presidente de Costa de Marfil encendería el interruptor para activar los reflectores y dar comienzo a un partido de fútbol entre Costa de Marfil y Senegal. Estaba tan impresionado que regresé a mi oficina a buscar papel y pluma y le pedí al líder del grupo que repitiera lo que acababa de decirme para que pudiera anotarlo con exactitud.

Más tarde recibí una copia, tanto del reporte investigativo como del plan estratégico, y comprendí que si el equipo no hubiera llevado a cabo la investigación ni planificado estratégicamente, no se hubiera desarrollado un plan de acción y el proyecto tampoco hubiera sido exitoso. Durante los siguientes veinticuatro meses, seguí todo lo que estaba ocurriendo afuera de la ventana de mi oficina. Todo tomó forma tal y como estaba planificado. Esta experiencia cambió mi perspectiva del ministerio y me demostró claramente que a menos que tenga un concepto claro, que estudie todos los aspectos de una propuesta, que tenga un plan estratégico que culmine en un plan de acción, no puedo confiarme de que lo que vaya a hacer tendrá éxito; pero con esta clase de planificación puede ser exitoso[2].

He descubierto que incluso las Escrituras contienen un sinnúmero de referencias a la planificación estratégica. La planificación no está en conflicto con la fe. Más bien, la planificación debe ser un componente integral de la fe. Basta con que veamos, por ejemplo, el liderazgo de Moisés, la construcción

2. Trabajé por casi tres años como Director Regional de Visión Mundial en África Occidental, donde fui responsable de más de 100 proyectos que involucraban ministerio cristiano/teológico. Debido a esta experiencia, requerí que el equipo del proyecto (el liderazgo y la junta), de los proyectos importantes, se involucrara en desarrollar un plan estratégico claramente escrito, que se enfocara en el impacto de largo alcance del proyecto propuesto. Con base en este plan estratégico, entonces le fue relativamente fácil a la administración escribir un mejor plan de acción.

del templo y la reconstrucción del muro de Jerusalén o a Pablo expandiendo el evangelio.

Por dónde se empieza

Steve Hardy inicia su capítulo sobre planificación estratégica con una descripción clara de «Lo que no es la planeación estratégica»:

1. La planeación estratégica no significa intentar todo lo que pueda necesitar cualquier persona en cualquier lugar.
2. La planeación estratégica no significa sencillamente perfeccionar lo que se ha heredado del pasado.
3. La planeación estratégica no implica simplemente arreglar lo que está roto.
4. La planeación estratégica no significa crear nuevos programas académicos.
5. La planeación estratégica no consiste en preparar planos para edificios.
6. La planeación estratégica no es un documento escrito por un comité pequeño[3].

Para Michael Allison y Jude Kaye, «Lo que no es planificación estratégica» significa: (1) La planificación estratégica no predice el futuro (2) La planificación estratégica no sustituye el juicio del liderazgo. (3) La planificación estratégica rara vez es un proceso lineal, llano, predecible[4].

La planificación estratégica implica un «cambio de mentalidad» —estar dispuesto a cuestionar el statu quo, renunciar a las «vacas sagradas», tener

3. Steven A. Hardy, *La excelencia en la educación teológica: Entrenamiento efective para líderes eclesiales*, traducción por Tjebbe Donner, Carlisle, Langham Global Library, 2016, p. 36-39. Este libro es una herramienta muy útil para el liderazgo y el personal de un seminario teológico o instituto bíblico. Fue escrito como resultado de los «Institutos de Excelencia» de Overseas Council, programas de formación anuales de una semana para el liderazgo de las instituciones teológicas en el mundo mayoritario.

4. Michael Allison y Jude Kay, *Strategic Planning for Nonprofit Organizations: a Practical Guide and Workbook* (Planificación estratégica para las organizaciones no lucrativas: Guía práctica y libro de trabajo), 2ª ed., Hoboken, NJ, John Wiley & Sons, 2005, p. 4-5.

una mente completamente «abierta» para encontrar que sea «lo mejor» para la institución.

Un plan estratégico difiere bastante de un plan operativo/de acción. El plan estratégico es fundamental, está enfocado en el futuro, interesado en las repercusiones a largo plazo (de cinco a diez años), enfatiza el progreso, orientado hacia los objetivos o resultados, guía y dirige —con predicciones financieras y de personal—. El plan operativo/de acción es funcional, está interesado en las repercusiones a corto plazo (hasta un año), orientado hacia la implementación —con presupuestos financieros anuales, programas/actividades explícitos, las consecuencias para el personal—.

La Escuela de Negocios de Harvard ha enumerado los cuatro elementos de un plan estratégico. Estos componentes son: declaración de la dirección, objetivos estratégicos, asuntos prioritarios, plan de acción[5].

Kay Sprinkel Grace, del Centro Nacional para Juntas sin Fines de Lucro, enumera cinco componentes básicos de un plan estratégico: visión, misión, metas, objetivos, pasos de acción.

Los valores esenciales parten de la declaración de visión y misión. Hay que avaluarse minuciosamente y entender las necesidades y el ambiente antes de que las metas y los objetivos sean redactados.

Los siete componentes de un plan estratégico

Veamos los diversos pasos esenciales para el desarrollo de un plan estratégico.

Declaración de la visión

El liderazgo de una institución teológica, incluso toda la junta, debe formular las esperanzas y los sueños de la organización, así como proyectar su efecto en el futuro. La declaración de la visión describe cómo serán los éxitos, es un modelo mental de un estado futuro, enmarcado dentro de un proceso de desarrollo. La visión parte de suposiciones razonables que pueden ser logradas a través del compromiso y la acción. Los sueños también, pueden ser parte de esa proyección. La visión es la fuerza que desarrolla resultados a largo plazo.

5. Harvard Business School Press, *Executing Strategy: Expert Solutions to Everyday Challenges* (Cómo ejecutar la estrategia: Soluciones expertas para los desafíos diarios), Boston, MA, Harvard Business Press, 2009, p. 8-12.

«Piense lo impensable; usted puede hacer que ocurra[6]». La declaración de la visión debe ser concisa, solamente dos o tres oraciones, no más de un párrafo.

Declaración de la misión

La mayoría de instituciones teológicas tiene una declaración de misión que fue escrita hace años o incluso décadas, o que fue adaptada o copiada de alguna otra institución cristiana. Una declaración de misión nueva (también conocida como una declaración de propósito) debe ser escrita cada tres años o, por lo menos, la antigua declaración debe ser revisada cada tres años para que refleje a la institución en la actualidad —su enfoque y propósito y hacia dónde se dirige—. La declaración de misión debe no debe ir más allá de unas cuantas oraciones o un párrafo.

Gran parte de la literatura establece que la declaración de misión debe responder claramente siete preguntas:

1. ¿Quién es?
2. ¿Cuál es la razón de su existencia?
3. ¿Para quién o para qué existe?
4. ¿Cómo pretende hacerlo?
5. ¿Dónde lo hará?
6. ¿Por cuánto tiempo planifica hacerlo?
7. ¿De qué manera está vinculado todo lo que hace con su declaración de fe?

La declaración de misión tiene que ser revisada cada cierto tiempo ya que las respuestas a estas preguntas cambian constantemente. En cada reevaluación hay que atender lo siguiente: las actividades que estén llevándose a cabo que vayan más allá de la declaración misionera, las actividades que ya no existen o los nuevos programas que hay que agregar.

6. Andy Bruce y Ken Langdon, *Strategic Thinking: Essential Managers*, Nueva York, Dorling Kindersley, 2000, p. 17. Edición española de este libro: *El pensamiento estratégico*, México, Grijalbo, 2002.

Los valores esenciales

Las declaraciones de visión y misión son el fundamento de los valores esenciales. Estos son principios o creencias que guían todas las actividades de una institución teológica. Los valores esenciales son principios globales, aplicados a todos lo que están dentro de la institución. Estos varían de acuerdo con la cultura. Deben tratar los asuntos *esenciales*. Lo aconsejable es limitarlos a unos cuantos principios básicos y asegurarse de que no se contradigan entre sí. Quizás sea útil que anote todos los valores y las reglas que se le ocurran y luego, determine cuáles son verdaderamente importantes, los valores *esenciales*, a la luz de la naturaleza de la institución. Los valores esenciales deben ser puestos por escrito, con un comentario acerca de su significado y propósito.

Las declaraciones de visión, misión y valores esenciales actuales deben estar a la disposición de cada persona dentro de la institución teológica. Los puede colocar en el tablero de anuncios de la institución. Para un ejemplo de estas declaraciones, véase el capítulo de Paul Wright, «Hacia la tierra prometida: la visión, la misión y los valores, y cómo dan forma a los objetivos en educación la teológica».

La evaluación, las necesidades y el ambiente

Antes de que las metas y los objetivos sean formulados, hay que lidiar con las «fortalezas» y «debilidades» internas, así como las «oportunidades» y «amenazas» de la institución (FODA). Toda la institución puede involucrarse en este FODA. Por ejemplo, las excelentes instalaciones y una junta que funciona bien podrían enumerarse como fortalezas internas, así como la insuficiencia de fondos o un cuerpo docente inadecuado como debilidades internas que influirán en la planificación estratégica. Las oportunidades externas podrían convertirse en nuevos programas o un reclutamiento saludable de estudiantes, lo cual deberá ser equilibrado con las amenazas externas de los reglamentos gubernamentales, la corrupción, conflictos religiosos o problemas de salud.

Como le vaya al seminario, así también a la Iglesia[7]. El seminario existe para proveerles líderes a la Iglesia y a sus ministerios afiliados, así como para ser una voz profética y un agente de cambio en la sociedad. Se debe tomar el tiempo

7. Una declaración que hizo Charlie Spicer, uno de los cuatro hombres de negocios que fundaron Overseas Council International. Esta declaración ha seguido siendo fundamental para la organización.

suficiente para tomar la decisión en cuanto a qué es necesario. A partir de las necesidades, debe evaluarse qué es bueno, qué cambiar, qué eliminar o qué debe agregarse al ministerio de la institución. Las situaciones y los ambientes cambian constantemente. Los recursos fluctúan. El financiamiento es uno de los problemas más grandes para la educación teológica[8].

Metas

Una organización debe entender claramente cuáles son sus metas en vista de estas circunstancias dinámicas. Grace comenta acerca de la importancia de las metas:

> Las metas resumen el programa principal, el desarrollo, la administración u otro logro importante que la organización espera para lograr su visión y cumplir su misión. Las metas descienden y son validadas por la visión. Éstas son generales, no cuantificables, pueden ser a corto o largo plazo y están sujetas a evaluación[9].

El establecimiento de metas requiere de un acuerdo en cuanto a prioridades específicas, como Walker declara:

> Es necesario elegir las prioridades específicas, tomar decisiones en cuanto a los objetivos (junta) y a los medios (personal), tanto a largo como corto plazo. El consenso en cuanto a las prioridades debe alcanzarse en muchos niveles, desde el filosófico hasta el

8. Manfred W. Kohl, «International Partnership and Funding Principles in Theological Education in Evangelical Perspective» (Colaboración internacional y principios de financiamiento en la educación teológica en la perspectiva evangélica), en *Handbook of Theological Education in World Christianity: Theological Perspectives, Ecumenical Trends, Regional Surveys* (Manual de la educación teológica en el cristianismo mundial: Perspectivas teológicas, tendencias ecuménicas, estudios regionales), eds. Dietrich Werner, David Esterline, Namsoon Kang, y Joshua Raja, Oxford, Regnum, 2010, p. 325-328, y Manfred Kohl, «Biblical Stewardship: Fundraising for Christian Ministry» (La mayordomía bíblica: Recaudación de fondos para el ministerio cristiano), en *The Earth is the Lord's: Reflections on Stewardship in the Asian Context* (La tierra es del Señor: Reflexiones en mayordomía en el contexto asiático), *eds.* Timoteo D. Gener y Adonis Abelard Gorospe, Manila, OMF Literature, 2009, p. 131-144.

9. Kay Sprinkel Grace, *The Board's Role in Strategic Planning* (La función de la junta en la planificación estratégica), Governance Series, 6, 5ª. ed., Washington, DC, NCNB, 2000, p. 15.

> operativo... No puede llamársele plan estratégico si no articula las metas principales y los métodos prioritarios de una organización[10].

Los recursos de personal y financieros influyen en las decisiones sobre cuáles metas pueden ser alcanzadas o priorizadas y cuáles tendrán que ser pospuestas. La formulación de la visión y las metas es un proceso. Lo normal es que sean compartidas solamente con la junta y el equipo administrativo.

Objetivos

Los objetivos apoyan las metas y proveen detalles adicionales, respondiendo a: «¿Quién hará qué y para cuándo?». Recuerde que sus objetivos deben seguir el acróstico «SMART» (inteligentes, según el acróstico en inglés):

1. **Específicos:** Están relacionados con cierta tarea o programa;
2. **Medibles:** Cuantificables por fecha, resultados, responsabilidad;
3. **Alcanzables:** Factibles dentro del tiempo prescrito y con las limitaciones existentes;
4. **Orientados hacia los resultados:** Enfocados en actividades a corto plazo para obtener metas a largo plazo; y
5. **Determinadas por el tiempo:** Se establece un marco de tiempo para su cumplimiento[11].

El equipo administrativo tiene la tarea de trabajar en las metas, especialmente en los objetivos. Puede que requiera una cantidad de tiempo considerable. Las pautas SMART sirven para establecer los objetivos y resultados mediante la inspiración individual, discusiones del equipo administrativo o toma de decisiones formales. Es importante que el liderazgo de la institución esté de acuerdo con el listado de prioridades. El listado de objetivos, basándose en el listado de metas, es una herramienta para el equipo administrativo y no tiene que ser compartido con los demás.

---

10. Phillip R. Walker, «Governance» (gobierno), artículo entregado en el Institute of Excellence in Global Theological Education (Instituto de Excelencia en la Educación Teológica Global), Budapest, abril de 2000 (en posesión de Manfred W. Kohl), p. 37.

11. Grace, *Board's Role*, p. 15.

Pautas de acción

Cualquier plan únicamente sirve si es implementado. Ya que el equipo administrativo trabajará en el plan operativo/de acción anual, el plan estratégico debe proveer las pautas en cuanto a las acciones que sean necesarias y esperadas dentro de un tiempo claramente definido. Por ejemplo, una institución teológica decide que en el futuro aumentará la matrícula de estudiantes de otras denominaciones, o que agregará un departamento en línea, o que limitará o eliminará algunos de sus programas de grado, o que establecerá una división importante para recaudar fondos, etc. Todas estas decisiones ameritan un calendario para que la administración pueda planificar de acuerdo con su plan operativo/de acción anual. Recuerde que el establecimiento de pautas de acción es un proceso constante.

Antes de terminar de redactar el plan estratégico, hay que asegurarse de que todos los aspectos de la institución hayan sido cubiertos. De nuevo, la literatura da muchos ejemplos. Steve Hardy ofrece un listado útil de los diversos aspectos que deben considerarse para trazar un plan estratégico completo:

1. Programa académico.
2. El desarrollo del carácter y de las habilidades.
3. El desarrollo del profesorado y del personal.
4. El liderazgo organizacional y administrativo, personal de apoyo.
5. Las estructuras administrativas y los asuntos de gobierno.
6. El desarrollo de la junta.
7. El desarrollo del plantel y las instalaciones, que incluye un plan a largo plazo.
8. El desarrollo de bibliotecas y del recurso de la información.
9. Los estudiantes.
10. Las relaciones con la iglesia y la comunidad, las redes de personas.
11. Los procedimientos y el desarrollo de la financiación.[12]

12. Hardy, *La excelencia*, p. 48-50.

El comité del plan estratégico

Por lo general, cada institución teológica tiene una junta (miembros del consejo o directores), un rector (ejecutivo principal o director), varios miembros del cuerpo docente, varios miembros del personal administrativo, muchos estudiantes, un sinnúmero de exalumnos y una gran cantidad de benefactores, donantes y amigos.

La planificación estratégica es responsabilidad de la junta, con la colaboración directa del rector y del equipo administrativo (representación del cuerpo docente y del personal administrativo). La junta debe decidir si el tiempo es el apropiado para iniciar un ejercicio de planificación estratégica. Algunos acontecimientos, como el cambio de liderazgo, la reestructuración de la junta o del equipo administrativo, o circunstancias externas, pueden obligarla junta a que atrase brevemente la fecha de inicio. Sin embargo, ya puede haber nombrado al comité de planificación estratégica.

Lo ideal es que la junta nombre a algunos de sus miembros (aproximadamente cinco) al comité de planificación estratégica. Uno de los miembros de la junta es seleccionado como coordinador. El rector también está en el comité, más cuatro miembros del equipo administrativo (dos miembros del cuerpo docente y dos miembros del personal administrativo). El coordinador debe tener la habilidad de pensar estratégicamente, trabajar bien con los demás, fomentar el espíritu de equipo, comprometerse a dedicarle el tiempo necesario, estar abierto a nuevas ideas, enfocado y rendir cuentas. Los miembros del comité también deben estar comprometidos.

Las responsabilidades principales del comité de planificación estratégica incluyen los siguientes pasos:

1. Diseñar el proceso y establecer un calendario de trabajo para su ejecución.
2. Dirigir a la organización en el desarrollo o refinamiento de sus declaraciones de misión y visión.
3. Guiar a la organización en el análisis situacional de las fortalezas y debilidades internas, y oportunidades y amenazas externas.
4. Establecer metas, objetivos y estrategias.
5. Desarrollar un plan financiero a largo plazo.

6. Presentar un plan final para que sea aprobado por la junta.
7. Desarrollar un proceso para la implementación del plan estratégico y reevaluarlo asiduamente[13].

El trabajo del comité de planificación estratégica podría simplificar su trabajo dividiéndolo en siete fases.

Primera fase

Tareas:

1. Presentar a cada uno de los miembros del comité.
2. Describir la labor del coordinador y del vicecoordinador.
3. Identificar las razones principales de la labor y la fecha límite.
4. Determinar cuándo, dónde y cuán a menudo se reunirá el comité.
5. Decidir quién redactará las actas y qué será reportado a la junta.
6. Familiarizarse con la historia y la situación actual de la institución.
7. Identificar qué información es necesaria y cómo y cuándo será distribuida.

Resultado: Establecer un proceso de planificación.

Segunda fase

Tareas:

1. Escribir o reescribir la declaración de visión y la declaración de misión.
2. Solicitar que todos los miembros de la junta asistan a un retiro en donde puedan enfocarse en estos documentos.
3. Coordinar con el equipo administrativo para recibir las contribuciones del cuerpo docente y del personal.

---

13. Judith O'Connor, *The Planning Committee: Shaping your Organization's Future* (El comité planificador: Cómo darle forma al futuro de su organización), Board Committee Series (Serie del comité de la junta), Washington, DC, National Center for Nonprofit Boards, 1997, p. 7. Toda la serie es una herramienta útil para cada miembro de la junta.

4. Circularlas entre los estudiantes y los exalumnos para recopilar sus opiniones.
5. Compararlas con las de otras instituciones teológicas similares.
6. Nombrar un pequeño comité que formulará las versiones finales («pulir la redacción»).
7. Distribuir las declaraciones de visión y misión finales a todos los miembros de la institución.

Resultado: La actualización de las declaraciones de visión y de misión.

Tercera fase

Tareas:

1. Enumerar todos los valores ya establecidos y conocidos de la institución.
2. Averiguar qué otros valores han sido sugeridos.
3. Pedirle al cuerpo estudiantil (a través del consejo estudiantil) que enumeren sus valores para la institución.
4. Pedirle al cuerpo docente y al personal administrativo que enumeren sus valores para la institución.
5. Seleccionar/condensar del listado los valores más importantes, los «valores esenciales».
6. Discutir el listado final, comentado, con todos los miembros de la junta.
7. Distribuir el listado de los valores esenciales a toda la familia de la institución.

Resultado: Un listado de valores esenciales, con un comentario apropiado para cada valor esencial.

Cuarta fase

Tareas:

1. Familiarizarse con el ejercicio FODA.
2. Nombrar subcomités, cada uno compuesto de dos miembros del comité y hasta otros tres de la institución.

3. Pedirle a cada subcomité que reúna muchas ideas explicadas en cada área del FODA.
4. Discutir y resumir los resultados de los hallazgos de los cuatro subcomités.
5. Recopilar las preguntas críticas en cuanto a las necesidades de la Iglesia y la sociedad.
6. Recopilar las preguntas críticas, positivas y negativas, acerca de las repercusiones del ambiente.
7. Nombrar un pequeño comité que redactará la declaración final («pulirla»).

Resultado: Una declaración de evaluación interna y una respuesta a las necesidades de la Iglesia y la sociedad.

Quinta fase

Tareas:

1. Familiarizarse con el ejercicio SMART.
2. Enumerar todas las metas y los objetivos expresados por los miembros del comité.
3. Establecer un sistema de prioridad, ya sea mediante el voto u otro medio.
4. Escribir el listado final de metas y objetivos, junto con el cronograma para lograrlos.
5. Consultar con el equipo administrativo si las metas y los objetivos son alcanzables.
6. Revisar y reorganizar las metas y los objetivos a partir de la evaluación del equipo administrativo.
7. Presentar el listado final de metas y objetivos a la junta para sus comentarios.

Resultado: Una buena relación de trabajo con el equipo administrativo respecto a las metas y objetivos.

Sexta fase

Tareas:

1. Revisar los diversos documentos con las aportaciones del equipo administrativo y de la junta.
2. Nombrar un comité pequeño que redactará el primer borrador del plan estratégico real.
3. Discutir el plan estratégico con toda la junta para recibir sus comentarios y ajustes.
4. Discutir el plan estratégico con el equipo administrativo para recibir sus comentarios y ajustes.
5. Hacer los cambios y ajustes y redactar la versión final («pulida»).
6. Presentar el plan estratégico final ante la junta y el equipo administrativo.
7. Solicitar al equipo administrativo que comience su plan operativo/de acción anual.

Resultado: Un plan estratégico completo y final.

Séptima fase

Tareas:

1. Hacer un listado de todos los proyectos principales para los próximos cinco o diez años.
2. Establecer una proyección financiera anual para los próximos cinco o diez años.
3. Ayudar al equipo administrativo con la evaluación de su plan de acción anual.
4. Llevar las actas de todo el proceso para los futuros comités de plan estratégico.
5. Acordar cuándo, dónde y cómo se revisará el plan estratégico, así como quién lo hará.

6. Presentarle a la junta las recomendaciones/el plan para que sea revisado.
7. ¡Celebrar en grande con la junta y el equipo administrativo!

Resultado: Una declaración concisa de las acciones planificadas, los recursos necesarios y los procedimientos de revisión.

Muchas preguntas y comentarios surgirán durante el proceso de desarrollar, escribir y finalizar su plan estratégico. Sin embargo, al final, será una de las herramientas más útiles para guiar la institución hacia el futuro.

> Un plan estratégico no implica negar nuestra confianza en la soberanía de Dios. Como dijo el Dr. John Bennett, anterior presidente de Overseas Council, en un taller que presentó en 1999, «Cada plan estratégico es una declaración de fe, es decir, una declaración de un futuro no realizado». Planeamos, como lo hizo Nehemías, para que podamos ser fieles y efectivos en terminar lo que se nos ha encomendado. Nuestro plan se convierte en un mapa para el futuro. Y cuando miramos hacia atrás, nuestra revisión de lo que se ha logrado proveerá una base para afirmar la excelencia de lo que hemos hecho[14].

Qué sigue después de haber redactado el plan estratégico

La parte más importante del ejercicio de la redacción de un plan estratégico es ponerlo en acción. De nada serviría —es una pérdida de tiempo y recursos— si permanece engavetado en el escritorio del presidente de la junta o del rector. Recuerde que hemos sido llamados a hacer lo mejor posible y esforzarnos al máximo para nuestro Señor y su reino.

El comité planificador o el comité de evaluación debe reunirse trimestralmente, siempre y cuando sea posible, a revisar el progreso del plan operativo/de acción del equipo administrativo. Cada año, el comité de planificación o el comité de evaluación, o posiblemente toda la junta, debe planificar un retiro de por lo menos un día con el fin de abordar preguntas como las siguientes:

14. Hardy, *La excelencia*, p. 52.

1. ¿Va el plan estratégico actual de acuerdo con lo planificado? ¿Qué o no ha sido logrado?
2. ¿Todavía son válidas las suposiciones del ambiente interno y externo?
3. ¿Cuáles son los problemas actuales que enfrenta la organización y, después de discutirlos, será necesario añadir un cambio o prioridades nuevas?
4. ¿Habrá algún objetivos de desempeño o puntos de revisión intermedios que deban ser revisados?[15]

Como resultado de este retiro, la administración podrá desarrollar un plan operativo/de acción para el año siguiente. (Véase la sección de Puntos de reflexión y acción).

La estructura y el desarrollo institucional pertinentes a la planificación estratégica[16]

La mayoría de las instituciones teológicas tiene una estructura muy complicada[17]. En la mayoría de los casos, comenzaron con el mínimo de personal y cuerpo docente, agregando diversos comités a medida que surgió la necesidad. Una institución teológica rara vez se toma el tiempo para redefinir y alinear toda su estructura de modo que sea más sencilla; para establecer las líneas de mando; o desarrollar unas descripciones de trabajo que estén completas y claras, o procedimientos para evaluar anualmente a cada persona involucrada, incluso el cuerpo docente.

Las instituciones teológicas deberían aprender de las estructuras establecidas en el mundo de los negocios, en donde las responsabilidades casi siempre caen bajo una de tres divisiones, tan importante la una como la otra, es decir, producción, administración y mercadeo. Una institución teológica,

---

15. Allison y Kay, *Strategic Planning*, p. 303.

16. Es importante que tratemos esos temas. De otra forma, la planificación estratégica es artificial o permanece en un vacío.

17. Mi experiencia de unos cuarenta años de visitar cientos de instituciones teológicas, principalmente en el mundo no occidental —casi veinte años con Overseas Council International y, antes de eso, dieciocho años con Visión Mundial Internacional— ha confirmado esta observación una y otra vez. Véase Manfred W. Kohl, «Current Trends in Theological Education» (Tendencias actuales en la educación teológica), *International Congregational Journal* 1, no. 1, febrero de 2001, p. 26-40.

progresiva también tiene tres divisiones: el área académica y ministerial, administración y finanzas, comunicaciones y recaudación de fondos, todas en el mismo nivel. La tercera de estas, comunicaciones y recaudación de fondos, es una necesidad muy apremiante para las instituciones del mundo no occidental. (En el mundo occidental las instituciones generalmente tienen un departamento bien establecido en ese campo).

El equipo de liderazgo de la institución teológica

El rector de una institución teológica debe dirigir un equipo de tres vicerrectores de igual rango: El vicerrector para el área académica y ministerial, el vicerrector de la administración y las finanzas y el vicerrector de las comunicaciones y la recaudación de fondos. Estas cuatro personas en conjunto son responsables de los asuntos de la institución. Estas componen el equipo administrativo. En muchas instituciones teológicas desafortunadamente, el rector es la única persona que dirige. Esta persona se siente responsable de todo y, por consiguiente, termina haciéndose cargo de todas las decisiones. El equipo administrativo (y los tres vicerrectores en igualdad de importancia) es un concepto mejor. Las responsabilidades y el proceso de toma de decisiones son compartidos fácilmente.

Se ha discutido, argumentado, y escrito mucho acerca del papel del rector de una institución teológica[18]. El rector es responsable de todos los asuntos de la institución. Sin lugar a dudas es una función administrativa. Aun así, muy pocos rectores están preparados para esa función. En la mayoría de los casos, son seleccionados del área académica. Él o ella son reconocidos como profesores buenos o populares y bajo ese criterio son ascendidos a rectores. Dicha persona tiene poco o nada de experiencia en la selección y el desarrollo

18. Louis C. Vaccaro, «The President and Planning: Management and Vision» (El rector y la planificación: Administración y visión), en *Courage in Mission: Presidential Leadership in the Church-related College* (Valentía en la misión: El liderazgo presidencial en la universidad relacionada con la iglesia), *ed.* Duane H. Dagley, Washington, DC, Council for Advancements and Support of Education, 1988; G. Blair Dowden, «Presidents: Effective Fundraising Leadership» (Rectores: Liderazgo efectivo para la recaudación de fondos) en *Advancing Christian Higher Education: A Guide to Effective Resource Development* (Cómo avanzar la educación superior cristiana: Guía para el desarrollo de recursos efectivo), ed. Wesley K. Willmer, Washington, DC, Coalition for Christian Colleges and Universities, 1996; Linda Cannell, *Theological Education Matters: Leadership Education for the Church* (Asuntos de la educación teológica: Educación del liderazgo para la iglesia), Newburgh, IN, EDCOT, 2006. Este libro tiene una excelente bibliografía sobre el tema en las páginas 327-363.

del personal, en la proyección de una visión, actividades de relaciones públicas, la recaudación de fondos, el manejo de recursos y el tiempo, el presupuesto financiero, los del movimiento de efectivo, la supervisión de las instalaciones, etc. Tampoco tiene el tiempo para aprender, tomar cursos o asistir a seminarios, o leer los libros apropiados. No debe seguir ejerciendo la enseñanza normal. Ahora tienen que responsabilizarse de toda la institución, su cuerpo docente, personal y actividades —no solamente de una clase—. Les toca ser directores de una orquesta que tratan de sacar lo mejor de cada integrante.

El rector cumple su función de maestro cuando enseña o dirige el coloquio mensual del cuerpo docente y las sesiones mensuales del personal. Cada miembro del cuerpo docente y del personal debe asistir a esas dos sesiones, en las cuales su rector tratará de transferir la declaración de visión y misión a la enseñanza diaria y al régimen de trabajo de estos y de mostrarles lo que deben hacer para mantener los valores esenciales y la declaración de fe. El rector también es el líder espiritual del campus.

La junta de la institución teológica

La junta, la máxima autoridad de cada institución teológica, es un elemento sumamente crítico para el desarrollo de la institución. Los miembros de la junta no son simplemente un grupo de oficiales de la Iglesia que ven su participación como un puesto de prestigio o una tarea poco importante. Muchas instituciones teológicas deben revisar la composición de sus juntas y reemplazar a algunos de los obispos y otros líderes de la denominación (quienes suelen trabajar en otras juntas) con creyentes comprometidos que harán de su participación una prioridad. La junta debe tener representación de diversas profesiones (y posiblemente de otras denominaciones cristianas), así como una combinación de hombres y mujeres, y un énfasis en miembros «jóvenes».

Cada miembro de la junta debe recibir una descripción clara del trabajo que se espera que lleve a cabo. Las fechas de las reuniones y retiros deben ser anunciadas por escrito con veinticuatro meses de anticipación, dejando claro que la asistencia es obligatoria. Por lo general, la junta celebra dos reuniones importantes al año, una que trata de los reportes anuales de revisión, auditorías, presupuesto, etc., y otra acerca de la adopción o evaluación de los diversos aspectos del plan estratégico. También, cada miembro debe estar preparado para colaborar en uno de los diversos comités o en el comité ejecutivo de la junta, el cual se reúne cuatro veces al año. Es aconsejable que de vez en cuando un asesor lleve a cabo una sesión de adiestramiento para los miembros de la junta. El rector, o cualquier otro empleado de la institución, solamente participarán como miembro *ex oficio* a fin de evitar cualquier conflicto de intereses. Hace tiempo que debió de haberse escrito un libro de texto detallado sobre la gobernación de las instituciones teológicas[19].

El cuerpo docente y el personal de la institución teológica

En el mundo comercial, la división de producción no está por encima de la división de administración o de mercadeo. Sin embargo, el mundo académico históricamente ha considerado al cuerpo docente como superior y éste es el que toma la mayoría de las decisiones de la institución. A los miembros del personal, incluso los administradores y directores de las otras divisiones, típicamente se les ha visto como personas de segunda o tercera clase. Con el tiempo, esta distinción de clases crea una frustración subyacente, la cual produce reacciones negativas y enojo innecesario, sobre todo porque se convierte en la cultura de la institución y es muy difícil cambiarla. Todos deben sentir que su papel es importante. En una orquesta sinfónica, el violinista, el pianista y el trompetista pueden ser los músicos principales. Sin embargo, si faltara un pequeño címbalo o el tambor bajo, el concierto no estaría completo. Al personal que estimamos «menos importante» hay que reconocerlo, escucharlo y apoyarlo más.

La mayoría de las instituciones teológicas da mayor importancia a los miembros del cuerpo docente que a los de otras divisiones, concediéndoles privilegios que no están al alcance de los demás. Empero, los miembros de la división de administración y finanzas y de la división de comunicación y recaudación de fondos no deben ser tratados de un modo diferente. Ellos deberían recibir los mismos privilegios dados al cuerpo docente—la capacitación adicional, por ejemplo, así como tiempo libre, la oportunidad de asistir a conferencias en sus respectivos campos o de participar en las

19. Los dos libros que están disponibles actualmente tratan solo con el concepto general de la gobierno: Thomas P. Holland y David C. Hester, eds. *Building Effective Boards for Religious Organizations: A Handbook for Trustees, Presidents, and Church Leaders* (Cómo desarrollar juntas efectivas para las organizaciones religiosas: Manual para los miembros del consejo de administración, rectores y líderes eclesiásticos), San Francisco, CA, Jossey-Bass, 2000; y Richard P. Chait, William P. Ryan, y Barbara E. Taylor, *Governance as Leadership: Reframing the Work of Nonprofit Boards* (La gobierno como liderazgo: Cómo redefinir el trabajo de las juntas no lucrativas), Hoboken, NJ, John Wiley & Sons, 2005.

reuniones de toma de decisiones. La persona que recauda los fondos, el oficial de relaciones públicas, el planificador financiero, el contador, el administrador o el bibliotecario es tan importante para la institución como el profesor de Historia o de Antiguo Testamento, aun cuando éste tenga un título académico.

Los recursos financieros y la sostenibilidad como parte vital del plan estratégico

Casi todas las instituciones teológicas alrededor del mundo enfrentan cinco desafíos y dificultades principales. En primer lugar, el área de gobierno: la junta y la relación de ésta con la administración. En segundo lugar, el área de la estructura institucional: El rector y las diversas divisiones. En tercer lugar, el área de la planificación estratégica (largo plazo) y de la planificación operativa/ de acción (corto plazo/anualmente). En cuarto lugar, el área del currículo, con sus diversos aspectos[20]. En quinto lugar, el área de las finanzas, especialmente en los ingresos y la sostenibilidad[21].

Unas cuantas de las instituciones teológicas de Occidente han sido bendecidas con recursos financieros vastos, principalmente recibidos a través de herencias y donaciones. No obstante, la mayoría de las instituciones y los centros de capacitación teológica del mundo tienen dificultades financieras. Los costos ascienden más rápido de lo que los estudiantes consiguen las cuotas de matrícula. Las becas son limitadas y en muchos casos, cada vez son menos. Las agencias financiadoras, las fundaciones y la comunidad de donantes en general hacen preguntas a fondo antes de que ofrezcan el financiamiento. Hoy en día, las oficinas de la denominación, los grupos cristianos donantes, las agencias misioneras, etc., tienen dificultades para recaudar los fondos. Las instituciones teológicas tienen que comenzar a desarrollar sus propios recursos financieros.

---

20. El International Council for Evangelical Theological Education (Concilio Internacional para la Educación Teológica), en su serie sobre Liderazgo Académico, tratará con el desarrollo de currículo en el segundo volumen (próximo). Véase también Miroslav Volf, Carmen Krieg, y Thomas Kucharz, eds. *The Future of Theology: Essays in Honor of Jürgen Moltmann* (El futuro de la teología: Ensayos en homenaje a Jürgen Moltmann), Grand Rapids, MI, Eerdmans, 1996.

21. Manfred W. Kohl y A. N. Lal Senanayake, eds., *Educating for Tomorrow: Theological Leadership for the Asian Context* (Educación para el mañana: El liderazgo teológico para el contexto asiático), 2ª. ed., Bangalore, SAIACS Press, 2007.

Aunque las «riquezas» y la «ofrenda» son dos de los temas más importantes tratados tanto en el Antiguo como en el Nuevo Testamento, y a pesar de que Jesús habló de la ofrenda más que de ningún otro tema, la mayoría de las instituciones teológicas no lo tocan ni su currículo ofrece un curso al respecto. Como resultado, la mayoría de iglesias todavía aporta el mínimo financieramente al ministerio cristiano en general, y a la educación teológica en particular. Seminarios, cursos y conferencias sobre temas como la «mayordomía bíblica», el «ofrendar y dar» y la «recaudación de fondos» deberían ser obligatorios en cada institución teológica. Hasta que la institución teológica y la iglesia local comiencen a enseñar y a predicar con convicción que todo—todo lo que somos y tenemos—le pertenece a Dios, en lugar de a los seres humanos, no habrá recursos ni finanzas suficientes para el ministerio cristiano del futuro ni la educación teológica.

> Dios es el creador y sustentador de todo, y las Escrituras dejan claro que todo lo que tenemos le pertenece a Dios y nos ha sido confiado para que lo administremos responsablemente. Se nos dice que donde estén nuestros tesoros, allí también estará nuestro corazón (Mt 6:21). Esas verdades deben recordarse al abordar a las personas para que aporten al ministerio cristiano. Ya que Dios creó todas las cosas y somos sus mayordomos, no deberíamos considerar nuestros recursos como propiedad personal, sino como su fondo para compartirlo con los demás. Solamente hemos sido nombrados sus administradores, mayordomos en el tiempo[22].

La recaudación de fondos para las instituciones teológicas tiene muchas posibilidades creativas. En la última década, una enorme cantidad de material ha sido publicado sobre el tema y está a la disposición. El Centro

22. Manfred W. Kohl, «Fund-Raising Principles for Maintaining Continuous Giving to Christian Humanitarian Ministries» (Principios de recaudación de fondos para mantener las donaciones continuas para los ministerios humanitarios cristianos), Tesis para el doctorado en ministerio, 1994 (en posesión del autor), p. 1. Véase también Manfred W. Kohl, «Motivation – Designation: Historic Glimpses into Donations and Fund-Raising for Christian Ministry» (Motivación – Designación: Vistazos históricos a las donaciones y a la recaudación de fondos para el ministerio cristiano) en *The Contentious Triangle: Church, State and University. A Festschrift in Honor of Professor George Huntston Williams* (El triángulo contencioso: La iglesia, el estado y la universidad. Un compendio de artículos en homenaje al Profesor George Huntston Williams), eds. Rodney L. Petersen y Calvin Augustine Pater, Kirksville, MO: Thomas Jefferson University Press: Truman State University, 1999, p. 319-337.

de Fundaciones de Nueva York publica un catálogo semianual de más de 100 directorios y libros de texto con información acerca del financiamiento en áreas que oscilan desde el arte, la cultura y la educación superior, hasta las actividades religiosas[23]. El liderazgo y el personal de la división de comunicaciones y recaudación de fondos de una institución teológica deben contar con la preparación especializada y experiencia en la redacción de propuestas para solicitar donaciones, proyectos y la recaudación de fondos, tanto generales como específicos.

Literalmente existen miles de organizaciones y fundaciones, muchas de las cuales financian proyectos de educación teológica. Por lo tanto, no hay que depender solamente de fundaciones muy conocidas y explícitamente cristianas. La combinación apropiada, el proyecto apropiado y el tiempo apropiado son importantes. Las fundaciones apoyan financieramente de un modo sustancial a los museos, programas culturales, actividades deportivas, grupos ambientalistas, la investigación médica y miles de otros. De hecho, es hora de que las iniciativas del liderazgo cristiano, especialmente los proyectos de educación teológica, comiencen a solicitar financiamiento para proyectos como bibliotecas, libros y publicaciones, laboratorios de computación, proyectos de investigación y publicación, asistencia para el personal, becas estudiantiles, conferencias, instalaciones y muchas otras necesidades.

El asunto de los recursos financieros debe ser una parte vital de la planificación estratégica. Las ideas del plan estratégico se materializarán en un plan operativo/de actividades anuales solamente cuando exista una división bien establecida de comunicaciones y recaudación de fondos. Por lo general, las grandes ideas no se hacen realidad porque no hicimos provisión para recaudar los fondos necesarios.

23. Para citar un ejemplo: *The National Guide to Funding in Religion* (Guía nacional para el financiamiento en la religión) es un volumen de 865 páginas. Se describe así: «La nueva cuarta edición provee información detallada de la recaudación de fondos de más de 6,700 fundaciones y programas corporativos que hacen donativos directos… y provee todos los datos necesarios sobre posibles financiadores: direcciones y nombres de los patrocinadores, información financiera, pautas para las solicitudes y los nombres de los oficiales clave. El volumen contiene más de 8,000 donaciones de muestra».

Conclusión

En conclusión, me gustaría señalar unos cuantos elementos adicionales, esenciales para la planificación estratégica —elementos simples, pero importantes— y de nuevo utilizo una experiencia personal como ilustración. Mi formación profesional comenzó como aprendiz de carpintero. Durante varios años, aprendí de varios maestros ebanistas a convertirme en un maestro. Recuerdo que aprendí unas cuantas lecciones bien importantes durante las primeras horas de mi aprendizaje. Se me pidió que preparara una pieza de madera para que encajara ajustadamente entre otras dos piezas de madera. Como quería ahorrar tiempo, no puse atención en lo que estaba haciendo y medí superficialmente y, como resultado, corté la pieza demasiado corta y no encajó apropiadamente. Al ver mi dilema, uno de mis maestros me dio un discurso: «Joven, tiene que estar más enfocado [...] tiene que concentrarse más en lo que está haciendo [...] tiene que medir la madera con mayor precisión antes de que la corte, tiene que usar su sentido común para visualizar todo el proyecto, no solamente una parte. Ahora bien, ya que cometió un error, tiene que volver a empezar. Si algo no encaja, no encaja. No se vacila, no se debate, no se lamenta, no se llora ni se ora para que encaje». Me tardé solamente unos minutos en volver a medir y cortar otro pedazo de madera y rectificar mi error.

Cómo me hubiera gustado haber sido más cuidadoso en practicar estas reglas sencillas en otras áreas de mi vida desde entonces: más enfoque, más concentración, más precisión y claridad para describir la situación, más sentido común, más disposición de ver el cuadro global, más rapidez para renunciar a lo que no encaja y volver a empezar.

Puntos para reflexión y acción

Aunque el capítulo incluye consejo práctico, he aquí algunos pasos simples para ayudarle con el proceso de desarrollar un plan estratégico para su seminario. (Esta página debe copiarse y entregarse a cada miembro de la junta del comité de plan estratégico).

1. Comienza con la junta
   En una de sus próximas reuniones de junta, se debe poner en la agenda el tema de la planificación estratégica. Se debe aprobar la moción de que un «plan estratégico actualizado» es importante para su seminario. Si ya existe un plan estratégico, entonces se tiene

que tomar la decisión de reevaluar y reformular ese plan para que esté actualizado. La junta debe discutir el tema concienzudamente y hacer énfasis en la importancia de esa labor. Entonces, la junta debe nombrar un comité compuesto de representantes de la junta, del personal y del cuerpo docente. A este comité se le debe llamar «Comité de Planificación Estratégica».

2. El comité de planificación estratégica
   Los miembros este comité deben nombrar/elegir a un coordinador, alguien que tenga el tiempo, el interés y la experiencia. También deben nombrar a un secretario capaz, una persona que no sea miembro del Comité. Deben establecer fechas específicas para las reuniones de por lo menos los próximos seis a doce meses (por ejemplo: el primer miércoles de cada mes de las 6:00 a las 9:30 Pm. en la sala de conferencias del edificio de oficinas).

3. Discuta los procedimientos
   Coincidan todos en el valor de la labor y lleguen a un acuerdo común de que este trabajo es absolutamente esencial para el futuro del seminario. Si después de una discusión concienzuda algún miembro del comité siente que la tarea no es una prioridad o de gran importancia, se debe reemplazar a esa persona. Cada miembro del comité debe estar convencido de que lo que están a punto de hacer le dará forma el futuro del seminario.

4. El comité planificará la «estrategia»
   En el capítulo hemos trazado claramente un procedimiento de siete fases. Coloque a una persona específica en cada fase. Use los dones, los talentos y la experiencia de cada miembro. Nombre a una persona que provea o tenga acceso a los documentos de trasfondo e información institucional. También, nombre a una persona dotada para una «redacción pulida».

5. La importancia del tiempo de revisión
   Cada sesión del comité debe comenzar con un tiempo corto de revisión. ¿Qué hemos hecho hasta aquí? ¿Qué hemos acordado? ¿Qué se tiene que cambiar, mejorar, volver a escribir? Cada miembro del comité debe tener la oportunidad de compartir sus reflexiones en cuanto al proceso hasta ese momento. Todos en el comité tienen

que apoyar sus decisiones. Invierta no más de 25 minutos en esta sesión de revisión.

6. Prepárese para la tarea de la próxima reunión
   Al final de cada sesión de comité hay que asignar tareas específicas (si es posible por escrito), para que cada miembro del comité sepa de qué es responsable. Sea lo más específico posible. El intervalo entre las reuniones se debe hacer para pensar y prepararse más. Las reuniones en sí son más para compartir, asimilar y finalizar lo que se ha preparado. Sin embargo, todo el comité tiene que acordar/votar por cada elemento antes de que llegue a ser parte del plan estratégico oficial.
7. Enfóquese en la implementación
   El comité no es responsable por la implementación del plan estratégico. Esa es responsabilidad de la junta y, a través de la junta, de la administración. Sin embargo, el comité debe insistir en que la junta actúe. Ningún plan tiene valor alguno si no se implementa. Durante la fase de implementación, se puede llamar al comité para que haga algunos ajustes en el plan estratégico o para que lo revise.

Recursos para el estudio adicional

Todos estos materiales, particularmente los que se enumeran en la primera categoría, deben colocarse en la biblioteca de cada institución teológica.

Lecturas esenciales

Allison, Michael, y Jude Kaye, *Strategic Planning for Nonprofit Organizations: A Practical Guide and Workbook* (Planificación estratégica para las organizaciones no lucrativas: Guía práctica y libro de trabajo), 2a. ed., Hoboken, NJ, John Wiley & Sons, 2005. Incluye CD-ROM.

Baer, Michael R., «Strategic Planning Made Simple» (Simplificación de la planificación estratégica), *Leadership* 10, no. 2, primavera, 1989, p. 32-33.

Bruce, Andy, y Ken Langdon, *Strategic Thinking: Essential Managers*, Nueva York, Dorling Kindersley, 2000. Edición española de este libro: *El pensamiento estratégico*, México, Grijalbo, 2002.

Cannell, Linda, *Theological Education Matters: Leadership Education for the Church* (Asuntos de la educación teológica: Educación del liderazgo para la Iglesia), Newburgh, IN, EDCOT, 2006.

Eadie, Douglas C., *Beyond Strategic Planning: How to Involve Nonprofit Boards in Growth and Change* (Más allá de la planificación estratégica: Cómo involucrar a las juntas no lucrativas en el crecimiento y el cambio), Washington, DC, National Center for Nonprofit Boards, 1993.

Grace, Kay Sprinkel, *The Board's Role in Strategic Planning* (La función de la junta en la planificación estratégica,. Governance Series 6, 5a ed., Washington, DC, NCNB, 2000.

Hardy, Steven A., *La excelencia en la educación teológica: Entrenamiento efective para líderes eclesiales*, traducción por Tjebbe Donner, Carlisle, Langham Global Library, 2016.

Harvard Business Press, *Executing Strategy: Expert Solutions to Everyday Challenges* (Cómo ejecutar la estrategia: Soluciones expertas para los desafíos diarios), Boston, MA, Harvard Business Press, 2009.

Holland, Thomas P, y David C. Hester., eds., *Building Effective Boards for Religious Organizations: A Handbook for Trustees, Presidents, and Church Leaders* (Cómo desarrollar juntas efectivas para las organizaciones religiosas: Manual para los miembros del consejo de administración, rectores y líderes eclesiásticos), San Francisco, CA, Jossey-Bass, 2000.

Kohl, Manfred Waldemar, y A. N. Lal Senanayake., eds., *Educating for Tomorrow: Theological Leadership for the Asian Context* (Educación del mañana: El liderazgo teológico para el contexto asiático), 2a. ed., Bangalore, SAIACS Press, 2007.

O'Connor, Judith, *The Planning Committee: Shaping your Organization's Future* (El comité planificador: Cómo darle forma al futuro de su organización), Washington, DC, National Center for Nonprofit Boards, 1997.

Rowley, Daniel J., y Herbert Sherman, *From Strategy to Change: Implementing the Plan in Higher Education* (De la estrategia al cambio: Cómo implementar el plan en la educación superior), San Francisco, CA, Jossey-Bass, 2001.

Sanaghan, Patrick, *Collaborative Strategic Planning in Higher Education* (La planificación estratégica colaborativa en la educación superior), Washington, DC, National Association of College and University Business Officers, 2009.

Volf, Miroslav, Carmen Krieg, y Thomas Kucharz, eds., *The Future of Theology: Essays in Honor of Jürgen Moltmann* (El futuro de la teología: Ensayos en homenaje a Jürgen Moltmann), Grand Rapids, MI, Eerdmans, 1996.

Materiales adicionales están a la disposición en BoardSource: Building Effective Nonprofit Boards, formerly the National Center for Nonprofit Boards (Cómo desarrollar juntas no lucrativas efectivas, anteriormente el Centro Nacional para Juntas no lucrativas), (www.ncnb.org) y The Foundation Center (www.fdncenter.org/marketplace).

Lecturas adicionales

Anderson, Terry D., *Transforming Leadership: Equipping yourself and Coaching Others to Build the Leadership Organization* (Transformación del liderazgo: Cómo equiparse y dirigir a otros para desarrollar la organización de liderazgo), 2a. ed., Boca Raton, FL, St Lucie Press, 1998.

Barry, Bryan, *Strategic Planning Workbook for Nonprofit Organizations* (Libro de trabajo de planificación estratégica para las organizaciones no lucrativas), St Paul, MN, Amherst H. Wilder Foundation Publishing Center, 1997.

Bean, William C., *Strategic Planning that Makes Things Happen* (La planificación estratégica que hace que las cosas ocurran). Amherst, MA, HRD Press, 1993.

Biehl, Bobb, y Ted W. Engstrom, *Increasing your Boardroom Confidence* (Cómo desarrollar la confianza de su salón de juntas), Sisters, OR, Questar, 1988.

Bose, Ruma, y Lou Faust, *Mother Teresa, CEO* (La Madre Teresa, Directora Ejecutiva), San Francisco, CA, Berrett-Koekler, 2011.

Bryson, John M., *Strategic Planning for Public and Nonprofit Organizations: A Guide to Strengthening and Sustaining Organizational Achievement* (Planificación estratégica para las organizaciones públicas y no lucrativas), rev. ed., San Francisco, CA, Jossey-Bass, 1993.

Chait, Richard P, William P Ryan, y Barbara E. Taylor, *Governance as Leadership: Reframing the Work of Nonprofit Boards* (La gobierno como liderazgo: Cómo redefinir el trabajo de las juntas no lucrativas), Hoboken, NJ, John Wiley & Sons, 2005.

Dolence, Michael G., Daniel James Rowley y Herman D. Lujan, *Working Toward Strategic Change: A Step-by-Step Guide to the Planning Process* (Cómo trabajar hacia el cambio estratégico: Una guía de paso a paso hacia el proceso de planificación), San Francisco, CA, Jossey-Bass, 1997.

Engstrom, Ted W., y Bobb Biehl, *Increasing your Boardroom Confidence* (Cómo desarrollar la confianza de su salón de juntas), Sisters, OR, Questar, 1988.

Finzel, Hans, *The Top Ten Mistakes Leaders Make* (Los diez errores principales que los líderes cometen), Colorado Springs, CO, David C. Cook, 2007.

Grace, Kay Sprinkel, *Beyond Fund-Raising: Strategies for Innovation and Investment in the Nonprofit Sector* (Más allá de la recaudación de fondos: Estrategias para la innovación e inversión del sector no lucrativo), Nueva York, John Wiley & Sons, 1997.

———, *The Nonprofit Board's Role in Strategic Planning* (La función de la junta no lucrativa en la planificación estratégica), Washington, DC, National Center for Nonprofit Boards, 1996.

Hamel, Gary, y C. K. Orahalad, *Strategic Intent* (El objetivo estratégico), Boston, MA, Harvard Business Press, 2010.

Harvard Business Review, *The State of Strategy* (El estado de la estrategia), Boston, MA, Harvard University, 1991.

Howe, Fisher, *The Board Member's Guide to Strategic Planning* (Guía para el miembro de la junta hacia una planificación estratégica), Washington, DC, National Center for Nonprofit Boards, 1997.

Jackson, K. T., *Building Reputational Capital-Strategies for Integrity and Fair Play that Improve the Bottom Lin* (Cómo desarrollar estrategias de capital para la integridad y el juego limpio que mejoran el resultado final), Oxford, Oxford University Press, 2004.

Kohl, Manfred Waldemar, «International Partnership and Funding Principles in Theological Education in Evangelical Perspective» (Colaboración internacional y principios de financiamiento en la educación teológica en la perspectiva evangélica), en *Handbook of Theological Education in World Christianity: Theological Perspectives, Ecumenical Trends, Regional Surveys* (Manual de la educación teológica en el cristianismo mundial: Perspectivas teológicas, tendencias ecuménicas, estudios regionales), editado por Dietrich Werner, David Esterline, Namsoon Kang, y Joshua Raja, Oxford, Regnum, 2010.

———, «Biblical Stewardship: Fundraising for Christian Stewardship» (La mayordomía bíblica: Recaudación de fondos para el ministerio cristiano), en *The Earth is the Lord's: Reflections on Stewardship in the Asian Context* (La tierra es del Señor: Reflexiones en mayordomía en el contexto asiático), editado por Gener, Timoteo D., y Adonis Abelard Gorospe, p. 131-144, Manila, OMF Literature, 2009.

Kotler, Philip, y Alan Andreasen, *Strategic Marketing for Nonprofit Organizations* (Mercadeo estratégico para las organizaciones no lucrativas), 4a. ed., Englewood Cliffs, NJ, Prentice Hall, 1991.

McNutt, Paul, y Robert W. Backoff, *Strategic Management of Public and Third Sector Organizations* (La administración estratégica de las organizaciones públicas y del sector terciario), San Francisco, CA, Jossey-Bass, 1992.

Mintzberg, Henry, *The Rise and Fall of Strategic Planning* (El auge y la decadencia de la planificación estratégica), Nueva York, Free Press, 1994.

Nanus, B. *Liderazgo visionario: Forjando nuevas realidades con grandes ideas*, traducción por Eduardo Reneboldi, Buenos Aires, Granica, 1995.

Napier, R., C. Sidle, y P Sanaghan, *High Impact Tools and Activities for Strategic Planning* (Herramientas de alto impacto y actividades para la planificación estratégica), Nueva York, McGraw-Hill, 1997.

National Club Association, *Decision-Maker's Guide to Strategic Planning* (Guía a la planficación estratégica para el que toma decisiones), Washington, DC, National Club Association, 1996.

National Center for Nonprofit Boards, *Blueprint for Success: A Guide to Strategic Planning for Nonprofit Board Members* (Diseño para el éxito: Guía hacia la planificación estratégica para los miembros de la junta no lucrative), Washington, DC, National Center for Nonprofit Boards, 1997.

Oliver, Caroline, ed., *The Policy Governance Fieldbook: Practical Lessons, Tips, and Tools from the Experience of Real-World Boards* (Libro denotas de la política de gobierno: Lecciones prácticas, consejos y herramientas para la experiencia de las juntas directivas del mundo real), San Francisco, CA, Jossey-Bass, 1999.

Porter, Michael E., «What Is Strategy?» (¿Qué es estrategia?), OnPoint Enhanced ed., *Harvard Business Review* 74, no. 6, noviembre-diciembre 1996, p. 61-78.

Apéndice del capítulo 7

La junta de una institución teológica

El elemento más estratégico de una institución teológica es la junta. He aquí algunas pautas para una junta que funcione estratégicamente.

Responsabilidad – Obligación

La junta de directores —no el rector ni el gerente ni el director ejecutivo ni el director (remunerado o no) — es la autoridad final de la institución teológica. De acuerdo con la ley, reflejada en la constitución/estatutos y en el entendimiento común, la junta es en última instancia responsable y está a cargo de lo que pasa en la institución. Por lo tanto, el ser miembro de la junta de una institución teológica, como el seminario teológico ______________ en ____________________, no debe estar asociado el «prestigio», el «avance profesional», «una mejor imagen ante la sociedad», «los contactos comerciales», etc. Más bien, ser miembro requiere el comprometerse con un liderazgo servicial. Las organizaciones eficaces siempre tienen una junta de miembros comprometidos, enfocados en el servicio. Una buena junta no tiene miembros inactivos ni observadores.

Cada organización teológica debe asesorarse en cuanto a la obtención de un seguro de responsabilidades, disponibles en la mayoría de compañías de seguros, para proteger a los directivos y oficiales contra cualquier reclamo por «una acción injusta» (reclamos en contra de la junta o de la administración).

Tamaño y composición

Una institución teológica promedio debe tener una junta compuesta por entre siete a doce miembros. Si la institución tuviera más de diez empleados a tiempo completos, o ingresos/gastos que excedieran los tres millones de dólares estadounidenses, la junta debería aumentar a un máximo de quince miembros. Sin embargo, su tamaño es irrelevante. Lo más importante es la correcta representación. Una organización que recauda fondos necesita miembros con conocimiento y experiencia en mercadeo, negocios, medios de comunicación, relaciones públicas y finanzas. Una organización de cuidado infantil necesita una junta con miembros que representen a la familia, la educación, la salud y la nutrición. Una institución teológica debe tener una junta compuesta por miembros que representen al mundo académico, a otras instituciones, al liderazgo denominacional y a una muestra representativa de las iglesias. Cada junta debe tener la representación que cubra los asuntos legales y gubernamentales, los recursos humanos, las finanzas, los medios de comunicación, la comunidad comercial y el público en general. Es importante que estén representados los hombres y las mujeres, los jóvenes y los viejos, así como los distintos trasfondos de la denominación. Para la membresía de la junta, una persona de renombre solamente será útil si está totalmente comprometida al servicio. Los miembros del personal, incluso el rector, el gerente o el director no deben ser miembros ni funcionarios de la junta, pero pueden servir de manera honoraria. La junta debe establecer y adherirse a su política de jubilación para sus miembros. La edad de 70 años podría ser una buena pauta. Si fuera necesario, un miembro de la junta puede servir después de su jubilación como miembro de una junta asesora.

Declaraciones de compromiso

Si estuviera por nombrarse a un miembro de la junta, debería invitársele a una invitación en calidad de visita. Los siguientes dos documentos de la «Regla de siete» (puede entregarlos por escrito) responden la pregunta de los invitados a la junta: «¿Qué se espera de mí…?».

Solicitamos de un miembro de la junta que haga el siguiente compromiso con nuestra institución teológica:

1. Que aparte siete segundos al día para:
    - Incluir a toda la organización en oración diaria…
    - Orar por el personal y sus muchas tareas, por el liderazgo, por los estudiantes…
    - Pedir dirección clara y el compromiso para edificar el reino de Dios…

2. Que aparte siete minutos a la semana para que:
   - Lea correspondencia, reportes…
   - Le haga una llamada telefónica al rector/director ejecutivo…
   - Comparta la naturaleza de la institución teológica y sus metas con otros…
3. Que aparte siete horas al mes para:
   - Asistir a reuniones, colaborar en un comité…
   - Participar en los tiempos devocionales con estudiantes, personal y liderazgo…
   - Almorzar o tomar café con el rector/director ejecutivo.
4. Que dedique siete días al año a:
   - Asistir a las dos reuniones regulares de la junta o reuniones especiales…
   - Pasar dos sesiones de uno o dos días de oración y planificación con la junta…
   - Participar en retiro de fin de semana con los estudiantes, el personal, la junta…
5. Que colabore siete años en la junta para:
   - Darle continuidad y un servicio de calidad…
   - Renunciar a fin de darle oportunidad a gente con ideas nuevas…
   - Estar libre a fin de servir en otras juntas…
6. Que dedique las últimas siete semanas de su término a preparar a su sucesor para:
   - Que la transición sea fácil y sin complicaciones…
   - Explicarle los asuntos difíciles o significativos del pasado…
   - Entregarle los asuntos inconclusos y servir como su tutor por un período corto…
7. Que contribuya (junto con los demás miembros) un 1/7 del presupuesto operativo al:
   - Comprometerse a dar su apoyo financiero…
   - Buscar amigos y donantes interesados en el ministerio…
   - Abrir puertas/darle seguimiento a los contactos…

A la persona invitada a integrarse a la junta debe dársele tiempo suficiente para que medite en oración sobre esa declaración de compromiso, antes de firmarla y devolvérsela al rector de la junta.

Una segunda declaración escrita debe entregársele al candidato a miembro de la junta. El presidente de la junta directiva y el rector o director ejecutivo deben firmar esta declaración, la cual debe contener los siguientes siete puntos:

1. Proveeremos, incondicionalmente y sin confidencias, un cuadro claro y honesto de todos los aspectos de la institución. Todo será puesto a su disposición de la manera más transparente.
2. Facilitaremos asiduamente la información de parte del liderazgo de la institución teológica, la comunicación mensual con el presidente de la junta y el rector o director ejecutivo y si fuere necesario o solicitado, reuniones o visitas personales.
3. Antes de las reuniones, entregaremos todo el material de trasfondo necesario a los miembros de la junta y a los miembros de los comités para que estén bien informados y tomen las decisiones correctas. Se enviarán invitaciones con la agenda de cada reunión con cuatro semanas de anticipación.
4. Proporcionaremos todos los reportes, los documentos y los estados de cuentas dos semanas antes de cualquier reunión para que todos vengan bien preparados y no haya que tomar el tiempo para leerlos o presentarlos durante la reunión. Todos los documentos expresarán claramente las diversas opciones y decisiones necesarias.
5. Produciremos las formas y los medios para atender y considerar seriamente cualquier idea nueva, recomendación o solicitud especial de parte de cualquier miembro de la junta.
6. Reembolsaremos los gastos de viaje si así fuere solicitado. También, alentaremos a la junta a que participe en cualquier función social de la institución, y el liderazgo se esforzará por estar disponible para comunicarse de manera habitual o extraordinaria.
7. Tomaremos las medidas necesarias para que por razones personales (enfermedad, viaje largo, familia, etc.) cualquier miembro de la junta pueda ser declarado inactivo por un máximo de doce meses.

La experiencia comprueba que esas dos declaraciones de compromiso escritas nunca han alejado a un candidato de la junta. De hecho, lo contrario es cierto. Los asuntos en serio son apreciados. En una de las reuniones anuales de la junta debe sacarse el tiempo para que ambas partes reflexionen sobre la declaración de compromiso.

Reuniones – Estructura

La junta debe reunirse normalmente dos veces al año. La primera reunión debe ser anual, por lo general llevada a cabo dos meses después de haber cerrado el año fiscal. El propósito de esta reunión es aprobar los informes financieros/del auditor, revisar la declaración de misión y los principios esenciales, tomar acción sobre los reportes del liderazgo, llevar a cabo elecciones y tratar el resto de los asuntos, de acuerdo con el reglamento de una reunión anual.

La segunda reunión de la junta debe llevarse a cabo durante la segunda parte del año financiero para discutir y determinar las estrategias, planificación, presupuestos, asuntos del personal, proyectos, etc.

Una reunión especial puede ser convocada para atender cualquier asunto extraordinario. Sin embargo, hay que asegurarse de que esa reunión especial sea meritoria y no un asunto que pueda tratarse en la próxima reunión dentro del calendario. El mismo requisito (la invitación apropiada con agenda detallada, reportes y papeles claros, etc.) aplica como si fuera una reunión ordinaria, excepto que el tiempo de anticipación puede acortarse de 28 a 10 días. La agenda y el material de invitación pueden ser enviados vía fax o por correo electrónico y dársele seguimiento con una llamada telefónica.

La junta elegirá a su presidente, vicepresidente, y secretario-tesorero. El presidente debe convocar y dirigir todas las reuniones de la junta. En su ausencia, el vicepresidente asumirá estas tareas. El secretario-tesorero es responsable de asegurar que se tomen las minutas de manera apropiada (si es posible por parte de alguien que no sea miembro), que se guarden y se distribuyan, que todos los asuntos financieros se presenten y se auditen, y que se actúe con base a ellos de una manera apropiada.

La junta elegirá/reelegirá a un comité ejecutivo de tres a cuatro miembros, uno de los cuales será el presidente de la junta, por un período de tres años. El comité ejecutivo, normalmente se reunirá cuatro veces al año con el rector/director ejecutivo y los miembros de su equipo de funcionarios superiores para cuestiones de asesoramiento y asistencia. El comité ejecutivo es responsable de la evaluación anual del rector/director ejecutivo y le rinde cuentas a la junta.

A medida que la institución teológica crezca, la junta puede nombrar comités de tres a cinco miembros (miembros de la junta y personal de alto nivel) como asesores en las áreas de finanzas, recursos humanos (incluso salarios, seguros, pensiones, etc.), mercadeo o relaciones públicas, o cualquier otra tarea especial, necesaria para la institución.

8

La acreditación: Importancia y beneficios para la institución

Bernhard Ott

Patricia quiere estudiar teología. Mientras compara los diversos programas de muchas instituciones tiene una preocupación importante: ¿Cómo sé que recibiré una educación de calidad? ¿Qué se esconde detrás de las declaraciones prometedoras de las páginas electrónicas de las instituciones? ¿Quién verificará si están cumpliendo lo que prometen? Sus padres, iglesia y amigos invertirán mucho dinero en la formación teológica de Patricia. Ellos quieren asegurarse: Esta educación es buena y le abrirá puertas al ministerio y empleo en el futuro. Tal vez pregunten: ¿Aceptarán las iglesias, asociaciones misioneras y otras instituciones cristianas el título conferido por esta institución? ¿Será un título profesional que aumente sus posibilidades de conseguir un trabajo? ¿Y qué pasa si Patricia quiere continuar sus estudios académicos? ¿Cómo valorarán otras universidades la formación que ha recibido en tal o cual universidad particular? Patricia tiene una perspectiva internacional. Incluso se imagina estudiando en el extranjero y trabajando en otros lugares del mundo. ¿Aceptarán su título en el extranjero?

Acreditación es la palabra mágica que en parte responde esas preguntas. La acreditación es el instrumento por el cual un cuerpo externo evalúa y certifica la calidad de la educación impartida por una institución en particular. El Concilio para la Acreditación de la Educación Superior de los Estados Unidos declara:

> La «acreditación» es la revisión de la calidad de las instituciones y los programas de educación superior. En los Estados Unidos, la acreditación es una forma importante en que los estudiantes, las familias, los funcionarios del gobierno y la prensa saben si una institución o programa provee una educación de calidad[1].

El hecho de que una institución, universidad o programa esté acreditado es importante debido a que:

1. Los estudiantes que solicitan becas y préstamos federales (y a veces estatales) tienen que estar matriculados en una institución, universidad o programa acreditado.
2. Los patronos preguntan si una institución, universidad o programa está acreditado antes de ayudar con el pago de la matrícula de sus empleados actuales, evaluar las credenciales de los empleados nuevos o hacer una contribución caritativa.
3. El gobierno federal requiere que un seminario, universidad o programa esté acreditado para que pueda solicitar subvenciones, préstamos u otros fondos del Estado.
4. Los gobiernos estatales requieren que una institución, universidad o programa esté acreditado antes de que dispongan fondos para estudiantes o instituciones, y para permitir que los estudiantes tomen los exámenes estatales de certificación en algunos campos profesionales.

Según el manual de la Asociación de Instituciones Teológicas: «La acreditación es el medio principal de garantía de calidad en la educación superior norteamericana[2]». Alrededor del globo, la acreditación se ha convertido en el instrumento principal para asegurar la calidad y la equivalencia en la educación. Por supuesto que la etiqueta de «acreditado» no dice mucho, a menos que se respondan dos preguntas claves: (1) ¿Está cualificada y facultada la agencia que acredita a la institución para conceder una acreditación

1. http://www.chea.org/public_info/index.asp (25 de mayo, 2011).
2. Association of Theological Schools, *Handbook of Accreditation*, Sección Uno, 1, http://www.ats.edu/Accrediting/Documents/Handbook/Section1.pdf (25 de mayo, 2011).

reconocida?[3] (2) ¿Cuáles son los estándares para la acreditación? ¿Quién los ha definido y validado?

Estas reflexiones introductorias dejan claro que el interés final no es la acreditación en sí ni tampoco los beneficios para la institución, sino la calidad de la formación dada al estudiante en vista de su futuro ministerial y profesional en la Iglesia, la misión y la sociedad. En este capítulo, desde este punto de vista presentaremos y discutiremos algunas de las dimensiones claves de la acreditación.

La acreditación es un fenómeno cultural y contextual

Las prácticas sociales y la tradición del contexto definen el significado de la acreditación. Esto no es cierto solamente en el plano técnico, sino también en las connotaciones, los sentimientos y las expectativas (a veces irracionales). Aunque la acreditación ha sido una parte inherente de la cultura estadounidense por más de un siglo,[4] en Europa es un fenómeno reciente —iniciado tan recientemente como en 1997, en conexión con el proceso de Bolonia[5]. A partir de entonces, el concepto de la calidad y la garantía de calidad se esparcieron a otros continentes.

En términos generales, la noción de la acreditación puede estar vinculada con una amplia gama de ideas y expectativas: (1) En la mayoría de contextos es vinculada con una idea aproximada de la garantía de calidad externa. (2) Más allá puede estar asociada explícitamente con la certificación profesional, en donde un cuerpo profesional acredita instituciones de acuerdo con los

3. Véase la información sobre las así llamadas «fábricas de acreditación». http://www.chea.org/default.asp?link=11 (27 de mayo, 2011).

4. Judith S. Eaton, *An Overview of U.S. Accreditation* (Un vistazo a la acreditación de los EUA), p. 3. http://www.chea.org/pdf/2009.06_Overview_of_US_Accreditation.pdf (25 de mayo, 2011).

5. Del sitio web de la Comisión Europea: «El proceso de Bolonia aspira a crear un Área de Educación Superior Europea en 2010, en la que los estudiantes pueden elegir entre una amplia y transparente gama de cursos de alta calidad y beneficiarse de procedimientos fluidos de reconocimiento. La declaración de Bolonia de junio de 1999 ha puesto en marcha una serie de reformas necesarias para que la Educación Superior Europea sea más compatible y comparable, más competitiva y más atractiva para los europeos y los estudiantes y los eruditos de otros continentes. La reforma era necesaria entonces y todavía lo es para que Europa pueda equipararse con el desempeño de los mejores sistemas de desempeño del mundo, notablemente de los Estados Unidos y Asia». http://ec.europa.eu/education/higher-education/doc1290_en.htm (24 de mayo, 2011).

estándares de esa profesión. En algunos contextos, una persona tiene que haber recibido una certificación profesional para que pueda ejercer su profesión. (3) En muchas culturas, la acreditación es asociada con el reconocimiento académico. Esto promueve la movilidad (transferencia a otras instituciones) y conduce a títulos académicos reconocidos. (4) En cuanto a la acreditación profesional, académica, puede referirse al reconocimiento gubernamental, el cual facilita el acceso de las instituciones y los estudiantes al financiamiento. (5) La idea de la acreditación también está relacionada con la autoridad de la institución para conferir grados académicos y del título en sí de parte de los estudiantes (incluyendo al título académico que lo acompaña). (6) Por último, muchas culturas vinculan la acreditación con la competencia y el mercado. Las instituciones acreditadas serán las únicas que atraerán a los estudiantes y sus graduados serán los únicos con acceso al mercado laboral.

La presentación detallada de todos los sistemas y las tradiciones va más allá del alcance de este capítulo. Sin embargo, conviene que examinemos los modelos estadounidenses y europeos porque gozan de una mayor influencia y reconocimiento internacionales.

El modelo estadounidense puede hacer alarde de su historia. El Manual de la Asociación de Instituciones Teológicas («Handbook of Theological Institutions», ATS, por sus siglas en inglés) la resume así:

> La acreditación es una práctica originada en las instituciones de educación superior de América del Norte. Históricamente, la acreditación ha sido una actividad voluntaria en que las instituciones se hacen mutuamente responsables de los estándares de calidad educativa que han acordado. A estos fines, las instituciones forman un cuerpo acreditador y adoptan un grupo de estándares y procedimientos para evaluar la calidad educativa de las instituciones acreditadas por ese cuerpo. Cada institución es evaluada de acuerdo con los estándares en un proceso de tres partes: (1) la institución se evalúa a sí misma por medio de un estudio; (2) un comité de colegas de otras instituciones acreditadas la visita para evaluarla y a partir de sus hallazgos, prepara un informe narrativo con recomendaciones para el cuerpo acreditador; (3) el cuerpo acreditador, luego de haber considerado los informes de los diversos comités de acreditación y toma decisiones en cuanto

> al estatus acreditado de las instituciones, dentro del contexto de los estándares adoptados formalmente. La acreditación, en términos básicos, es la práctica de vincular estas actividades como un medio por el que instituciones autónomas se responsabilizan, a sí mismas y las unas a las otras de un entendimiento mutuo de la calidad educativa e institucional[6].

En las publicaciones del Concilio para la Acreditación de la Educación Superior leemos: «En los Estados Unidos, la acreditación está a cargo de organizaciones privadas, sin fines de lucro, que fueron diseñadas para este propósito explícito. La revisión externa de la calidad de la educación superior es una empresa no gubernamental[7]». Y además:

> Tanto el gobierno federal como el estatal entienden que la acreditación es una autoridad confiable sobre la calidad académica. El gobierno federal depende de la acreditación para asegurar la calidad de las instituciones y los programas a los cuales el gobierno aporta fondos federales y en los cuales ofrece ayuda federal a los estudiantes[8].

Con el paso de los años, el sistema de acreditación estadounidense ha desarrollado una serie de rasgos claves que caracterizan a la educación superior: un sistema unificado de conteo de créditos, el esquema de Bachillerato-Maestría-Doctorado, los módulos de estudio combinados con la acumulación de créditos como requisitos de graduación, y la integración de casi toda la formación profesional dentro de este marco de educación superior.

El modelo europeo de acreditación es el resultado de los progresos recientes en la educación superior a través de Europa. Tradicionalmente, las universidades europeas han sido instituciones independientes donde ocurre una investigación y enseñanza académica de alto nivel y que tienen la potestad de otorgar títulos por derecho propio. Ninguna otra institución controla la calidad de las universidades. La calidad de la investigación y enseñanza era

6. Association of Theological Schools (Asociación de Instituciones Teológicas), Manual de acreditación, Sección 1, p. 1, http://www.ats.edu/Accrediting/Documents/Handbook/Section 1.pdf (25 de mayo, 2011).

7. Eaton, *Accreditation*, p. 3.

8. *Ibíd.*, p. 3.

asegurada con la competencia entre las universidades y las reseñas formales e informales de sus pares.

Esa antigua noción de la libertad de cátedra fue replanteada por Karl Jasper en su famoso libro, *The Idea of the University* (La idea de la universidad), escrito en 1946, en el que restauraba la idea de la libre búsqueda académica, después de la experiencia de la dictadura nacional socialista:

> La universidad es una comunidad de eruditos y estudiantes comprometidos con la tarea de buscar la verdad. Es un cuerpo que administra sus propios asuntos, independientemente de si obtiene sus medios de donaciones, antiguos derechos de propiedad o del Estado; o si su estatuto original se debió a una carta oficial del Papa o a las actas de las provincias o estados. En cada caso, su existencia independiente refleja el deseo expreso o la tolerancia continua del fundador. Al igual que la Iglesia, deriva su autonomía —respetada incluso por el Estado— de la idea imperecedera del carácter supranacional, global: la libertad de cátedra. La universidad la demanda y le ha sido concedida. La libertad de cátedra es un privilegio que implica la obligación de enseñar la verdad, desafiar a cualquiera, dentro o fuera de la universidad, que trate de restringirla[9].

Tal «idea de universidad» es incompatible con un control externo. El funcionar bajo la autoridad externa de la garantía de calidad era un concepto extraño para la educación superior europea.

El resultado ha sido un cuadro muy diverso. Cada país, incluso cada universidad, solía tener su propio sistema de programas, títulos y nomenclatura. Históricamente, Europa no ha tenido un sistema de conteo de créditos y los europeos no están acostumbrados a acumular créditos como requisito para la obtención de un título.

Sin embargo, la situación ha ido cambiando debido a la creación del Área Europea de Educación Superior (proceso de Bolonia). El sistema universitario europeo ha sufrido una transformación de largo alcance en los años recientes dirigida a fortalecer la educación superior europea en el contexto de la globalización (orientación al mercado y competencia global). Aunque

9. Karl Jaspers, *The Idea of the University* (La idea de la Universidad), Londres, Peter Owen, 1960, p. 19.

ha conservado algunas características de la educación superior europea, también ha introducido aspectos como el sistema de créditos, el esquema de Bachillera-Maestría-Doctorado, el currículo modular, así como una estructura de acreditación. Como fue expresado en la Conferencia General del Rector en Alemania, «Bolonia apoya la modernización minuciosa de los programas de estudio y el que los títulos sean internacionalmente comparables. Esto también implica enfocarse en los estudiantes y el desarrollo de sus aptitudes[10]». Detlef Müller-Böling usó el título, «From the Republic of Scholars to a Service Enterprise» (De la república de los eruditos a una empresa de servicio) para describir la tremenda transformación del sistema europeo de educación superior[11].

Los departamentos de teología de las históricas universidades estatales han sido muy lentos y ambivalentes en cuanto a la implementación de los estándares y procedimientos de este nuevo sistema[12]. Por otro lado, ha sido un desarrollo muy importante para las instituciones privadas y relacionadas con la Iglesia. El nuevo régimen de Bolonia permite que las instituciones estén acreditadas en muchos países. Las posibilidades y los procedimientos para esas acreditaciones varían considerablemente de un país al otro. En términos generales, puede decirse que cada vez son más las instituciones teológicas (evangélicas) que buscan el reconocimiento estatal a través del nuevo sistema de acreditación europeo.

Dicho esto, tengamos en mente que históricamente, en muchos países europeos, solamente una minoría de la población estudiaba en la universidad. La mayoría de la gente aprendía un oficio a través del llamado «sistema dual» (período de aprendiz junto con la escuela profesional). En algunos países (especialmente en los países de habla alemana), el modelo dual todavía,

10. Conferencia de German Rectores, *Educating for a Global World. Reforming German Universities toward the European Higher Education Area* (Educación para un mundo global: Cómo reformar las universidades alemanas hacia el área de la educación superior europea), p. 3.
http://www.hrk-bologna.de/bologna/de/download/dateien/hrk_global_world.pdf (28 de mayo, 2011).

11. Detlef Müller-Böhling, *Die entfesselte Hochschule*, Gütersloh, Verlag Bertelsmann Stiftung, 2000, p. 15-32.

12. Cf. Reinhold Bernhardt, «Bolognanization of Theological Education in Germany and Switzerland» (La bolonialización de la educación en Alemania y Suiza), en *Handbook of Theological Education in World Christianity* (Manual de educación teológica en el cristianismo mundial), ed. Dietrich Werner et al., Oxford, Regnum Books International, 2010, p. 584-593.

es la ruta predominante hacia la formación profesional. Esto significa que entender el sistema europeo de educación y formación profesional requiere la observación tanto de la educación superior (y el proceso de Bolonia) como de la educación y formación vocacional (VET, por sus siglas en inglés), la cual es facilitada por el llamado Proceso de Copenhague[13].

El sistema de acreditación desarrollado en los Estados Unidos y Europa ha adquirido importancia global a medida que es adoptado por todo el mundo. Se observa un proceso de adopción y contextualización. Huang Po Ho, de Taiwán, habla de un período temprano de «trasplante» en el que «los misioneros occidentales fueron exclusivamente quienes iniciaron la educación teológica implementada en Asia», con la importación de «sus sistemas, teologías y recursos[14]». Más tarde, se fundaron asociaciones regionales de acreditación y surge un proceso de contextualización[15].

Según Huang Po Ho, para la Asociación de Instituciones Teológicas del Sureste de Asia (ATESEA, por sus siglas en inglés) «la contextualización es tomada como un criterio importante de la excelencia académica de la teología y la educación teológica[16]». Por lo tanto, la ATESEA ha preparado «Guidelines for Doing Theologies in Asia» (Pautas para hacer teologías en Asia)[17].

De manera similar, el *Manifiesto de la ICETE sobre la renovación de la educación teológica evangélica* (ICETE Manifesto on the Renewal of Evangelical Theological Education) coloca la «contextualización» como el primero de doce criterios para la renovación de la educación teológica, y afirma que «nuestros programas de educación teológica deben estar diseñados con referencia a los contextos en los que se desempeñan. Somos los culpables de que nuestros currículos, a menudo, parezcan que fueron importados completamente del extranjero o que nunca han sido alterados[18]».

13. http://ec.europa.eu/education/vocational-education/doc1143_en.htm (25 de mayo, 2011).

14. Huang Po Ho, «Accreditation and Quality Assurance in Theological Education: Asian Perspectives» (La acreditación y la garantía de calidad en la educación teológica: perspectivas asiáticas), en *Handbook of Theological Education in World Christianity* (Manual de educación teológica en el cristianismo mundial), ed. Dietrich Werner et al., Oxford, Regnum Books International, 2010, p. 138.

15. Véase las asociaciones regionales bajo la sombrilla (ecuménica) de WOCATI (http://wocati.oikoumene.org) así como la ICETE (evangélica) (http://www.icete-edu.org).

16. Po Ho, *Accreditation*, p. 140.

17. http://www.atesea.net/2011/02/guidelines-for-doing-theologies-in-asia.

18. http://www.icete-edu.org/manifesto/index.htm.

En África y América Latina, son notables los esfuerzos semejantes en la educación teológica hacia definiciones y medidas de calidad más contextualizadas. Nico Botha, de la Universidad de Sudáfrica (UNISA, por sus siglas en inglés), describe los desarrollos en UNISA como un cambio de la transmisión de conocimientos sin interacción «con la situación política, social, cultural y económica prevalente que afecta las vidas de la gente», hacia la educación teológica que crea «conocimiento basándose en el contexto para responder a las necesidades de la nueva sociedad emergente sudafricana[19]». El *Manifiesto de educación teológica de calidad en América Latina* [Manifesto of Quality Theological Education in Latin America] también hace hincapié en que los estándares de calidad sean importantes para el contexto[20]. Todas estas observaciones nos dicen que hay que ser sensibles a la cultura durante el proceso y la evaluación de la acreditación. La acreditación está atada a muchas connotaciones culturales. Los educadores, los estudiantes y los graduados teológicos deben estar conscientes de esas diferencias culturales a medida que viajan de un continente al otro. Sin embargo, tal parece que la parece acreditación tienen unas características globales que serán presentadas y discutidas a continuación.

La acreditación es rendición de cuentas y mejoría

La acreditación tiene dos propósitos principales: la rendición de cuentas y la mejoría. La *rendición de cuentas* es a quienes están afuera de la institución; es la evaluación honesta de una institución educativa que está accesible al

19. Nico Botha, «Outcome-Based Education, Accreditation and Quality Assurance in Open Distance Learning: A Case Study on Theology at The University of South Africa» (Educación con base en resultados, acreditación y garantía de calidad en el aprendizaje a la distancia: Estudio de caso sobre teología en la Universidad de Sudáfrica), en *Handbook of Theological Education in World Christianity* (Manual de educación teológica en el cristianismo mundial), ed. Dietrich Werner et al., Oxford, Regnum Books International, 2010, p. 144-145.

20. Edinburgh 2010 – International Study Group, *Challenges and Opportunities in Theological Education in the 21th Century. Pointers for a new international debate on Theological Education* (Grupo de estudio internacional, Desafíos y oportunidades en la educación teológica en el Siglo 21. Indicadores para un nuevo debate internacional sobre la educación teológica), Geneva, WCC/WOCATI, 2009, p. 72-73. Matthias Preiswerk et al., «Manifesto of Quality Theological Education in Latin America» (Manifiesto de la educación teológica de calidad en América Latina), *Ministerial Formation* 111, noviembre 2008, p. 44-51.

público. La *mejoría* apunta al desarrollo interno de la institución y evalúa su desempeño con miras a que aprenda por sí misma[21].

Estos dos enfoques se complementan y están en tensión a la vez. La tensión surge porque la rendición de cuentas hace que las instituciones le muestren su mejor cara al público con tal de obtener el reconocimiento deseado en estatus y reputación. Se enfocan en presentar su fortaleza, en lugar aprender de la evaluación crítica de sus debilidades. Por otro lado, el deseo de aprender lleva a la evaluación crítica y a la identificación de las áreas que ameritan mejoría. Esta segunda dimensión solamente ocurre dentro de un ambiente seguro que permite la revelación e identificación de las debilidades como áreas de posible mejoría, en lugar de deficiencias que pudieran dañar la reputación de una institución. Es obvio que la dimensión pública de la evaluación crítica para la rendición de cuentas no favorece semejante clima. Fidler identifica cuatro aspectos de la *evaluación para la rendición de cuentas*: la rendición moral de cuentas ante los clientes (estudiantes), la rendición profesional de cuentas ante los colegas (homólogos), la rendición contractual de cuentas ante el «amo político» (dueño, amo, parte interesada), la rendición marcada de cuentas ante los futuros estudiantes (transparencia en una situación competitiva)[22].

De esto concluimos que la acreditación es una expresión de la responsabilidad cuádruple de las instituciones. Una institución educativa que busca la acreditación está declarándole al público algo muy significativo. Está comunicándole que quiere ser llamada a cuentas por sus acciones. Esto también, significa que la agencia acreditadora lleva a cabo la acreditación a nombre de este público cuádruple: los estudiantes, los colegas profesionales, las partes interesadas y el mercado.

La evaluación para mejorías de Fidler se enfoca en el desempeño actual de una institución que «es un estímulo a hacer mejoras, ya sea en preparación para la evaluación o como resultado de la evaluación[23]». Casi siempre, la agencia evaluadora acompaña su evaluación con apoyo y asesoramiento. Según Fidler,

21. Brian Fidler, «External Evaluation and Inspection» (Evaluación externa e inspección), en *The Principles and Practices of Educational Management* (Principios y prácticas de la administración educativa), eds. Tony Bush y Les Bell, Londres, Paul Chapman Publishing, 2002, p. 291-296.

22. *Ibíd.*, p. 294-296.

23. *Ibíd.*, p. 296. Véase también, Marvin J. Taylor, «Accreditation as Improvement of Theological Education» (Acreditación como mejora de la educación teológica), *Theological Education* (Educación Teológica), 15, no. 1, 1978, p. 50-57.

debemos afirmar que los dos propósitos de la acreditación, rendición de cuentas y la mejoría, tienen que estar equilibrados; en el mejor de los casos, incluso en tensión creativa. Esto beneficia a la institución, los estudiantes y todas las partes interesadas.

La acreditación es calidad

De la sección anterior se desprende que la acreditación está relacionada con la calidad. El Manual de la European Evangelical Accrediting Association (Asociación Acreditadora Evangélica Europea) lee: «En términos simples, la acreditación (o garantía de calidad) es el proceso mediante el cual un agente externo verifica el logro de los estándares acordados mutuamente[24]». Pero, ¿qué es la calidad de la educación? ¿Qué hay que lograr? ¿Quién establece los estándares? ¿Y qué tipos de estándares definen la calidad? Nótese que ha habido varias discusiones al respecto por décadas[25].

Definición cuantitativa de calidad

En las primeras etapas de la administración de la calidad, la evaluación giraba en torno a recursos medibles principalmente. Ese también fue el caso de las primeras etapas de la garantía de calidad educativa, como se documenta en el manual de la ATS:

> Los primeros estándares de la Asociación de Instituciones Teológicas de los Estados Unidos y Canadá (ATS), así como de la mayoría de las agencias acreditadoras norteamericanas previas a la

24. EEAA Manual 2006, p. 8 (www.eeaa.eu).

25. La siguiente discusión de los asuntos relacionados con la calidad en la educación está inspirada en la Sección Uno del Manual de ATS. Esto no implica que la opinión de la Asociación de las Instituciones Teológicas de Norteamérica es normativa para todos los contextos del mundo, pero traza bien algunos de los asuntos y preguntas clave que hay que considerar en cualquier contexto. Más información sobre la discusión de trasfondo y la dimensión europea en John West-Burnham, «Understanding Quality» (Cómo entender la calidad), en *The Principles and Practices of Educational Management* (Principios y prácticas de la administración educativa), eds. Tony Bush y Les Bell, Londres, Paul Chapman Publishing, 2002, p. 313-324; Nathalie Costes et al., eds., *Quality Procedures in the European Higher Education Area and Beyond – Second ENQA Survey* (Procedimientos de calidad en el área de la educación superior europea y más allá – Segundo estudio ENQA), Helsinki, European Association for Quality Assurance in Higher Education, 2008; y Herbert Buchen, Hans-Günther Rolf, eds., *Professionswissen Schulleitung,* Weinheim y Basel, Beltz Verlag, 2006, Capítulo VI: Qualitätsmanagement, p. 1206-1366.

> Segunda Guerra Mundial, evaluaban a las instituciones en cuanto a sus recursos. Los indicadores de los recursos adecuados incluían recursos bibliotecarios apropiados, instalaciones y un cuerpo docente adecuado en cuando a sus habilidades y conocimientos para la educación teológica. En aquel entonces la acreditación significaba que la institución teológica contaba con los recursos vistos como necesarios y apropiados para una institución teológica de postgrado[26].

Este enfoque giraba en torno al insumo, el cual parte de la suposición de que si el proceso educativo fuera alimentado con recursos cuantificables de calidad, el resultado también, sería de calidad. No obstante, la administración cuantitativa de la calidad también puede enfocarse en el producto. Este modelo fue clave para el control de calidad de la producción industrial en masa. Los términos que solían usarse eran *control estadístico de calidad o control estadístico de procesos*. De por sí enfatizan lo cuantificable. Al aplicarlo a la educación tiende a concentrarse en los resultados medibles y cuantificables del desempeño de los estudiantes, que, por lo general, se inclinan hacia los resultados del aprendizaje cognitivo.

Estandarización y diversificación

El enfoque cuantitativo para la calidad y la acreditación favorece la educación estandarizada y uniformada. Es fácil demostrar la equivalencia de los programas y títulos a través de los recursos cuantificables aportados y el desempeño resultante. La educación estandarizada dejó de satisfacer las demandas de muchas profesiones especializadas a medida que la sociedad en general, incluyendo a la Iglesia, alcanzó una mayor diversificación y pluralidad a todos los niveles. El manual de la ATS lo expresa así:

> El resultado fue un movimiento en la acreditación de ATS que planteaba la pregunta de los recursos dentro del contexto de los propósitos de la institución, los grados y el cuerpo estudiantil, y nuevas preguntas acerca de la particularidad de los diferentes programas de grado. El que una institución teológica fuera acreditada durante ese segundo movimiento de la acreditación de

26. ATS Manual, Sección Uno, p. 1.

> ATS, significaba que se le consideraba con los recursos apropiados para su propósito institucional y educativo, *y* que sus programas educativos cumplían con las convenciones acordadas en cuanto a admisión, contenido, requisitos y duración[27].

Aunque esta filosofía todavía está muy orientada hacia el insumo y los recursos, le agrega la dimensión del propósito, la cual se convertirá en una de las preocupaciones más importantes en la definición de la calidad educativa. De hecho, «adecuación al propósito» es una de las frases claves de la gestión de calidad. Ésta indica un cambio paradigmático en la gestión de calidad y acreditación, de la aportación estandarizada y cuantificada hasta las características de los resultados, pasando por una evaluación dinámica del nivel de logro con relación al propósito predefinido y al perfil de un programa dado. En la práctica, lleva a requisitos de admisión menos rígidos y a exámenes finales menos estandarizados, a políticas de acceso más abiertas y a proyectos finales más holísticos, enfocados en las capacidades profesionales.

Eficiencia institucional

A medida que la gestión de calidad (QM, por sus siglas en inglés) en la educación fue moviéndose de una definición de calidad más cuantitativa al enfoque de propósito y logros, se vio obligada a prestarle mayor atención a la eficacia de los procesos educativos. Esto significa que el aprendizaje, la persona que aprende y el proceso de aprendizaje reciben más atención. De esta manera, la acreditación hace preguntas como:

> ¿Está logrando su propósito la institución? ¿Está logrando sus metas institucionales y educativas? El obtener la acreditación [...] significa que una institución teológica es considerada como poseedora de los recursos apropiados para que lleve a cabo sus propósitos y programas educativos [...] y que es capaz de demostrar hasta qué grado está logrando sus metas educativas e institucionales[28].

27. ATS Manual, Sección Uno, p. 3.

28. Cf. Arnold B. Danzig et al., *Learner-Centered Leadership. Research, Policy and Practice* (El liderazgo centrado en el estudiante. Investigación, políticas y práctica), Mahwah y Londres, Lawrence Erlbaum Associates, 2007.

La acreditación examinará cuidadosamente las estructuras, las políticas y los procedimientos, que la institución ha establecido para promover y asegurar el aprendizaje.

El *ideal prescrito* versus la «adecuación al propósito», todas esas discusiones también reflejan dos filosofías subyacentes. Como John West-burnham señala:

> La tensión central en la definición de la calidad queda mejor resumida en la divergencia filosófica entre Platón y Aristóteles. Platón sostenía que la calidad es un absoluto, como fue discutido anteriormente. Aristóteles, por el contrario, definía la calidad en términos de comportamiento. Esto capta la tensión que permea la mayoría de los escritos acerca de la calidad en la educación, la noción histórica de la calidad como un ideal, en contraste con la calidad como relación[29].

El modelo platónico tiende a enfocarse en el ideal de los estándares prescritos, atemporales y objetivos. Ésta refuerza la «noción de calidad como una entidad no negociable». El desempeño es medido utilizando «resultados cuantificables» y conduce a clasificaciones y jerarquías. Está basada en la «noción de que el dominio del currículo prescripto es sinónimo de educación de calidad[30]». En la educación teológica, esta opinión es representada por los que definen calidad como el dominio medible de un currículo clásico, estandarizado, que cubre el conocimiento y el entendimiento fundamental de la Biblia, la historia de la Iglesia, la teología sistemática y la teoría del ministerio.

El enfoque platónico ha sido desafiado por la comprensión aristotélica de la calidad. Ésta se enfoca en la capacidad del estudiante y en las aptitudes y habilidades que necesita para cierto desempeño profesional. En este sentido, la categoría clave es la «adaptabilidad al propósito». Ya no son exclusivamente los guardianes de la tradición, sino más bien los «clientes», los empleados, las asociaciones profesionales y nada menos que los graduados e incluso los mismos estudiantes, quienes definen la calidad y los currículos. Esto dirige el enfoque hacia el estudiante y el proceso de aprendizaje a la luz de las aptitudes, el aprendizaje y los resultados proyectados.

29. West-Burnham, «Understanding Quality», p. 316.
30. *Ibíd.*

Tal parece que el debate actual busca la integración de ambos enfoques. Como resultado, la calidad en la educación ya no se entiende como algo que se puede definir en categorías absolutas y atemporales, sino como algo que se debe negociar en un contexto dado, que involucre a todas las partes interesadas. El manual de la ATS da la siguiente descripción:

> La percepción de calidad incluida en los estándares de 1996, no es la única percepción de calidad, sino que es la única que ha sido el resultado de un proceso colaborativo entre una extensa gama de instituciones, que están relacionadas con una gran variedad de comunidades religiosas, en un momento histórico particular. Esta percepción de calidad es fiel al carácter teológico de las instituciones, congruente con los entendimientos precedentes entre las instituciones miembros de la calidad, apropiado al contexto más amplio de la educación superior y sensible a las necesidades educativas de las comunidades religiosas de Norteamérica[31].

Nuevos problemas surgieron a medidas que los modelos occidentales de educación y acreditación eran presentados al sur del globo: ¿Hasta qué grado han sido moldeados estos modelos por el pensamiento occidental y cómo pueden ser contextualizados? El *Handbook of Theological Education in World Christianity* (manual de educación teológica en el cristianismo mundial) trata este tema en su capítulo acerca de «Accreditation and Quality Assurance in Theological Schools» (La acreditación y garantía de calidad en las instituciones teológicas)[32]. Los artículos de Asia (Huang Po Ho) y África (Nico Botha) reflexionan sobre el concepto de calidad de los contextos no occidentales. Otro documento digno de atención que sugiere estándares contextualizados para la

31. Association of Theological Schools (Asociación de Instituciones Teológicas), *Handbook of Accreditation* (Manual de acreditación), 2005, Sección Uno: Una introducción a la acreditación por la Comisión de Acreditación de la Asociación de Instituciones Teológicas), p. 5.

32. Werner, *Handbook*, p. 138-160. Otras iniciativas para formular los estándares de calidad internacionales para la educación teológica son: El proyecto WCC/ETE «Towards Guidelines on International Standards of Quality in Theological Education (Hacia las pautas sobre los estándares internacionales de calidad en la educación teológica» (http://www.oikoumene.org/fileadmin/files/wccmain/documents/p5/ete/Towards International Standards of Quality in Theological Education-Project_2_.pdf), y el proyecto de ICETE sobre los estándares para los estudios doctorales, que resultó en los Estándares de Beirut (http://www.iceteedu.org/beirut).

educación teológica es el «Manifesto for a Quality Theological Education in Latin America» (manifiesto por una educación teológica de calidad en Latin America)[33].

La acreditación está interesada en la calidad. Su propósito es asegurar, a nombre de todas las partes interesadas (estudiantes, inversionistas, empleados, la comunidad académica y el público), que una institución ofrezca lo que ha prometido como educación de calidad. Y apoya sus esfuerzos para producirla. El beneficio es obvio tanto para la institución como las partes interesadas: mejoría en la calidad y garantía de calidad. ¿Cómo se logrará en la práctica?

La acreditación es una gestión de calidad

He optado por no usar la expresión «control de calidad». A diferencia de la expresión «gestión de calidad», «control de calidad» es más antigua y popular e implica que la calidad es estática, observable y medible desde el exterior de la institución, mientras los actores en la institución permanecen pasivos. Esa noción vieja ha sido reemplazada por el entendimiento de que la calidad es dinámica, que quienes hacen el trabajan están constantemente poniéndola por obra, desarrollándola y viviéndola, y que es accesible a los de afuera solamente por un tiempo limitado. La calidad no es estática sino dinámica; mirar los productos no basta para controlarla porque hay que entender y evaluar los procesos. Si esto es cierto, una entidad externa que mira documentos e inspecciona una institución por dos o tres días no podría llevar a cabo la acreditación del modo adecuado *sin* que contara con la participación activa de quienes trabajan en la institución. También es evidente que no puede lograrse de un modo exitoso mediante un breve evento de acreditación. La acreditación no es el examen de la foto estática que la institución ha presentado, o que fue tomada durante una corta visita. Más bien, es la evaluación de la película que la institución ha producido y presentado de acuerdo con el libreto de la agencia acreditadora, cuya precisión es verificada a través de una visita al lugar.

Al considerar estas reflexiones preliminares acerca de la gestión de calidad, no sorprende que la gestión de la acreditación sea un mecanismo complejo, el cual puede ser descrito con el siguiente esquema:

33. Matthias Preiswerk et al., «Manifesto of Quality Theological Education in Latin America» (Manifiesto de educación teológica de calidad en América Latina), *Ministerial Formation* 111, noviembre 2008, p. 44-51.

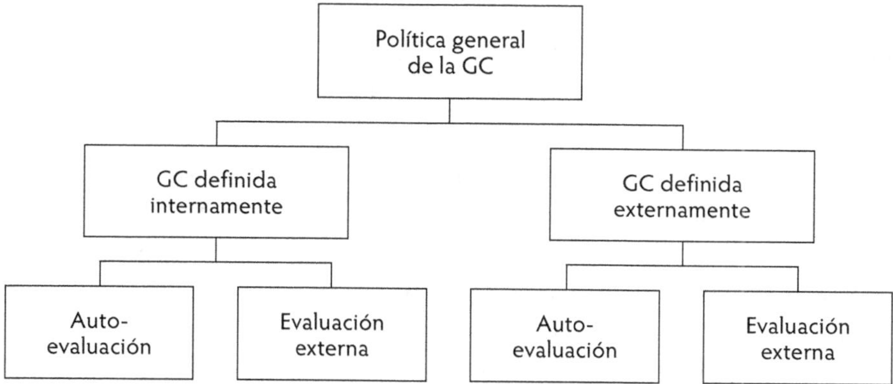

Figura 1. Panorama general de la gestión de calidad[34]

Al centro de este diagrama aparece la distinción entre *interna* y *externa*. La gestión de calidad y la acreditación son una interacción entre responsabilidades y tareas *internas* y *externas*: (1) la institución educativa internamente puede *definir* los estándares y procedimientos de la gestión de calidad, pero una agencia acreditadora externa también puede hacerlo. (2) En cualquier caso, la gestión de calidad implicará *evaluaciones* en varias categorías. De nuevo, la misma institución o una agencia externa pueden llevarlas a cabo. La *política general de gestión de calidad* define los procedimientos, que casi siempre combinan las responsabilidades internas y externas.

Hoy día, el punto fuerte de la mayoría de los procedimientos de acreditación es el *reporte de autoevaluación* producido por la institución. Este reporte está basado en la evaluación exhaustiva de todas las áreas pertinentes de la institución. Se espera una amplia participación del liderazgo, cuerpo docente, personal, los estudiantes, los graduados y las partes interesadas. Nadie más estaría capacitado para examinar cuidadosa y críticamente *cómo* están haciendo el trabajo. Por demás está decir que este procedimiento si es llevado a cabo apropiadamente puede ser un gran aprendizaje. Sin embargo, este proceso de autoevaluación interna es diseñado y supervisado por un agente externo (la agencia acreditadora). Por lo general, la agencia acreditadora interviene en cuatro ámbitos.

34. Cf. Bernhard Ott, *Handbuch Theologische Ausbildung*, Wuppertal, Brockhaus, 2007, p. 327 (según Rolf Dubs, *Die Führung einer Schule. Leadership and Management* [Liderazgo y administración], Zürich, Steiner Verlag, 2005, p. 201-204).

En primer lugar, prescribe todos los procedimientos, las áreas que serán evaluadas, así como los estándares (incluso los indicadores de la calidad esperada) del proceso. Un ejemplo tomado del Manual de la European Evangelical Accrediting Association (Asociación Acreditadora Evangélica Europea) es que la institución teológica tenga un programa que refleje un grupo de resultados bien definidos en su currículo y actividades de aprendizaje. Algunas de esas pruebas son: la definición y formulación apropiada de los resultados del aprendizaje, el uso correcto de los resultados del aprendizaje en el desarrollo del currículo, un plan de estudios bien escrito para cada curso y una variedad de actividades de aprendizaje que funcionen dentro de un currículo equilibrado para el logro de los resultados del aprendizaje.

En segundo lugar, evalúa y clasifica la calidad del logro a partir del informe de autoevaluación presentado y de los documentos fehacientes. Por lo general, varios miembros de la comisión de acreditación leen los documentos y emiten un primer juicio sobre el grado conformidad a los estándares.

En tercer lugar, visita a la institución para verificar que lo declarado en el reporte de autoevaluación sea congruente con las realidades del lugar. El fin no es reevaluar todos los aspectos, sino explorar las áreas críticas y asegurarse, en diálogo con los diversos sectores de las instituciones, de que los procedimientos de mejoría de la calidad interna estén funcionando.

En cuarto lugar, supervisa la continuidad del desarrollo de la calidad de la institución. Casi siempre, este proceso se caracteriza por la entrega de un reporte anual o bienal a la agencia acreditadora.

La sabia implementación de la gestión de calidad tiene el beneficio de ser la herramienta apropiada para promover su desarrollo. Aunque su eficiencia depende de que sea reclamada y conducida internamente del modo apropiado, es apoyada y realzada por la supervisión externa de la agencia acreditadora. Tres principios orientadores han sido planteados a partir de la experiencia y la investigación: la evaluación externa es más eficaz en la mejoría del desempeño de la institución cuando ésta tiene procesos internos bien desarrollados. Sin ese componente externo, la autoevaluación carecería del rigor necesario para que la institución efectuase mejoras reales y duraderas en su desempeño. Los procesos evaluativos deben ayudar a las instituciones para que, además de analizar su desempeño, mejoren la eficacia y eficiencia de sus prácticas administrativas[35].

Una gestión de calidad interna, bien definida y llevada a cabo cuidadosamente bajo la supervisión de una autoridad externa, beneficia a la institución educativa porque contribuye en gran manera al mejoramiento constante de la enseñanza y el aprendizaje para el beneficio de los estudiantes.

La acreditación es evaluación

En tanto que la expresión *gestión de calidad* se refiere al nivel macro de todos los esfuerzos en pro de la mejoría de la calidad, la *evaluación* resalta el nivel micro de esos esfuerzos. De lo dicho anteriormente concluimos que *el aprendizaje de los estudiantes* debe estar al centro de la evaluación. De nada sirve que se evalúen las estructuras, los recursos y procesos si no se vinculan con el aprendizaje en sí. Dicho proceso ha sido definido como «la recopilación sistemática de información sobre el aprendizaje estudiantil, utilizando el tiempo, el conocimiento, la experiencia y los recursos disponibles, a fin de tomar decisiones informadas en cuanto cómo mejorar el aprendizaje[36]». Una característica clave de esta definición es la interacción entre la evaluación sistemática del aprendizaje y las decisiones informadas para mejorar el aprendizaje. En este sentido, es «una especie de investigación en la acción[37]». En la práctica, hay que considerar varias dimensiones, como veremos a continuación.

35. Fidler, «External Evaluation and Inspection», p. 306, al referirse a la evaluación educativa en Australia.

36. Barbara E. Walvoord, *Assessment Clear and Simple. A Practical Guide for Institutions, Departments, and General Education* (La evaluación clara y simple. Una guía práctica para las instituciones, los departamentos y la educación General), San Francisco, Jossey-Bass, 2004, p. 2. Las siguientes reflexiones en cuanto a la evaluación fueron inspiradas por el útil manual de Barbara Walvoord. Muchas perspectivas que he implementado en mi propia práctica de acreditación las aprendí de Norbert Landwehr y Peter Steiner, *Q2E Qualität durch Evaluation und Entwicklung* Vol. 1-6, Bern, h.e.p. Verlag, 2007; y de Guy Kempfert y Hans-Günter Rolff, *Qualität und Evaluation. Ein Leitfaden für Pädagogisches Qualitätsmanagement*, Weinheim y Basel, Beltz Verlag, 2005.

37. Walvoord, *Assessment*, p. 2.

El desarrollo de la institución en función de la evaluación

Esto significa que el desempeño de una institución es evaluado en varios niveles y que los resultados son usados para darle continuidad al desarrollo y mejoras. Según Landwehr y Steiner, el desarrollo de la institución en función de la evaluación consta de cuatro componentes. Juntos comprenden la llamada filosofía de calidad *Q2E* de una institución:

- Primer componente: La disposición de aprender de la crítica.
- Segundo componente: La evaluación de la institución a partir de la información sólida de la evaluación.
- Tercer componente: El liderazgo dirige los procesos de mejora de la calidad.
- Cuarto componente: La apertura al análisis externo como un instrumento apropiado para el desarrollo de la calidad (lo cual pudiera resultar en la acreditación)[38].

La acreditación evalúa la calidad de tales procesos internos de evaluación y desarrollo.

Una cultura de crítica

El desarrollo eficiente de la calidad en función de la evaluación florece sobre el terreno de una cultura fructífera de crítica[39]. Además de un ambiente de confianza y apertura entre colegas y el liderazgo, cuerpo docente, personal y estudiantes, requiere también destrezas de comunicación y está vinculada con el grado de apertura general hacia el aprendizaje individual e institucional. A veces, la falta de una cultura de crítica positiva pone en peligro el efecto profundo del proceso de acreditación.

El ciclo de evaluación-aprendizaje

Muchas evaluaciones tienen la debilidad de que no son utilizadas para inspirar el aprendizaje. Los estudiantes son criticados por sus tareas y entienden que se trata de una calificación estática (prevista/recibida de esa manera) que rara vez inspira el aprendizaje. Los estudiantes opinan sobre el desempeño del cuerpo docente y se sobreentiende que es una muestra de aprecio o crítica, pero que

38. Según Landwehr/Steiner, Q2E, Vol. 1. Q2E quiere decir Calidad a través de la evaluación (por sus siglas en inglés), (Entwicklung).

39. Kandwehr/Steiner, Q2E, Vol. 2.

no estimulará una mejoría en la enseñanza. El cuerpo docente y los estudiantes ofrecen sus sugerencias a la institución, pero tal parece que no llegan a los lugares en donde las decisiones son tomadas y los cambios implementados. La evaluación es una herramienta significativa solamente cuando los resultados son inyectados al ciclo de aprendizaje. Walvoord resume los tres pasos básicos de una evaluación eficiente de la siguiente manera: en primer lugar, defina los objetivos del aprendizaje por medio de los resultados del aprendizaje. En segundo lugar, recopile pruebas a través de la medición directa del desempeño de los estudiantes y de la medición indirecta de las carreras de los graduados para saber si alcanzaron los objetivos. En tercer lugar, use la información para hacer mejoras[40].

Estándares, indicadores y herramientas apropiadas para una evaluación eficiente

Toda evaluación parte de una recopilación apropiada de información. Esto requiere de un concepto claro de en «qué» hay que fijarse y «cómo» se puede recabar la información deseada. La pregunta del «qué» está vinculada con los estándares e indicadores del aprendizaje. Los estándares definen la calidad deseada. Los indicadores definen la prueba medible del logro de estos estándares. Ninguna evaluación significativa es posible sin antes haber aclarado los estándares e indicadores. Por ejemplo, el primer estándar de calidad del Manifiesto de ICETE es la «contextualización».

> Nuestros programas de educación teológica tienen que estar diseñados con referencia deliberada a los contextos en los que sirven. Fallamos por el hecho de que nuestros currículos a menudo dan la impresión de que fueron importados en su totalidad del extranjero o que nunca han sido alterados. La selección de los cursos y el contenido de cada curso dentro del currículo deben ser explícitamente apropiados para el contexto del servicio. El familiarizarse con el contexto en donde el mensaje bíblico será vivido y predicado es tan importante para un programa, como el familiarizarse con el contenido de ese mensaje bíblico. De hecho, nuestros programas teológicos tienen que demostrar que existen dentro y para un contexto específico, no tan solo en lo

40. Walvoord, *Assessment*, p. 3.

> enseñan, sino también en su estructura y operación, gobierno y administración, personal y finanzas, estilos de enseñanza y tareas de las clases, recursos bibliotecarios y servicios estudiantiles. Tenemos que lograrlo con la gracia de Dios[41].

¿Cómo puede de este estándar derivarse los indicadores? Llegamos a los indicadores si preguntamos: «¿Cuál es la prueba visible y medible de que este estándar ha sido implementado?». En nuestro ejemplo leemos: « Nuestros programas de educación teológica tienen que estar diseñados con referencia deliberada a los contextos en los que sirven». Podemos preguntar: «¿De qué manera los resultados del programa de aprendizaje se refieren deliberadamente al contexto en el que servirán los graduados?».

También leemos: «La selección de los cursos y el contenido de cada curso dentro del currículo deben ser explícitamente apropiados para el contexto del servicio». Si es así, podríamos preguntar: «¿Contiene el currículo cursos, o secciones dentro de esos cursos, que explícitamente tratan asuntos de cultura y contexto?». O podemos enfocarnos directamente en el aprendizaje al preguntar: «¿Cuáles son las actividades de aprendizaje y tareas que guían a los estudiantes a interactuar explícitamente con la cultura y el contexto?».

Una vez que los estándares e indicadores del aprendizaje estén definidos, podemos escoger las herramientas de la recopilación de información y evaluación. Ciertas herramientas han demostrado que son eficaces, siempre y cuando sean aplicadas de la manera adecuada:[42]

1. Evaluación del perfil y de los resultados del aprendizaje del programa
2. Evaluación de los planes de estudio (resultados del aprendizaje del curso, contenido del curso, actividades de aprendizaje, evaluación del aprendizaje)
3. Evaluación del desempeño estudiantil
4. Cuestionarios
5. Entrevistas
6. Estadísticas

41. http://www.theoledafrica.org/ICETE/ICETEManifesto.asp.

42. Las pautas de las agencias de acreditación para la preparación de una autoevaluación normalmente explican estas herramientas.

7. Inspección de las instalaciones y los recursos
8. Participación en sesiones de clases
9. Participación en reuniones (cuerpo docente, liderazgo, comisiones, etc.)
10. Inspección de declaraciones de reglamentos e información de gestión de calidad interna
11. Trazar el ciclo de mejoría de la calidad (evaluaciones de seguimiento).

Estos son algunos ejemplos de una vasta gama de asuntos y dimensiones con relación a una evaluación eficaz[43]. Esto da pie al argumento de que la acreditación no es solamente un sello de goma para que las instituciones sean etiquetadas como «acreditadas» y confieran títulos «acreditados». La acreditación apropiada es una intervención profunda en la cultura y el funcionamiento de una institución, no con la meta de decirle lo que debe hacer, sino para asegurarse de que tenga claro lo que desea hacer (su misión y propósito) y ayudarla a que cumpla su llamado.

Esto demuestra los beneficios de la evaluación dentro del proceso de acreditación: En tanto que las agencias de acreditación esperan que las instituciones implementen mecanismos de gestión de calidad, en última instancia, se les aconseja que mejoren su comprensión y práctica de evaluación, de tal manera que estén totalmente orientadas hacia el aprendizaje y esto a todos los niveles: del aprendizaje del estudiante, el instructor así como de la institución. Con este punto hemos llegado a lo esencial de una buena acreditación que se trata de un cambio en la cultura institucional.

La acreditación es un cambio en la cultura institucional

La acreditación provocará cambios en las instituciones educativas, un cambio que mejorará el aprendizaje[44]. Esto inmediatamente trae a colación uno de los asuntos más críticos de la acreditación. ¿Busca una institución la evaluación

43. Para una útil introducción a los fundamentos de la evaluación, véase Walvoord, *Assessment*.

44. Hugh Busher, «Managing Change to Improve Learning» (Cómo manejar el cambio para mejorar el aprendizaje), en *The Principles and Practices of Educational Management* (Principios y prácticas de la administración educativa), eds. Tony Bush y Les Bell, Londres, Paul Chapman Publishing, 2002, p. 275-290.

externa y la certificación porque desea implementar cambios que mejoren el aprendizaje, o interesa solamente el estatus de acreditada y hasta se resiste a los cambios? En el último caso, la acreditación no logrará sus metas; incluso debemos decir que esa institución no merece ser acreditada.

Esto nos lleva a que reflexionemos acerca de la cultura interna de una institución educativa. Los cambios en pro del aprendizaje solamente ocurren dentro del marco de una cultura institucional comprensiva. Busher argumenta: «Los líderes, los maestros y los estudiantes tienen que trabajar juntos en la creación de una cultura positiva hacia el aprendizaje, que implementa valores y prácticas particulares que fomentan el éxito y mantienen la cohesión social entre todos los miembros del personal y los estudiantes de una institución[45]». Éste identifica varios aspectos de semejante cultura a partir de un vasto cuerpo de investigación:

1. Una cultura institucional que incrementa los cambios es de naturaleza universitaria.
2. Esa cultura les provee un amplio espacio de participación, en el proceso de evaluación y toma de decisiones al personal, al cuerpo docente y a los estudiantes.
3. Las demandas externas por cambios y la necesidad interna de hacer cambios mantienen un equilibrio saludable.
4. De la misma forma, la evaluación interna y la inspección externa están equilibradas.
5. Los líderes juegan un papel importante en la formación de esa cultura, al equilibrar todas estas fuerzas y dimensiones culturales[46].

Por otro lado, las investigaciones demuestran que los cambios impuestos desde afuera y de la cabeza hacia abajo «distancian a los maestros y al personal de apoyo porque provocan una sensación de incapacidad o de pérdida del control[47]». Esto crea resistencia a los cambios necesarios y disminuye, en lugar de aumentar, la calidad de la enseñanza y el aprendizaje.

45. *Ibíd*, p. 278.
46. *Ibíd*.
47. *Ibíd.*, 275.

Para decirlo de otra manera: El incremento de calidad, como una buena acreditación lo desea, busca la creación de organizaciones de aprendizaje. Según Peter Senge, las organizaciones de aprendizaje son «... organizaciones donde la gente expande continuamente su aptitud para crear los resultados que desea, donde se cultivan nuevos y expansivos patrones de pensamiento, donde la aspiración colectiva queda en libertad, y donde la gente continuamente aprende a aprender en conjunto[48]».

Senge también señala que «las organizaciones aprenden solamente a través de personas que aprenden[49]». «La destreza personal» es, por lo tanto, uno de los factores clave de las organizaciones de aprendizaje. De esto se deduce que la implementación de procesos de acreditación exitosos, los cuales aumentan la calidad deseada, requiere habilidades avanzadas de liderazgo y de desarrollo personal. Senge caracteriza esas personalidades de la manera siguiente:

> Las personas que son altamente diestras viven en un modo de aprendizaje constante. Estas nunca «llegan». A veces el lenguaje, como con la expresión «destreza personal», crea un sentido falso de concreción, de blanco y negro. Pero la destreza personal no es una posesión. Es un proceso. Es una disciplina de por vida. La gente altamente diestra está sumamente consciente de su ignorancia, de su incompetencia, de sus áreas de crecimiento. Y están muy seguras de sí mismas. ¿Paradójico? Solo para los que no ven que «la trayectoria es la recompensa»[50].

Las instituciones educativas existen para el propósito expreso del aprendizaje. Desean promover el aprendizaje en la vida de sus estudiantes. Los pedagogos nos dicen que ese aprendizaje no tan solamente avanza por medio de las actividades formales del aprendizaje, sino aún más, a través de la creación de un ambiente que fomenta el aprendizaje. La cultura institucional de un centro educativo es de por sí un currículo oculto[51]. Una escuela, que de por sí es una organización de aprendizaje, no habla solamente del aprendizaje,

48. Senge, *La quinta disciplina*, p. 11.
49. *Ibíd.*, p. 139.
50. *Ibíd.*, p. 142.
51. Cf. Thomas R. Yoder Neufeld, «The Invisible Curriculum – On Being Wisdom's Schools» (El currículo oculto – En cuanto a cómo ser escuelas de sabiduría), en *Mennonite Education in Post-Christian World* (La educación menonita en el mundo postcristiano), ed. Harry Huebner, Winnipeg, CMBC Publications, 1998, p. 129-143.

no organiza solamente el aprendizaje, no espera solamente que los estudiantes aprendan, sino que es un modelo de aprendizaje. Los líderes, el cuerpo docente y el personal, que viven en un modo de aprendizaje constante —para repetir la máxima de Senge—son los mejores candidatos para una institución que quiera promover el aprendizaje. Ese personal es un indicador indispensable de calidad. Esa institución cualifica para la acreditación por su «adaptabilidad al propósito».

Algunos conceptos erróneos y peligros

Desafortunadamente, los beneficios de la acreditación corren el peligro de encontrarse con una serie de prejuicios, conceptos erróneos y escollos. Veamos algunos de los más comunes para evitarlos y/o superarlos.

Solo es la acreditación

Algunos líderes educativos buscan la acreditación para su institución porque solamente están interesados en la etiqueta de calidad llamada «acreditación». No están interesados en la implementación de todas las dimensiones del desarrollo de calidad, tal y como fue descrito en las secciones anteriores. Estos quieren el producto final sin la trayectoria. Semejante actitud está arraigada en varios conceptos erróneos. Demuestra que no entienden la calidad. También demuestra que se resisten a ser evaluados y avaluados, a reflexionar y aprender a fondo. La institución que busca la acreditación solamente para garantizar su imagen en el mercado se engaña a sí misma, a sus estudiantes y al resto de las partes interesadas.

Solo son títulos

Algunos estudiantes solamente se preguntan cómo pueden obtener un título porque quizás lo asocian con prestigio y poder. Algunas culturas que están obsesionadas con los títulos apoyan ese concepto erróneo. A su vez, las instituciones pueden verse tentadas a lograr la acreditación solamente para que sus títulos atraigan a los estudiantes. Mientras que en algunos ambientes culturales los títulos apropiados pueden ser indicadores de cierta calidad, de puertas abiertas para los ministros y empleo, la meta nunca debería de ser el obtenerlos y ostentarlos. Esto, definitivamente, no es el propósito de la acreditación.

Solo es administración

A veces, los directores viven con el concepto erróneo de que la preparación de un documento de acreditación es tan solo un ejercicio administrativo, que lo lograrán con un poco de ayuda secretarial. Las secciones anteriores de este capítulo comprueban que una buena acreditación conlleva un ejercicio de autoevaluación, reflexión y aprendizaje, el cual abarca a toda la institución. No hay manera de hacerlo a la carrera ni con una persona. Una institución que escribiera un documento de autoevaluación muy superficial, estaría traicionándose a sí misma y a sus estudiantes. Y la agencia acreditadora que la acredite tampoco ha hecho su tarea.

Una gestión de calidad descomunal y papeleo inútil

En muchos casos, sobre todo en instituciones pequeñas, los líderes educativos y el cuerpo docente le tienen miedo al enorme papeleo que hay que producir relacionado con una gestión de calidad formalizada y a la preparación para la acreditación. Puede que sea una preocupación legítima. La gestión de calidad y la acreditación fueron desarrolladas por la industria y las universidades grandes la trajeron al reino de la pedagogía. La mayoría de la literatura, así como muchos de los manuales escritos fueron desarrollados para esas instituciones grandes. Los procedimientos de acreditación, los instrumentos para la recopilación de datos, así como de evaluación pudieran ser descomunales para las instituciones pequeñas.

Parece que el lema «adaptabilidad al propósito» también, debe ser aplicado a la acreditación y la gestión de calidad. Todo el sistema sería contraproducente si la implementación de procedimientos descomunales de gestión de calidad fuera una carga administrativa para la institución, debido a que se produce más papel del que pueda procesarse apropiadamente y usarse en procesos significativos de aprendizaje. De nada vale que los estudiantes, el cuerpo docente y el personal detestaran las evaluaciones debido a una política de gestión de calidad descomunal. Cuando se trata de la implementación de procesos evaluativos eficaces (véase la sección acerca de evaluación), mi experiencia y consejo es: Haga menos, pero hágalo bien. Implemente una cantidad apropiada de herramientas evaluativas y lleve a cabo un proceso sólido de seguimiento que conduzca a un verdadero aprendizaje en todos los niveles.

Vendidos a la academia

Algunos temen que la acreditación académica lleve a una «academización» perjudicial. Sí, a veces observamos el mal entendido de que tener títulos académicos superiores, a la larga, llevará a mayores cualificaciones profesionales y ministeriales. Pero es un engaño serio. Algunas instituciones han buscado una acreditación académica superior y en el proceso, han perdido algunas de sus cualidades para formar gente para ciertos ministerios y la misión de la Iglesia. Pero también, a veces los estudiantes solamente están interesados en el próximo título alto, creyendo que automáticamente estarán capacitados para las tareas ministeriales. Si la «adaptabilidad al propósito» se tomara como el indicador clave de calidad, las cualificaciones académicas serían solamente otro de los muchos factores de la calidad deseada.

A medida que las instituciones teológicas buscan la acreditación académica a la par del sistema universitario nacional, tienen que estar conscientes de que esa acreditación puede ser unilateral, solamente enfocada en los estándares académicos a expensas de las cualidades vitales para que la institución teológica cumpla su misión. Aquí es donde entran las agencias acreditadoras que están asociadas con la Iglesia, las cuales acreditan a la luz de las aptitudes esperadas para los ministerios y la misión de la Iglesia.

Conclusión

¡Felicitaciones! Patricia se ha graduado de una institución acreditada. El título que obtuvo le daría acceso a otros estudios, incluso en el extranjero, si así lo quisiera. Escogió la institución cuidadosamente. Revisó su acreditación para asegurarse de que no era una «fábrica de títulos». Patricia puede verse a sí misma trabajando en una iglesia o misión. Ella no solamente buscó una sólida acreditación académica, sino también, aptitudes relacionadas con la iglesia y el ministerio. Habló con el pastor de su iglesia en cuanto al reconocimiento de la institución y del título dentro de la denominación. Se alegró al ver que la institución de su preferencia también está acreditada por una asociación acreditadora teológica y que las aptitudes ministeriales son tan importantes como los estándares académicos. Debido a que decidió asistir a una institución bien acreditada, pudo solicitar apoyo financiero. Debido a que sabe que una buena educación es más importante que los títulos acreditados y académicos, visitó la institución antes de la decisión final. Quería ver y sentir el espíritu de la institución y la cultura del aprendizaje.

Una buena acreditación beneficia a las instituciones de educación teológica al ayudarlas a que ofrezcan la calidad de aprendizaje buscado por los estudiantes y solicitado por las iglesias.

Puntos para reflexión y acción

1. La acreditación es un fenómeno contextual.
   - Tome las categorías que se explican en la sección 1 de este capítulo y reflexione en su propia cultura y contexto. ¿Cómo es entendida y percibida la acreditación? Identifique por lo menos cinco características de la acreditación en su contexto.
   - Si usted vive y trabaja en una situación transcultural, es posible que también quiera reflexionar en las diferencias entre su cultura natal y en la que ahora vive y trabaja con relación al entendimiento de la acreditación.
2. La acreditación trata de rendición de cuentas y mejorías.
   - Resuma con sus propias palabras lo que significa «acreditación para la rendición de cuentas». Hemos identificado una rendición de cuentas cuádruple. ¿De qué manera ocurren estas cuatro dimensiones en su situación?
   - Resuma con sus propias palabras lo que significa «acreditación para mejorías». Hemos observado que las mejoras casi siempre ocurren *en preparación para* o *como resultado de* la evaluación. Reflexione en su experiencia: Trate de identificar las áreas en las que usted ha trabajado en las mejoras *en preparación para* o *como resultado de* una evaluación.
   - Explique qué conflicto puede surgir entre ambas dimensiones y reflexione en la situación de su institución. ¿Observa y experimenta conflicto?
   - Fíjese en su institución. ¿Por qué busca la acreditación? ¿Le preocupa la rendición de cuentas? ¿Le preocupan las mejoras?

3. La acreditación tiene que ver con la calidad
    - Trate de entender y de formular en sus propias palabras las tres etapas históricas de la acreditación de los Estados Unidos, cómo es definida y descrita la calidad en el Manual de la ATS y resumida en la sección 3 de este capítulo. Lea el texto completo en el manual de ATS, Sección 1. http://www.ats.edu/Accrediting/Documents/Handbook/Section1.pdf
    - Observamos que «adaptabilidad al propósito» es una frase clave para definir la calidad en la discusión actual sobre la acreditación. ¿Qué significa exactamente esta fórmula? Una investigación breve en la Internet puede ayudarle a entender mejor la definición y la discusión. ¿Cómo definiría la calidad de su institución, a la luz de la fórmula de la «adaptabilidad al propósito»? ¿Tiene claro el propósito de su formación? ¿Tiene resultados de aprendizaje definidos, de acuerdo con este propósito? ¿Cómo sabe que está ofreciendo la calidad de información que se propuso?
    - Busque algunos textos del Sur Global y observe cómo definen la calidad. Algunos textos pertinentes son especificados en la sección 3 de este capítulo.
4. La acreditación tiene que ver con la gestión de calidad.
    - Hemos dicho que la gestión de calidad tiene una dimensión *internas* y otra *externa*. ¿Puede resumir con sus propias palabras lo que significa *interna* y *externa* en ese contexto?
    - Argumentamos que la interacción de los aspectos *interno* y *externo* lleva a los mejores resultados en la gestión de calidad. ¿Por qué son importantes ambas dimensiones? ¿Qué faltaría si una de las dos no fuera desarrollada apropiadamente?
    - Reflexione en su institución a la luz de las perspectivas de esta sección. Identifique y evalúe el aspecto *interno* así como el *externo* de la gestión de calidad.
5. La acreditación es evaluación.
    - La sección 5 introduce la así llamada filosofía de calidad Q2E, con sus cuatro dimensiones de desarrollo de la institución en función de la evaluación. Lea los cuatro componentes

cuidadosamente y evalúe cómo se desarrollan estas cuatro dimensiones en su institución. ¿Qué aspecto(s) necesita(n) más desarrollo?

- ¿Cómo describiría la cultura de crítica de su institución? ¿Está satisfecho con la cantidad de comentarios que recibe? ¿Cómo da usted su crítica? ¿Cómo podría mejorarse la cultura de crítica?
- Según Bárbara Walvoord se presentaron los tres pasos del ciclo de evaluación-aprendizaje. Observe su trabajo en su institución e identifique ejemplos en donde este ciclo funciona y se interrumpe. En caso de interrupción, trate de identificarlo (falta de metas, de recopilación de datos y evaluación, de seguimiento para la mejoría) y actúe para mejorar y restaurar el ciclo.

Hemos discutido las expresiones estándares, los indicadores/evidencias y las herramientas para la recopilación de datos y evaluación. Tome un grupo de estándares (por ejemplo, el manifiesto de ICETE; los estándares de acreditación de ATS, ABHA o EEAA; los descriptores de Dublín, véase el Manual de EEAA 2006 4.4 www.eeaa.eu). Saque los indicadores de estos estándares (ejemplos de evidencia) y pregunte: ¿Cómo sería visible y medible el desempeño de este estándar? Sugiera las herramientas apropiadas para la recopilación de datos al preguntar: ¿Cómo se puede medir de manera apropiada el desempeño de este estándar?

Lleve a cabo el ejercicio con el siguiente cuadro:

Estándar 1	Indicador 1 (ejemplo de evidencia) Indicador 2 (ejemplo de evidencia) Indicador 3 (ejemplo de evidencia	Herramienta de evaluación 1 Herramienta de evaluación 2 Herramienta de evaluación 3

Estándar 2	Indicador 1 (ejemplo de evidencia) Indicador 2 (ejemplo de evidencia) Indicador 3 (ejemplo de evidencia	Herramienta de evaluación 1 Herramienta de evaluación 2 Herramienta de evaluación 3
Estándar 3	Indicador 1 (ejemplo de evidencia) Indicador 2 (ejemplo de evidencia) Indicador 3 (ejemplo de evidencia	Herramienta de evaluación 1 Herramienta de evaluación 2 Herramienta de evaluación 3

6. La acreditación tiene que ver con un cambio de cultura.
   - Lea el resumen de la teoría de Peter Senge de una organización de aprendizaje en la página web de *infed*: http://www.infed.org/thinkers/senge.htm. Resuma las habilidades de liderazgo que son necesarias para promover una organización de aprendizaje y evalúe su propio estilo de liderazgo. Identifique las áreas y determine las acciones que tomará para que mejorar su estilo de liderazgo.
   - Hemos discutido la idea de una organización de aprendizaje como un modelo para el aprendizaje estudiantil (currículo oculto). ¿Qué piensa en cuanto a la conexión entre la cultura institucional académica y el aprendizaje de los estudiantes? ¿Cómo puede contribuir a la mejora de la cultura de su institución para que modele y promueva el aprendizaje?
7. Conceptos erróneos y escollos.
   - Lea los conceptos erróneos y posibles escollos discutidos en la sección 7. Elija los que aplican a su institución y reflexione en las soluciones posibles.
8. Resuma el aprendizaje de este capítulo escribiendo las dos listas siguientes:
   - Enumere de 5 a 10 buenas razones para buscar la acreditación.
   - Enumere de 5 a 10 inconvenientes de los que tiene que estar consciente cuando busque la acreditación.

Recursos para el estudio adicional

Libros

Botha, Nico, «Outcome-Based Education, Accreditation and Quality Assurance in Open Distance Learning: A Case Study on Theology at The University of South Africa» (Educación con base en resultados, acreditación y garantía de calidad en el aprendizaje a la distancia: Estudio de caso sobre teología en la Universidad de Sudáfrica), en *Handbook of Theological Education in World Christianity* (Manual de educación teológica en el cristianismo mundial), editado por Dietrich Werner et al., p. 144-145, Oxford, Regnum Books International, 2010.

Brynjolfson, Robert y Jonathan Lewis, *Integral Ministry Training. Design and Evaluation* (Formación para el ministerio integral. Diseño y Evaluación), Pasadena, William Carey Library, 2006.

Busher, Hugh, «Managing Change to Improve Learning» (Cómo manejar el cambio para mejorar el aprendizaje), en *The Principles and Practices of Educational Management* (Principios y prácticas de la administración educativa), editado por Tony Bush y Les Bell, p. 275-290, Londres, Paul Chapman Publishing, 2002.

Costes, Nathalie et al., eds., *Quality Procedures in the European Higher Education Area and Beyond – Second ENQA Survey* (Procedimientos de calidad en el área de la educación superior europea y más allá – Segundo estudio ENQA), Helsinki, European Association for Quality Assurance in Higher Education, 2008.

Danzig, Arnold B., Kathyn M. Borman, Bruce A. Johnes, y William F. Wright, eds., *Learner-Centered LeadershiP Research, Policy and Practice* (El liderazgo centrado en el estudiante. Investigación, políticas y práctica), Mahwah y Londres, Lawrence Erlbaum Associates, 2007.

Eaton, Judith S., *An Overview of U.S. Accreditation* (Un vistazo de la acreditación en los Estados Unidos), Washington, CHEA, 2009.

Edinburgh 2010 – International Study Group, *Challenges and Opportunities in Theological Education in the 21th Century. Pointers for a new international debate on Theological Education* (Grupo de estudio internacional. Desafíos y oportunidades en la educación teológica en el Siglo 21. Indicadores para un nuevo debate internacional sobre la educación teológica), Ginebra, WCC/WOCATI, 2009.

Fidler, Brian, «External Evaluation and Inspection» (Evaluación externa e inspección), en *The Principles and Practices of Educational Management*

(Principios y prácticas de la administración educativa), editado por Tony Bush y Les Bell, p. 291-296, Londres, Paul Chapman Publishing, 2002.

Ho, Huang Po, «Accreditation and Quality Assurance in Theological Education: Asian Perspectives» (La acreditación y la garantía de calidad en la educación teológica: perspectivas asiáticas), en *Handbook of Theological Education in World Christianity* (Manual de educación teológica en el cristianismo mundial), editado por Dietrich Werner et al., p. 138-143, Oxford, Regnum Books International, 2010.

Jaspers, Karl, *The Idea of the University* (La idea de la Universidad), Londres, Peter Owen, 1960.

Ott, Bernhard, *Beyond Fragmentation. Integrating Mission and Theological Educación* (Más allá de la fragmentación. Cómo integrar la misión y la educación teológica), Oxford, Regnum Books, 2001.

Ott, Bernhard, *Handbuch Theologische Ausbildung. Grundlagen – Programmentwicklung– Leitungsfragen*, Wuppertal, Brockhaus Verlag, 2007.

Ott, Bernhard, «Training of Theological Educators for International Theological Education: An Evangelical Contribution from Europe» (Formación de educadores teológicos para la educación teológica internacional: Una contribución evangélica desde Europa), en *Handbook of Theological Education in World Christianity* (Manual de educación teológica en el cristianismo mundial), editado por Dietrich Werner et al., p. 697-714, Oxford, Regnum Books International, 2010.

Ott, Bernhard, «Doing Theology in Community: Reflections on Quality in Theological Education» (Cómo hacer teología en la comunidad: Reflexiones sobre la calidad en la educación teológica), en *History and Mission in Europe. Continuing the Conversation* (Historia y misión en Europa. Continuación de la conversación), editado por Mary Raber y Peter F. Penner, p. 281-302, Schwarzenfeld, Neufeld Verlag, y Elkhart, Institute of Mennonite Studies, 2011.

Preiswerk Matthias et al., «Manifesto of Quality Theological Education in Latin America» (Manifiesto de la educación teológica de calidad en América Latina), *Ministerial Formation* 111, noviembre, 2008, p. 44-51.

Senge, Peter, *La quinta disciplina*, traducción Carlos Gardini, Buenos Aires, Granica, 2004.

Taylor, Marvin J., «Accreditation and Improvement of Theological Education» (Acreditación y mejora de la educación teológica), *Theological Education* 15, no. 1, 1978, p. 50-57.

Walvoord, Barbara E., *Assessment Clear and Simple. A Practical Guide for Institutions, Departments, and General Education* (La evaluación clara y simple:

Una guía práctica para instituciones, departamentos y la educación general), San Francisco, Jossey-Bass, 2004.
Werner, Dietrich, David Esterline, Namsson Kang, y Joshva Raja, eds., *Handbook of Theological Education in World Christianity* (Manual de la educación teológica en el cristianismo mundial), Oxford, Regnum Books International, 2010.
West-Burnham, John, «Understanding Quality» (Cómo entender la calidad), en *The Principles and Practices of Educational Management* (Principios y prácticas de la administración educativa), editado por Tony Bush y Les Bell, p. 313-324, Londres, Paul Chapman Publishing, 2002.

Algunos temas-asuntos de la educación teológica

Después de 1994, el texto completo en la Internet.
www.ats.edu/Resources/Publications/Documents/TE/TEIndex.pdf
Vol. 14, no. 1, 1977, *Issues in Accrediting* (Asuntos de la acreditación).
Vol. 30, no. 2, 1994, *The Good Theological School* (La buena escuela teológica).
Vol. 32, no. 2, 1996, *Quality and Accreditation: Final Report of the Redeveloped Accrediting Standards* (Calidad y acreditación: Reporte final de los estándares de acreditación reformulados).
Vol. 35, no. 1, 1998, *Models of Assessing Institutional and Educational Effectiveness: The Pilot School Project* (Modelos para evaluar la efectividad institucional y educativa: La escuela piloto).
Vol. 39, no. 1, 2003, *The Character and Assessment of Learning for Religious Vocation* (El carácter y la evaluación del aprendizaje para la vocación religiosa).
Vol. 39, no. 2, 2003, *Institutional Assessment and Theological Education: «Navigating Our Way»* (La evaluación institucional y la educación teológica: «Cómo dirigir nuestro camino»).
Vol. 40, no. 2, 2005, *Listening to Theological Students and Scholars: Implications for the Character and Assessment of Learning for Religious Vocation* (Cómo escuchar a los estudiantes y eruditos teólogos: Implicaciones para el carácter y la evaluación del aprendizaje para la vocación religiosa).
Vol. 41, no. 2, 2006, *Character and Assessment of Learning for Religious Vocation* (Carácter y evaluación del aprendizaje para la vocación religiosa).

Manuales de las asociaciones de acreditación teológica

Association of Biblical Higher Education ABHE (Asociación de la educación superior bíblica) www.abHeorg/abhestandardsforaccreditation

Association of Theological Schools ATS (Asociación de las Instituciones Teológicas) www.ats.edu/accrediting/pages/HandbookofAccreditation.aspx

European Evangelical accrediting Association EEAA (Asociación de acreditación evangélica europea) www.eeaa.eu/manual.htm

Para más asociaciones de acreditación de la red evangélica, véase: www.icete-edu.org

Para más asociaciones de acreditación regionales de la red ecuménica, véase: http://wocaTioikoumene.org

9

El decano y la evaluación institucional:
El qué, por qué y cómo

Ralph Enlow

Aunque el término «assessment» ahora ocupa un lugar esencial en el léxico contemporáneo de la educación superior, muchos decanos académicos de solo pensar en ello sufren desde una indigestión leve hasta pánico. El cuerpo docente y los líderes académicos, por lo general, ven la evaluación como la imposición inoportuna de una agencia acreditadora o gubernamental sobre las prioridades y el ritmo de la academia, una distracción de la ocupación esencial de enseñanza y aprendizaje de la institución. Cuando se avecina un ciclo de revisión, muchos líderes docentes y académicos, a regañadientes, entran en acción para suplir las demandas de cualquier inquisidor que hará la visita al campus. Una vez concluida la acreditación, las actividades evaluativas pasan a un segundo plano hasta que el próximo ciclo vuelve a agitarlas. De esa manera, muchas instituciones responden a las evaluaciones con actitudes que van desde la ambivalencia hasta el escepticismo, pasando por la resistencia activa.

En este capítulo afirmo que el liderazgo que el decano demuestre frente a la tarea de la evaluación educativa es crucial para su trabajo. Las actitudes, la competencia y el compromiso del director de asuntos académicos hacia la evaluación exhaustiva ejercen una influencia desproporcionada sobre el cuerpo docente, y a su vez, controlan mayormente el que la institución avance hacia la eficacia y la mejoría. Considere la siguiente tesis: *las afirmaciones institucionales en cuanto a calidad de nada sirven a menos que estén respaldadas por la evidencia de efectividad.* Por otra parte, la calidad no es una condición estática sino dinámica. La evaluación puede llevar a un patrón de mejora continua en cada aspecto institucional, desde las actividades esenciales de la enseñanza y el aprendizaje hasta las unidades de apoyo administrativo y educativo.

¿Qué constituye la calidad educativa? ¿Bajo qué normas deben medirse los programas educativos y las instituciones? En muchos lugares del mundo se han establecido agencias gubernamentales para desarrollar e imponer estándares evaluativos de la calidad y equivalencia de las instituciones educativas superiores. En América del Norte, la acreditación, que es un proceso de sometimiento voluntario a la revisión de los homólogos, surgió a finales del siglo XIX como un mecanismo para evaluar la calidad y equivalencia comparativa de la educación de una a otra institución, de una a otra región y de un tipo de educación superior a otro. La importancia de las medidas de calidad y equivalencia ha ido en aumento en la medida en que la educación superior ha ido convirtiéndose en una iniciativa más global e interrelacionada, independientemente de que estén fundamentadas en procesos de revisión gubernamentales u homólogos. Tal parece que durante el siglo pasado las definiciones de calidad evolucionaron de acuerdo con la siguiente secuencia:

1. **Contenido:** ¿Cómo se puede reconocer a una institución de calidad? Porque el *contenido* de sus programas curriculares se ajusta a lo que sus homólogos consideran el referente o a lo que el ministerio de gobierno ha prescrito para cierto nivel educativo.
2. **Recursos:** ¿Cómo se puede reconocer a una institución de calidad? Porque tiene *recursos* (p. ej. recursos bibliográficos, doctorados, el cuerpo docente conduce investigaciones, estudiantes talentoso, donaciones, instalaciones) comparables o superiores a de sus homólogas o a los estándares externos.
3. **Procesos:** ¿Cómo se puede reconocer a una institución de calidad? Porque ha desarrollado *procesos* eficientes (p. ej. criterios y procedimientos para la admisión de estudiantes; autoridad compartida; políticas para las evaluaciones; retención y seguridad de los archivos; políticas de empleo; manuales para el cuerpo docente y la administración; políticas de compensación; seguridad

y mantenimiento de las instalaciones; controles financieros) y puede demostrar que constantemente sigue dichas políticas y procesos.

4. **Resultados:** ¿Cómo se puede reconocer a una institución de calidad? Porque sistemáticamente recopila evidencias que demuestran el logro de las metas apropiadas de eficiencia, relacionadas con los *resultados* de los esfuerzos administrativos, el apoyo educativo y la enseñanza y el aprendizaje.

La mayoría de las evaluaciones de homólogos y agencias gubernamentales han desarrollado sus estándares de calidad partiendo de por lo menos el residuo de su paradigma anterior, en lugar de progresar de un índice de calidad a otro. Los estándares de acreditación típicamente incluyen acumulaciones de contenido, recursos, procesos y elementos de resultados. Los europeos, por ejemplo, reconocerán una gran parte de residuos de *contenido* y *proceso* en los estándares que surgieron de los así llamados Acuerdos de Bolonia[1]. Sin embargo, la adopción global de *resultados* y, particularmente del *aprendizaje estudiantil* como el *sine qua non* de la calidad educativa, es clara en el nivel superior[2]. La evaluación de la eficacia institucional y, más explícitamente, de la evidencia sistemática del aprendizaje estudiantil, dominará el panorama global de la garantía de calidad de la educación superior en el futuro previsible[3].

En gran parte, es una buena noticia para las instituciones teológicas. Los estándares de garantía de calidad que parten principalmente de la evaluación, ofrecen a los educadores teológicos una base sobre la cual librarse hasta cierto grado de las definiciones tradicionales de calidad que acentúan la disparidad de *contenido* y *recursos* entre la mayoría de las instituciones teológicas y otros sectores de la educación superior. Dentro de esos sistemas las instituciones

1. *Standards and Guidelines for Quality Assurance in the European Higher Education Area* (Estándares y pautas para la seguridad de calidad en el área de la educación superior europea). (2005). European Higher Education Area (Área de la educación superior europea), disponible en pdf en:
http://www.ehea.info/Uploads/Documents/Standards-and-Guidelines-for-QA.pdf

2. E. C. Stanley y W. J. Patrick, «Quality Assurance in American and British Higher Education: A Comparison» (Garantía de calidad en la educación superior estadounidense y británica: una comparación), *New directions for Institutional Research* 99, otoño de 1998, p. 39-56. Sumario disponible en línea en: http://onlinelibrary.wiley.com/doi/10.1002/ir.9904/abstract.

3. Véase International Network for Quality Assurance Agencies in Higher Education's Constitution (Red internacional de agencias de garantía de calidad en la constitución de la educación superior): http://www.inqaaHeorg/main/aboutinqaahe/constitution/constitution-html

teológicas tienen la oportunidad de desacreditar la sabiduría popular, que insiste en que la calidad está estrechamente relacionada con los recursos. Pueden confirmar que «diferente» no significa «inferior», cuando se trata del contenido curricular convencional y los métodos educativos. Tienen la oportunidad de definir la calidad en función de sus misiones distintivas, en lugar de sucumbir a la «deformación de la misión», pues se arriesgan a restarle fidelidad a su vocación institucional y a sus miembros con el fin de lograr la legitimidad y una posición en el mundo educativo superior más amplio[4]. Por otro lado, cuando las instituciones aceptan sistemas de garantía de calidad fundados principalmente sobre estándares de contenido y recursos, se corren el riesgo serio de desviarse de su misión con el tiempo, ya que la sumisión a los estándares externos desplaza a la misión, y la equivalencia de forma usurpa a la fidelidad de función. Por todo el mundo abundan los ejemplos de instituciones teológicas en las que los esquemas de compromiso con el contenido y la garantía de calidad, con el tiempo, han resultado en un distanciamiento sustancial entre las metas de la institución y las necesidades de sus miembros.

Por lo tanto, el decano de la institución teológica debe llevar la batuta al aceptar la evaluación de los resultados y al mismo tiempo, reconocer su poder de acelerar la efectividad de la institución y realzar sus afirmaciones de calidad y credibilidad. La meta no es simplemente adular a sus colegas para que soporten el estudio de resultados cada cierto tiempo. Más bien, el decano debe buscar fomentar lo que ha llegado a llamarse la «cultura de la evidencia[5]» en la que la evaluación del logro de metas y resultados del aprendizaje se convierte en parte de la estructura institucional. Se requiere de más que el dominio de los medios, lo cual será el tema de gran parte del resto de este capítulo. Se requiere del compromiso del liderazgo, que sostenga que *las afirmaciones*

4. D. O. Aleshire, «The character and assessment of learning for religious vocation: M.Div. education and numbering the Levites» (El carácter y la evaluación del aprendizaje para la vocación religiosa: La educación de la M. Div. Y el censo de los levitas), *Theological Education* 39, no. 1, noviembre de 2003, p. 1-16. Disponible para descarga en: http://www.ats.edu/Resources/PublicationsPresentations/Documents/Aleshire/2002/CA-MDivEducationNumberingLevites.aspx.

5. D. Boud y N. Falchikov, eds., *Rethinking Assessment in Higher Education: Learning for the Longer Term* (Reconsideración de la evaluación en la educación superior: el aprendizaje para el largo plazo), Nueva York, Routledge, 2007, p. 89, Fig 7.1.

institucionales en cuanto a calidad de nada sirven a menos que estén respaldadas por la evidencia de efectividad.

Una cosa es aspirar o afirmar la calidad. Pero es totalmente otra que se produzcan evidencias de calidad. Esto requiere d un liderazgo eficaz que convenza a toda la comunidad educativa y la involucre en la aclaración de sus metas, la medición sistemática del grado al que son logradas, y el grado al que su logro es deficiente, y que implemente las medidas para el mejoramiento. En otras palabras, la responsabilidad del decano de evaluar implica que asuma el liderazgo y establezca una *cultura de evidencia* que apoye un *ciclo de mejoramiento.* Vale la pena observar que el compromiso serio con la evaluación y el mejoramiento, o la falta de éste, funcionarán como un currículo oculto[6] para los estudiantes, quienes serán llamados a ser líderes en iglesias y una variedad de otras instituciones en el futuro. ¡Qué fuerza educativa se ejerce cuando una institución de aprendizaje en realidad se compromete con el aprendizaje!

Entonces, ¿qué constituye una institución teológica de calidad? Una institución teológica de calidad es la que:

1. Ha formulado un propósito claro que emana de un sentido bíblico y misional de llamado institucional, sensible a la Iglesia y pertinente a la(s) cultura(s) que sirve.
2. A través de consultas con sus miembros, ha establecido un programa educativo (junto con las unidades de apoyo efectivas y los recursos adecuados), que corresponde a las necesidades, presentes y futuras, de liderazgo de sus miembros.
3. Ha formulado metas educativas (así como metas administrativas y de la unidad de apoyo educativo) en términos determinables.
4. Ha diseñado una variedad de medios para evaluar el grado al que las metas son logradas.
5. Ha establecido procesos para recabar, analizar y diseminar los resultados de las actividades de evaluación.

6. A. W. Astin, «The Implicit Curriculum» (El currículo implícito), *AGB Reports* 31, no. 4, julio-agosto de 1989, p. 6-10.

6. Ha involucrado a los miembros claves en la revisión de los resultados de las evaluaciones y la determinación de las medidas apropiadas de mejoramiento.
7. Ha establecido planes y asignado recursos con el propósito de mejorar las áreas prioritarias.
8. Ha monitoreado el grado al que las medidas de mejoramiento han producido mejoramiento.

Establecimiento e implementación de un plan de evaluación

La figura 1 ilustra las seis etapas del así llamado *Ciclo de mejoramiento*. Para entender *cómo* establecer e implementar un plan de evaluación, consideremos cada una de las seis etapas con más detalles.

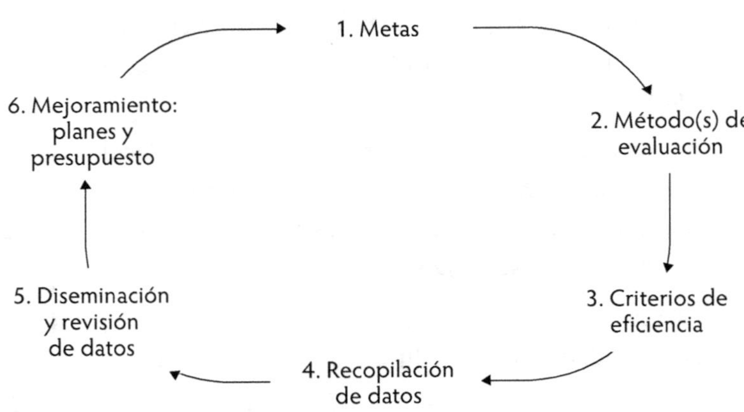

Figura 1. El ciclo de mejoramiento.

Cómo son establecidas las metas

El primer paso del proceso de evaluación implica la formulación de metas claras. A partir de la misión institucional, cada unidad administrativa (p. ej., la oficina de finanzas, los edificios y el plantel), cada unidad de apoyo educativo

(p. ej., la biblioteca, los servicios estudiantiles) y cada programa educativo (p. ej., estudios del Antiguo Testamento, historia de la teología, estudios pastorales, música, educación eclesiástica, consejería) deben tener su propia declaración de misión y metas de efectividad. Debido a la escala y las limitaciones de los recursos de la mayoría de las instituciones teológicas, sería sabio que el decano comenzara enfocándose en un número limitado de metas educativas a nivel institucional y metas educativas explícitas para cada programa (p. ej., del programa de estudios pastorales o del programa de consejería), antes de que intentase abordar las metas de la unidad de apoyo educativo y administrativo. Ya que la verdadera educación bíblica y teológica tiene que ser integral, sería apropiado considerar formular las metas en tres categorías: de conocimiento, de habilidades y de disposiciones[7].

De conocimiento

¿Qué espera usted que, cuando completen sus estudios, sus estudiantes conozcan en términos de Biblia, las ciencias sociales, entendimiento transcultural o perspectiva histórica? ¿Qué clases y niveles de conocimiento quiere que adquieran? ¿Datos e información acerca de ciertos temas o comprensión de teorías y presuposiciones subyacentes?[8]

De habilidades

¿Qué espera que sus estudiantes sean capaces de hacer y con qué grado de destreza? ¿Exégesis bíblica? ¿Hablar en público? ¿Enseñar? ¿Escribir? ¿El uso de la tecnología de información y de los medios de comunicación? ¿Qué capacidades espirituales espera cultivar? ¿Resolución de problemas? ¿Comprensión de lectura? ¿Pensamiento crítico?

De disposición

¿Cómo espera que los graduados de su institución se comporten como resultado de sus esfuerzos en pro del desarrollo personal y la formación espiritual? Aunque usted, sin duda, espera fomentar la transformación del carácter, el carácter en sí es imposible enseñar y evaluar. Sin embargo, usted puede enseñar

7. C. M. Wood, «Knowing and caring» (Saber y atender), *Theological Education* 39, no. 1, noviembre de 2003, p. 31-34.

8. R. W. Ferris, ed., *Establishing Ministry Training: A Manual for Programme Developers* (Cómo establecer la capacitación para el ministerio: un manual para desarrolladores de programas), World Evangelical Fellowship Series, vol. 4, Los Angeles, William Carey Press, 1995, véase el capítulo 1.

con una intención auténtica *con respecto al* desarrollo del carácter. Y puede evaluar las disposiciones y comportamientos que testifican del carácter piadoso y de la salud relacional apropiada.

La evaluación es más fácil cuando las metas se establecen en «términos determinables[9]». Considere las siguientes declaraciones de metas cognitivas (o relacionadas con el conocimiento):

1. Los estudiantes conocerán las Escrituras.
2. Los graduandos serán capaces de demostrar una comprensión sustancial del contenido bíblico básico, incluso de las cronologías, los géneros literarios, los autores, los personajes principales, los acontecimientos, la geografía y la enseñanza teológica del Antiguo y del Nuevo Testamentos.

¿Puede reconocer cuán «determinable» es la segunda declaración? Aquí explicita a los graduandos. Eso informa a quién evaluará usted y a qué nivel del proceso educativo debería ocurrir la evaluación. La segunda declaración de meta también, es más explícita en función de qué deben saber los estudiantes y el nivel (en cuanto a la Taxonomía del dominio cognoscitivo de Bloom)[10] de su conocimiento. En ese caso, los estudiantes deben demostrar comprensión y no simplemente la capacidad para recordar la información. Eso le ayuda a clarificar qué clase de instrumentos de evaluación se requerirán y cómo se deben calificar e interpretar los resultados.

Cómo escogerá los medios de evaluación

El paso dos (Figura 1) sugiere que una vez se ha establecido un número limitado de metas educativas en términos determinables, se tiene que identificar los medios apropiados para evaluar cada meta. Al escoger el medio de evaluación, piense en términos de variedad y use su imaginación. Es posible que le parezca útil emplear la pregunta aclaratoria de Mager para esa labor: «¿Qué se requiere

9. J. O. Nichols y K. W. Nichols, *The Departmental Guide and Record Book for Student Outcomes Assessment and Institutional Effectiveness* (Una guía por departamentos y libro de registro para la evaluación de resultados estudiantiles y la efectividad institucional), 3a. ed., Nueva York, Agathon, 2000, p. 20-21.

10. N. Anderson y D. A. Krathwohl, *Taxonomy for Learning, Teaching, and Assessing: A Revision of Bloom's Taxonomy of Educational Objectives* (Taxonomía para aprender, enseñar y evaluar: Una revisión de la taxonomía de Bloom de objetivos educativos). Nueva York: Longman, 2001.

para convencerme de que los estudiantes aprendieron, (i.e. adquirieron el conocimiento, la disposición y las habilidades esperadas)?[11]». En algunos casos, una sola actividad de evaluación o instrumento se puede emplear para evaluar el logro de varias metas. En otros casos, varios métodos de evaluación pueden informarle en cuanto al grado en el que una sola meta clave se ha logrado. En general, los métodos de evaluación múltiples y redundantes ayudan a proteger la validez (i.e. que sus métodos de evaluación en realidad miden lo que usted espera medir). Al mismo tiempo, una de las razones más grandes por las que los planes de evaluación fracasan es que son demasiado ambiciosos y engorrosos. Es mejor pecar de sencillez en cuanto a la frecuencia y la variedad de los métodos de evaluación que decida emplear.

No se engañe al pensar que solamente porque no puede evaluar algo «científicamente» no vale la pena hacerlo. La evaluación del aprendizaje no tiene que limitarse al examen estandarizado, el cual conlleva el mito de la objetividad científica. Independientemente de los métodos de evaluación que seleccione, tendrá que involucrarse en la interpretación y emitir juicios profesionales acerca de los resultados. Considere el siguiente listado de métodos de evaluación potenciales.

1. Notas del examen final en un curso «de cierre» para los candidatos a graduación.
2. Todo un conjunto de muestras escritas, de artículos de investigación acumulativa, u otros productos de trabajo estudiantil analizados por calificadores independientes (i.e. no miembros del cuerpo docente que enseñan a ese grupo particular de estudiantes o esos temas), utilizando una «rúbrica» (véase algunas muestras en el Apéndice o visite el sitio web del Centro de Investigación Institucional y de Apoyo de Decisiones de la Universidad de Stanford)[12] que representen sus metas educativas.

11. R. F. Mager, *Developing Attitude toward Learning* (Cómo desarrollar una actitud hacia el aprendizaje), Center for Effective Performance, 1984.

12. El centro de investigación institucional y de apoyo de decisiones de la Universidad de Stanford proporciona una descripción útil de rúbricas y de cómo crearlas para fines de evaluación. Se puede descargar una muestra de una rúbrica de evaluación del aprendizaje y un modelo en blanco para crear sus propias rúbricas en http://www.stanford.edu/dept/pres-provost/irds/assessment/templates.html.

3. Carpetas de aprendizaje: Una colección de muestras de trabajo estudiantil clave sobre el curso de su programa de estudio, analizado por medio de una «rúbrica» (véase el Apéndice), que represente sus metas educativas.
4. Entrevistas, simulacros o «jurados» en los que asesores capacitados evalúan la capacidad del estudiante de resolver problemas o de realizar alguna destreza, con base en lo que se les ha enseñado.
5. Dentro de un rango limitado de temas y áreas del mundo, exámenes estandarizados desarrollados por terceras, con normas científicamente validadas como referencia.
6. Inventarios conductuales que están diseñados para determinar el grado en el que los estudiantes se involucran en ciertos comportamientos que se correlacionan con el aprendizaje (p. ej., el número de horas que se dedican al estudio, el uso de la biblioteca, al diálogo con los docentes fuera de clases, en involucrarse en aprender a servir, leer por su cuenta, interactuar con otros estudiantes sobre temas importantes).
7. Encuestas con estudiantes, estudiantes de posgrado, exalumnos o miembros claves.
8. Entrevistas estructuradas con «grupos de enfoque» de estudiantes, estudiantes de posgrado, exalumnos o miembros clave.
9. «Análisis de estadísticas» como circulación de los libros de la biblioteca, registros tecnológicos, asistencia a la capilla, disciplina estudiantil o registros de consejería estudiantil[13].

Tal vez usted se pregunta en qué difiere la evaluación de metas educativas de los exámenes impartidos a los estudiantes. Como se indicó previamente, los exámenes pueden, en efecto, constituir un método de evaluación institucional. La diferencia está en la «unidad de análisis[14]». Cuando usted

13. Alverno College ha estado a la vanguardia de la innovación de la evaluación educativa por más de tres décadas. La investigación educativa y el sitio web de evaluación de la institución describen un amplio rango de métodos de evaluación. Véase http://depts.alverno.edu/ere/index.html.

14. J. C. Smart y W. G. Tierney, *Higher Education: Handbook of Theory and Research* (La educación superior: Manual de teoría e investigación), vol. 15, Nueva York, Agathon Press, 2000.

administra exámenes en un curso, intenta determinar el grado al que cada estudiante individual puede demostrar su aprendizaje. Cuando se involucra en la evaluación institucional, aunque su método de evaluación sea examen que les fue administrado a los estudiantes con relación a un curso requerido, en ese caso, intenta determinar el grado al que la institución ha sido eficiente en lograr el aprendizaje de todos los estudiantes. En el primer caso, la «unidad de análisis» es el estudiante individual. En el segundo caso, la «unidad de análisis» es el programa de estudio de la institución.

Probemos unos cuantos ejemplos. Suponga que usted ha formulado la siguiente meta educativa: *los estudiantes graduandos demostrarán su comprensión de los conceptos básicos de cada área clave de la teología sistemática.* Su método de evaluación podría ser el examen final de su curso de teología avanzada. Ya que su «unidad de análisis» es la institución, usted evaluaría los exámenes finales de todos los estudiantes que terminen el curso. Suponga que ha determinado un intervalo de cada dos años para la evaluación de esa meta en particular. Recopilaría y retendría todos los exámenes finales de los estudiantes de ese curso por dos años y analizaría sus calificaciones en cada ítem del examen. Suponga que descubre que, en tanto que la mayoría abrumadora de los estudiantes lograron una calificación que los aprueba en ese examen en particular durante los últimos dos años, hubo un patrón claro de respuestas incorrectas en el área de soteriología. ¡Usted acaba de involucrarse en la evaluación educativa institucional! Se ha enterado de que el grado de su énfasis instructivo, sus recursos y eficiencia en el área clave de soteriología tal vez sea deficiente.

Considere otro ejemplo. Suponga que tiene la siguiente meta educativa: *los graduados evidenciarán sus destrezas para resolver conflictos bíblicamente.* Usted pudiera desarrollar un sondeo de exalumnos para administrárselos a los graduados cinco años después de que hayan completado su curso de estudios. Entre los elementos del sondeo habría preguntas en las cuales los participantes deban indicar su nivel de acuerdo (sobre, digamos, una escala Likert: totalmente de acuerdo, de acuerdo, ni de acuerdo ni en desacuerdo, en desacuerdo, totalmente en desacuerdo) con las siguientes afirmaciones:

- Tengo una comprensión clara de los pasajes y principios bíblicos claves aplicables a la resolución de conflictos.
- Mi programa de estudios me preparó adecuadamente para anticipar y resolver los conflictos que han surgido en mi contexto ministerial.

- Durante los últimos dos años, he mediado o resuelto con éxito los conflictos interpersonales por lo menos una vez.

Por otro lado, puede organizar un grupo de líderes eclesiásticos y de la denominación, reunirlos cada tres años y entrevistarlos sobre sus metas educativas, incluyendo su habilidad para resolver los conflictos. Podría preguntarle a ese «grupo de enfoque» a qué grado están de acuerdo con que los graduados de su institución reflejan el logro de la siguiente meta: *los graduados evidenciarán sus destrezas para resolver conflictos bíblicamente.* Sus respuestas constituyen la evidencia de la eficiencia educativa (o falta de la misma) con respecto a esa meta relacionada con las habilidades. Usted puede observar fácilmente cómo solo un sondeo de exalumnos, bien diseñado o un ejercicio de grupo de enfoque podría evaluar el logro de un amplio rango de metas, particularmente en el campo de las destrezas y disposiciones. Observe que en ese contexto usted no evalúa el logro estudiantil individual, sino que determina el grado al que la institución (o programa educativo) logra un objetivo educativo en particular entre sus graduados como un todo.

El mismo procedimiento para el diseño de los métodos de evaluación es aplicable a las metas relacionadas con los departamentos de apoyo educativo y administración. Considere el siguiente ejemplo. *Los estudiantes tendrán acceso oportuno a los recursos necesarios de aprendizaje para apoyar su trabajo de clase.* Esa meta tiene que ver con la eficacia de una unidad clave de apoyo educativo: la biblioteca. Un método para evaluar el logro de esa meta sería crear una encuesta que sería administrada a todos los estudiantes. Podría administrarla a intervalos de dos o más años. La frecuencia de la administración de la encuesta debería determinarse a partir de su capacidad para llevarla a cabo y de hacer uso provechoso de los resultados. En esa encuesta, lo siguiente podría ayudarle a evaluar el logro de la meta que se citó anteriormente: «acceso oportuno a los recursos de aprendizaje»:

- Los libros, los artículos y otros recursos de aprendizaje, necesarios para completar mis labores, están sin inconvenientes disponibles en la biblioteca.
- El sistema de clasificación de la biblioteca y las herramientas de búsqueda me ayudan a ubicar los recursos apropiados de manera eficiente.

- Casi siempre tengo que esperar para tener acceso a los recursos necesarios para completar las labores del curso.
- A menudo tengo que depender de otras bibliotecas o fuentes de información para obtener los recursos necesarios para completar mis labores.
- El personal de la biblioteca es atento y sensible a mi necesidad de recursos de aprendizaje.

Cómo especificar los criterios de efectividad

Ahora ya está listo para el tercer paso del Ciclo de Mejoramiento (Figura 1). Una meta no es de gran ayuda si usted no determina cuándo es lograda de manera satisfactoria y cuándo no. Una vez haya designado uno o más métodos de evaluación correspondiente a cada meta educativa (o unidad de apoyo educativo o unidad administrativa), usted estará listo para el tercer paso. Tendrá que decidir qué representa un nivel aceptable de logro de metas. Considere nuestros ejemplos una vez más:

> *Meta educativa No. 1: Los estudiantes graduandos demostrarán su comprensión de los conceptos básicos en cada área clave de la teología sistemática.*
>
> Método de evaluación: Revisión bianual, incluso el análisis de los ítems de los 444 resultados del examen final.
>
> Criterio de efectividad: Los puntajes de los estudiantes en grupos de 10 ítems relacionados con cada una de las siguientes áreas centrales de la teología sistemática promediarán el 80%: bibliología, teología, antropología, cristología, neumatología, soteriología, eclesiología, escatología.

> *Meta educativa No. 2: Los graduados evidenciarán sus destrezas para resolver conflictos bíblicamente.*
>
> Método de evaluación: Un grupo de 3 ítems en una encuesta para exalumnos, administrada a los graduados cinco años después de la graduación.
>
> Criterio de efectividad: Por lo menos el 80% de los graduados anotarán «totalmente de acuerdo» o «de acuerdo» en cada ítem.

Lo que sigue representa una de las metas de la unidad de apoyo educativo de la institución:

> *Meta No. 1 de la unidad de apoyo educativo: Los estudiantes tendrán acceso oportuno a los recursos necesarios de aprendizaje para apoyar su trabajo de clase.*
>
> Método de evaluación: Un grupo de 3 ítems en una encuesta de servicios de apoyo educativo de 50 ítems, administrada anualmente a todos los estudiantes.
>
> Criterio de efectividad: Por lo menos el 80% de los encuestados indicarán «totalmente de acuerdo» o «de acuerdo» y no más del 5% indicará «en desacuerdo» o «totalmente en desacuerdo».

¿Cómo sabe cuál es un «criterio de efectividad» apropiado? Una posibilidad es que busque puntos de referencia[15]. Los puntos o parámetros de referencia son niveles de logro documentados entre grupos homólogos. Los exámenes estandarizados y muchos sondeos comerciales publican normas, la distribución de resultados calculados estadísticamente entre todos los encuestados, que son útiles para establecer puntos de referencia o parámetros. Las normas no solamente están disponibles para poblaciones enteras que toman exámenes, sino que también para ciertos subgrupos que pudieran corresponder de mejor manera a las características de su institución. Usted puede comparar su «criterio de efectividad» con las normas publicadas para, supongamos, estudiantes de instituciones de selectividad intermedia o para estudiantes graduandos (en lugar de todos los estudiantes); o para estudiantes de una institución teológica/profesional de su región; o para la especialidad de consejería. Una palabra de advertencia: el tipo incorrecto de comparaciones llevará al tipo incorrecto de conformidad. Si se trata de cumplir su misión singular, su institución probablemente no se compararía en muchos sentidos con muchas otras instituciones académicas de su región o alrededor del mundo. La excelencia en la educación es un concepto más instrumental que universal.

Si usted llega entonces a la conclusión de que las normas u otros puntos de referencia externos no son pertinentes o no están disponibles, es posible que

15. S. Brown y P. Knight, *Assessing Learners in Higher Education* (Cómo evaluar a los estudiantes en la educación superior), Teaching and Learning in Higher Education Series, Abingdon, England, Routledge Falmer, 2005, p. 18-19, edición digital.

tenga que establecer los criterios de efectividad de manera arbitraria. Involucre a sus colegas docentes, use su juicio profesional y establézcase metas altas. Si constantemente falla en lograrlas, después de repetidos ciclos de evaluación y mejoramiento, siempre puede ajustar su «criterio de efectividad» a niveles más realistas.

Cómo asegurar la recopilación, diseminación y análisis de datos

El cuarto y el quinto paso del Ciclo de mejoramiento (Figura 1) requieren de la calendarización explícita de las actividades de evaluación y la asignación de responsabilidades y fechas topes para la recopilación, diseminación y análisis de los resultados. Ese paso es especialmente desafiante para las instituciones pequeñas y con pocos recursos. A veces, los planes bien elaborados simplemente no son llevados a cabo. Aun con mayor frecuencia, los resultados de la evaluación son recolectados, pero nunca compilados, o si son compilados, nunca son analizados ni discutidos. ¡Qué desperdicio que los resultados de las evaluaciones se queden en el escritorio del decano! Un plan de evaluación adecuado siempre incluye planes escritos y realistas en cuanto a lo que usted hará con los resultados y quién será el responsable de hacerlo. ¿Quién recolectará los datos? ¿Quién compilará los datos? ¿Entre quiénes serán diseminados los datos? ¿Cuándo se discutirán los resultados?

James Nichols es famoso por su diseño del método de evaluación de las 5 columnas. En la Figura 2,[16] sobrepongo en el formato de 5 columnas de Nichols, las tres metas educativas de prueba que hemos considerado. En ese ejemplo, propongo varias ocasiones y grupos de gente distintos que recibirán y discutirán los resultados de la evaluación. Tal vez un mejor método para una institución pequeña sería diseñar un evento anual de un día, en el que los docentes y la administración se reúnan para revisar y discutir los resultados de todas las actividades evaluativas que llevaron a cabo durante el año anterior.

16. Adaptado de James O. Nichols et al., *A Practitioner's Handbook for Institutional Effectiveness and Student Outcomes Assessment Implementation* (Manual del profesional para la efectividad institucional e implementación de evaluación de resultados estudiantiles), Flemington, NJ, Agathon Press, 1996.

Meta	Método de evaluación	Criterio de efectividad	Recopilación y análisis de datos	Uso de los resultados
Meta educativa No. 1: *Los estudiantes graduandos demostrarán su comprensión de los conceptos básicos en cada área clave de la teología sistemática.*	Revisión bianual, incluso el análisis de los ítems de los 444 resultados del examen final.	Los puntajes de los estudiantes en grupos de 10 ítems relacionados con cada una de las siguientes áreas centrales de la teología sistemática promediarán el 80%: bibliología, teología, antropología, cristología, pneumatología, soteriología, eclesiología, escatología.	Examen: anualmente por el coordinador del departamento de teología. Recopilación de datos y análisis: trienalmente por el coordinador del departamento de teología. Previsto en la oficina del decano: julio de 2015, julio 2018, julio 2021. Revisión: retiro de docentes, agosto de 2015, 2018, 2021.	
Meta educativa No. 2: *Los graduados evidenciarán las destrezas para resolver conflictos bíblicamente.*	Encuesta a ex alumnos, grupo de 3 ítems	Por lo menos el 80% de los graduados anotarán «totalmente de acuerdo» o «de acuerdo» en cada ítem.	Administración de la encuesta: 2015, 2020, 2025, oficina del rector. Recopilación de resultados y análisis: oficina del rector. Revisión: retiro de docentes 2015, 2020, 2025	
Unidad de apoyo educativo—Meta No. 1 *Los estudiantes tendrán acceso oportuno a los recursos de aprendizaje, necesarios para apoyar su trabajo de clase.*	Encuesta de servicios de apoyo educativo	Por lo menos el 80% de los encuestados indicarán «totalmente de acuerdo» o «de acuerdo» y no más del 5% indicará «en desacuerdo» o «totalmente en desacuerdo».	Administración de la encuesta: anualmente (marzo) por el bibliotecario. Recopilación de resultados y análisis: bibliotecario Revisión: comisión del decano anualmente (mayo)	

Figura 2. Método de 5 columnas de Nichols.

Recuerde, el alternar una serie de actividades de evaluación durante varios años sería preferible a que intente llevarlas a cabo relacionadas con cada meta cada año. Por ejemplo, usted podría diseñar un ciclo de cinco años en el que las actividades de evaluación del primer año se enfoquen en el conocimiento bíblico y teológico, el segundo año podría enfocarse en el conocimiento general, el tercer año en la formación espiritual, el cuarto año en el dominio de las destrezas ministeriales y el quinto año en la eficiencia de la unidad de apoyo educativo. El sexto año volvería al enfoque del primer año. Los ciclos de evaluación y revisión menos frecuentes, pero más consecuentes, son mejores que sofocarse y sofocar a sus colegas con la imposición poco realista del compromiso de su tiempo y esfuerzo.

El cierre del ciclo: planes y recursos para el mejoramiento

La evaluación no es un fin en sí misma. El paso final del ciclo de evaluación ha llegado a llamarse «el cierre del ciclo»[17] (Figura 1). La evaluación no tiene sentido si no produce mejoras. De esa manera, podría ser preferible referirse al ciclo de evaluación como al ciclo de *mejoramiento*. Los estudios de las agencias de control de calidad y el sinnúmero de esfuerzos de investigación educativa[18] han descubierto repetidamente que demasiados programas de evaluación fallan en esta fase final del ciclo. Como se mencionó anteriormente, la calidad no es una condición estática. Más bien, las instituciones educativas de calidad son las que pueden generar evidencia de que logran sus metas *y que constantemente están mejorando.*

El mejoramiento se da cuando las observaciones y conclusiones de las actividades de evaluación se abren camino deliberada y habitualmente hacia los planes y presupuestos institucionales. Si usted no puede vincular sus actividades de evaluación con su presupuesto, ha fracasado en «cerrar el ciclo», y está derrochando la mayor parte del esfuerzo que ha dedicado a la evaluación. El mejoramiento no ocurre automáticamente. Se da cuando los líderes enfocan su atención y les asignan recursos a las actividades que fomenten el mejoramiento en las áreas más fundamentales para las metas

17. T. W. Banta, E. A. Jones, y K. E. Black, *Designing Effective Assessment: Principles and Profiles of Good Practice* (Cómo diseñar una evaluación efectiva: Principios y perfiles de una buena práctica), San Francisco, Jossey-Bass, 2009.

18. T. W. Banta y C. Blaich, «Closing the Assessment Loop» (Cómo cerrar el ciclo de la evaluación), *Change Magazine* 43, no. 1, 2010.

institucionales. Los recursos no solamente incluyen las finanzas, sino también al personal, las instalaciones, la tecnología y el equipo. Y la falta de recursos no es excusa. Pocos de nosotros, si alguno, disfrutamos de un excedente de recursos. La diferencia entre el liderazgo eficiente y el ineficiente no es principalmente la *abundancia* de recursos, sino más bien la *asignación* de los recursos disponibles. La falta de recursos puede afectar el ritmo en el que usted puede lograr el mejoramiento, pero la sabia asignación y reasignación de los recursos disponibles puede producir un mejoramiento sorprendente, incluso cuando los recursos escasean.

Aunque los resultados de las actividades de evaluación rara vez son parte de las discusiones del presupuesto institucional, deberían serlo. Cuando las revisiones de las evaluaciones llevan a observaciones en cuanto al grado al que la institución falla en lograr metas cruciales, el decano tiene que liderar los esfuerzos para asegurar que esas observaciones se conviertan en recomendaciones a las cuales se les dará prioridad durante los ciclos de planificación y elaboración del presupuesto. Para asegurarse de que eso ocurra, considere las siguientes sugerencias prácticas. En primer lugar, calendarice la recopilación y el análisis de datos (columna 4 de la Figura 2 de arriba) para que esas actividades inmediatamente precedan a la planificación institucional y a los ciclos de decisión de presupuesto. Mientras más largo sea el intervalo entre las reuniones de revisión de los resultados de la evaluación y sus reuniones de presupuesto, menos probable será que sean incorporados conscientemente a las prioridades del presupuesto. En segundo lugar, haga que el vínculo entre la evaluación y la planificación sea sencillo, al asegurarse de condensar su revisión de los resultados en una lista simple, organizada por orden de prioridad de diez o menos recomendaciones de mejoramiento para cada ciclo. Es poco probable que solamente en un ciclo logre abordar cada asunto que necesita mejoramiento. Si trata de avanzar en todos los frentes, sus esfuerzos de mejoramiento se disiparán y su compromiso colectivo con la evaluación bajará de ritmo hasta la inercia, mientras que usted y sus colegas no verán que sus esfuerzos de evaluación hayan rendido algún beneficio significativo. Por otro lado, si puede limitar sus prioridades de mejoramiento y relacionar una pequeña cantidad de esas prioridades con los planes y presupuestos, usted y sus colegas descubrirán la motivación intrínseca de quienes establecen metas significativas y trabajan juntos para lograrlas.

Puntos para reflexión y acción

1. Revise su catálogo institucional. ¿Puede asignarle declaraciones específicas de metas educativas a cada programa académico formal? Si no, vea si puede identificar declaraciones implícitas de metas educativas en cada programa. Evalúe las declaraciones de metas que haya identificado, en cuanto al grado en el que están expresadas en términos determinables. Trate de modificar las metas que no se declaran con términos determinables, para presentarlas con términos determinables.
2. Escriba, con términos determinables, por lo menos 5 metas educativas a nivel de institución (i.e. metas que serían apropiadas para todos los graduados de su institución, independientemente del programa de estudios que eligieron) para cada una de las categorías de resultados de aprendizaje:
   a. De conocimiento
   b. De disposiciones
   c. De habilidades
3. Haga un inventario de todo lo que su institución hace actualmente que podría ser útil para fines de evaluación (P ej., estadísticas que varios departamentos tienen, exámenes que se les administran a todos los estudiantes, labores que cada estudiante debe completar, encuestas o entrevistas que usted ya lleva a cabo).
4. Vea si hay maneras de encajar las actividades de evaluación que actualmente hace con las metas determinables que desarrolló como respuesta al ítem No. 2 de arriba.
5. Comience a hacer su propio cuadro de 5 columnas utilizando el patrón de Nichols, como se ilustra en la Figura 2. ¿Dónde están los espacios vacíos?
6. Discuta lo siguiente con su cuerpo docente:
   a) ¿Cuál sería el tiempo menos complicado en el que podríamos revisar y discutir los resultados de evaluación?
   b) ¿Cómo podemos asegurar que los resultados de evaluación se relacionen más regularmente con los planes de mejoramiento y la asignación de recursos?

Recursos para el estudio adicional

Libros

Astin, A. W., *Assessment for Excellence: The Philosophy and Practice of Assessment in Higher Education* (Evaluación para la excelencia: La Filosofía y la práctica de la evaluación en la educación superior), Portland, OR, Oryx and the American Council on Education, 1996.

Banta, T. W., E. A. Jones, y K. E. Black, K. E., *Designing Effective Assessment: Principles and Profiles of Good Practice* (Cómo diseñar una evaluación efectiva: Principios y perfiles de una buena práctica), San Francisco, CA, Jossey-Bass, 2009.

Boud, D., y N. Falchikov, eds., *Rethinking Assessment in Higher Education: Learning for the Longer Term* (Reconsideración de la evaluación en la educación superior: el aprendizaje para el largo plazo), Nueva York: Routledge, 2007.

Erwin, T. D., *Assessing Student Learning and Development: A Guide to the Principles, Goals, and Methods of Determining College Outcomes* (Cómo evaluar el aprendizaje y el desarrollo estudiantil: Guía para los principios, metas y métodos para determinar los resultados universitarios), San Francisco, CA, Jossey-Bass, 1991.

Maki, P. L., *Assessing for Learning: Building a Sustainable Commitment Across the Institution* (Evaluar para aprender: Cómo desarrollar un compromiso sostenible a lo largo de la institución), Sterling, VA, Stylus, 2004.

Nichols, James O., et al. *A Practitioner's Handbook for Institutional Effectiveness and Student Outcomes Assessment Implementation* (Manual del profesional para la efectividad institucional e implementación de evaluación de resultados estudiantiles), Flemington, NJ, Agathon Press, 1996.

Palomba, A., y T. W. Banta, *Assessment Essentials: Planning, Implementing, and Improving Assessment in Higher Education* (La base de la evaluación: Planificación, implementación y mejoramiento de la evaluación en la educación superior), San Francisco, CA, Jossey-Bass, 1999.

Rea, L. M., y R. A. Parker, *Designing and Conducting Survey Research* (Cómo diseñar y realizar la investigación mediante encuestas), 3a. ed., San Francisco, CA, Jossey-Bass, 2005.

Salant, P., D. A. Dillman, *How to Conduct Your Own Survey* (Cómo realizar su propia encuesta), Indianapolis, IN, Wiley, 1994.

Schuh, J. H., y M. L. Upcraft, *Assessment in Practice: An Application Manual* (La evaluación en la práctica: Manual de aplicación), San Francisco, CA, Jossey-Bass, 2000.

Sedlacek, W. E., *Beyond the Big Test: Noncognitive Assessment in Higher Education* (Más allá de la gran prueba: La evaluación no cognitiva en la educación superior), San Francisco, CA, Jossey-Bass, 2004.

Suskie, L., *Assessing Student Learning: A Common Sense Guide* (Cómo evaluar el aprendizaje estudiantil: Guía de sentido común), San Francisco, CA, Jossey-Bass, 2009.

Walvoord, B. E., *Assessment Clear and Simple: A Practical Guide for Institutions, Departments, and General Education* (La evaluación clara y simple: Una guía práctica para instituciones, departamentos y la educación general), San Francisco, CA, Jossey-Bass, 2004.

Sitios web

Alverno College, Centro de investigación educativa y evaluativa, http://depts.alverno.edu/ere/

North Carolina State University, Oficina de planificación y análisis universitario, recursos de internet para la evaluación de la educación superior. http://www2.acs.ncsu.edu/upa/assmt/resource.htm

Indiana University-Purdue University Indianapolis, Oficina de planificación y mejoramiento institucional, http://planning.iupui.edu/assessment

Red Internacional de agencias de garantía de calidad en la educación superior (INQUAAHE por sus siglas en inglés), http://www.inqaaHeorg

Instituto nacional para la evaluación de resultados del aprendizaje, http://www.learningoutcomeassessment.org/TransparencyFramework.htm

Stanford University, Centro de investigación institucional y de apoyo de decisiones, http://www.stanford.edu/dept/pres-provost/irds/ir

Revistas

Assessment & Evaluation in Higher Education (Evaluación y calificación en la educación superior). Taylor & Frances Group Información para suscripciones y contribuciones: http://www.tandf.co.uk/journals/titles/02602938.asp

Assessment Update: Progress, Trends and Practices in Higher Education (Actualización en la evaluación: Progreso, tendencias y prácticas en la educación superior) (Trudy Banta, Ed.). Un reporte de la educación superior de la serie ASHE-ERIC. Suscripción disponible a través de la biblioteca en línea Wiley en: http://onlinelibrary.wiley.com/doi/10.1002/au.v23:6/issuetoc

Change: The Magazine of Higher Learning (Cambio: La revista del aprendizaje superior). Philadelphia: Heldref Publications. Información sobre suscripciones y contribuciones: http://www.changemag.org/Subscribe/subscribe.html

Christian Higher Education (La educación superior cristiana). Routledge. Información para suscripciones y contribuciones: http://www.tandf.co.uk/journals/UCHE

European Journal of Higher Education. Routledge (Revista europea de la educación superior). Información para suscripciones y contribuciones: http://www.tandf.co.uk/journals/REHE

Higher Education Journal of Research and Development (Revista de investigación y desarrollo de la educación superior). Revista de investigación de la educación superior y de la sociedad de desarrollo de Australasia. Routledge. Información para suscripciones y contribuciones: http://www.tandf.co.uk/journals/CHER

Quality in Higher Education (Calidad en la educación superior). Publicada en asociación con la Red Internacional de agencias de garantía de calidad en la educación superior (INQUAAHE por sus siglas en inglés). Routledge. Información para suscripciones y contribuciones: http://www.tandf.co.uk/journals/CQHE

Theological Education (Educación teológica). Revista oficial de la Asociación de instituciones teológicas de Canadá y los Estados Unidos. http://www.ats.edu/Pages/default.aspx

Apéndice del capítulo 9

Rúbrica para evaluar los trabajos de investigación de los estudiantes graduandos

¿Qué es una rúbrica?

Una rúbrica es un conjunto de criterios escritos que ilustran niveles variables y discretos de desempeño o logro con el fin de facilitar una evaluación confiable a cargo de múltiples evaluadores. El siguiente ejemplo ilustra el uso de una rúbrica para evaluar un trabajo de investigación acumulativo de un candidato a graduación.

Criterios para evaluar los trabajos de investigación de los estudiantes graduandos:

- Superior: El trabajo evidencia un pensamiento altamente sintético en cuanto al tema; hay abundante evidencia de que el estudiante ha entendido, reflexionado y evaluado profundamente la literatura e investigación actuales; hay abundante evidencia de una reflexión e integración bíblica profunda; el trabajo sobresale en comparación a los de sus compañeros y excede grandemente las expectativas normales; la tesis del estudiante es excepcionalmente intuitiva, bien documentada, debatida de una forma coherente y convincente.
- Encomiable: El trabajo evidencia un pensamiento altamente analítico en cuanto al tema; hay evidencia de que el estudiante tiene una comprensión exhaustiva de la literatura e investigación actuales; hay evidencia de reflexión e integración bíblica constructiva; la tesis del estudiante es clara y la argumentación es altamente coherente y convincente.
- Adecuado: El trabajo evidencia buena comprensión y aplicación de principios claves relacionados con el tema; hay evidencia de

que el estudiante tiene una comprensión adecuada de la literatura e investigación actuales; hay algo de evidencia de reflexión e integración bíblica adecuada; el carácter general del trabajo cumple el criterio especificado y las expectativas normales, aunque algunos aspectos pudieron haber sido omitidos o no cumplen las expectativas.

- Necesita mejoramiento: El trabajo evidencia un poco el conocimiento y la comprensión superficial del tema; no hay evidencia suficiente de que el estudiante ha entendido, reflexionado profundamente ni evaluado la literatura e investigación actuales; no hay suficiente evidencia de una reflexión e integración bíblica adecuada; los argumentos son inconsistentes e incoherentes.
- Deficiente: Las expectativas determinadas o aspectos importantes de la labor se han omitido o tratado de manera superficial; el trabajo contiene extensos errores de composición o de gramática; la tesis del estudiante es imprecisa o incomprensible y la argumentación es completamente errónea.

Cuarta Parte

El liderazgo académico: Prácticas de liderazgo

10

Los líderes académicos como agentes de cambio

Orbelina Eguizábal

No hace mucho tiempo, recibí el mensaje de un colega que compartía algunos cambios que se estaban dando en su ministerio de enseñanza. En su mensaje, él reconocía que el cambio no era su asunto favorito. A medida que leía pensé: «No está solo». El cambio a menudo es recibido con temor, ya sea a nivel personal, grupal u organizacional. Quizás esto sea más cierto en los ambientes académicos. Sin embargo, cuando se trabaja como líderes académicos, dirigir la organización a través del cambio es un papel importante, ya sea que nos guste o no.

El filósofo griego Heráclito (535-475 a. C.) introdujo el concepto de que «la única constante es el cambio» como fundamental para el universo. La popularidad perdurable de la idea testifica de su pertinencia continua para la humanidad. Las cosas permanecen en constante cambio. Cualquier organización que quiera tener éxito, tiene que pasar por cambios. Las instituciones cristianas de educación superior, los seminarios y las escuelas de teología alrededor del mundo no son la excepción. Ya no será suficiente con simplemente mantener el *status quo*. Debido a las fuerzas internas y externas, la sobrevivencia depende de la capacidad de «mantener el paso con la importancia ascendente de la educación superior a la viabilidad económica[1]». Las instituciones tienen que

1. Barbara Kaufman, «The Leader as a Change Agent: the Power of Purpose, Passion, and Perseverance» (El líder como agente de cambio: el poder del propósito, de la pasión y de la perseverancia), People & Politics, *University Business* 8, no. 3, 1 de marzo, 2005, p. 53(2).

moverse a la velocidad de los cambios que las rodea, para estar a la altura de las altas expectativas de los clientes de la educación.

Es importante que como líderes académicos entendamos la naturaleza del cambio. Esto incluye la manera en que ocurre, los factores involucrados en cualquier clase de cambio y nuestro papel importante como agentes de cambio. Las acciones que se encuentran más adelante incluyen sugerencias que pueden ayudar a promover el cambio en nuestras instituciones académicas. Se ha incluido una cantidad de fuentes para resaltar el amplio rango de pensamiento de parte de los expertos en el tema. Esto se hizo con la esperanza de que señale a los lectores hacia las direcciones productivas para el estudio adicional.

Cómo entender el cambio organizacional

El propósito de este capítulo es tratar el papel del líder académico como agente de cambio. Un entendimiento adecuado de la naturaleza del cambio organizacional puede ayudar a facultar a los líderes con la base necesaria para diseñar y guiar a la organización, de manera apropiada, a través del proceso del cambio[2]. Muy a menudo oímos que la gente usa el término «transformación» para referirse al cambio. Sin embargo, en el libro *Engaging Resistance* (Cómo involucrar a los que se resisten), Aaron Anderson argumenta que los términos «cambio» y «transformación», en realidad, son distintos el uno del otro en cuanto a alcance, por lo que debemos definirlos[3]. Eric Flamholtz e Yvonne Randle enfatizan una distinción entre cambio y transformación. Ellos afirman que «en tanto que el cambio puede resultar en una transformación, la transformación en sí es distinta al cambio[4]».

Cambio

Para definirlo de manera sencilla, el cambio es hacer las cosas de una manera diferente a lo que se ha considerado la norma[5]. Las organizaciones

2. *Ibíd.*

3. Aaron D. Anderson, *Engaging Resistance: How Ordinary People Successfully Champion Change* (Cómo involucrar a la Resistencia: La manera en que la gente cambia exitosamente), Stanford, CA, Stanford Business Books, 2011, p. xv.

4. Eric Flamholtz e Yvonne Randle, *Leading Strategic Change: Bridging Theory and Practice* (Cómo dirigir el cambio estratégico: Un puente entre la teoría y la práctica), Nueva York, NY, Cambridge University Press, 2008, p. 6.

5. *Ibíd.*

experimentan cambio todos los días, aunque no estén planificados. Sin embargo, varios autores sugieren que el cambio organizacional generalmente ocurre en unidades o subunidades más pequeñas. En el libro *Organization Change: Theory and Practice* (Cambio en la organización: Teoría y práctica), Warner Burke sostiene que «el cambio organizacional planificado no es usual, especialmente en una escala larga, que afecta a todo el sistema[6]». Anderson coincide con Burke al describirlo como algo que ocurre a un nivel más pequeño dentro de la organización. La meta es alterar o reemplazar algún aspecto de ésta para que no funcione como lo hacía cuando se iniciaron los cambios. David M. Herold y Donald B. Fedor señalan que las modificaciones significativas que generalmente se requieren para el cambio significativo, dependen de la disposición de los empleados a hacer cambios en sus rutinas de trabajo. El éxito de los esfuerzos para hacer cambios positivos depende de su cooperación y apoyo[7].

Transformación

La transformación va más allá de hacer una cantidad selecta y limitada de cosas de manera distinta. Las organizaciones que atraviesan una transformación experimentan una «metamorfosis» de su forma original a otra forma. El alcance de la transformación organizacional es lo que algunos autores llaman un «cambio radical». Los líderes saben que ha habido una transformación cuando

> … las suposiciones subyacentes en cuanto a las funciones de una organización —cómo debe operar y conducir sus negocios, sus valores esenciales, estrategias, estructuras y capacidades— son modificadas para producir una organización que es fundamentalmente distinta de su predecesora[8].

Al entender la diferencia entre cambio y transformación, los líderes académicos serán capaces de decidir si quieren usar sus esfuerzos y recursos para hacer cambios que gradualmente lleven a la institución a cumplir las

6. W. Warner Burke, *Organization Change: Theory and Practice* (Cambio organizacional: Teoría y práctica), 3a ed., Thousand Oaks, CA, SAGE, 2011, p. 1.

7. David M. Herold y Donald B. Fedor, *Change the Way You Lead Change: Leadership Strategies that Really Work* (Cambie la forma en que dirige el cambio: Estrategias de liderazgo que sí funcionan), Stanford, CA, Stanford University Press, 2008, p. xiii.

8. *Ibíd.*, p. xv.

demandas de sus clientes, o si el siguiente paso es hacer una transformación radical. Para el propósito de este capítulo, el término «cambio» se usará para describir tanto el cambio transformacional como los cambios más pequeños.

Tipos de cambio

Flamholtz y Randle afirman que «un primer paso para manejar el cambio es entender qué *tipo* de cambio se necesita[9]». Esto se puede discernir al evaluar las diferentes formas en que las organizaciones o instituciones responden a los desafíos de cada día. Por ejemplo, la serie Havard Business Essentials (Fundamentos del Havard Business) clasifica la forma en que las organizaciones comerciales responden a los desafíos en cuatro categorías:

1. **Cambio estructural:** Estos programas tratan la organización como un grupo de partes funcionales —el modelo de «máquina»—. Durante el cambio estructural, la gerencia superior, con la ayuda de asesores, trata de reconfigurar esas partes para lograr un mejor desempeño en general.
2. **Reducción de gastos.** Los programas que tratan con la reducción de gastos se enfocan en la disminución de actividades no esenciales, o en otros métodos, para restringir los gastos en las operaciones.
3. **Cambio de proceso.** Estos programas se enfocan en cambiar la forma en que se hacen las cosas. Típicamente busca hacer los procesos de forma más rápida, más efectiva, más confiable o menos costosa.
4. **Cambio cultural.** Los programas que tratan con el cambio cultural se enfocan en el lado «humano» de la organización, tal como la estrategia general de la compañía para hacer negocios, o la relación entre su administración y empleados[10].

A pesar de la claridad y naturaleza directa de estas definiciones, los autores reconocen que estos cambios son difíciles. A las organizaciones no se les puede asegurar el éxito simplemente porque se intenta.

---

9. Flamholtz y Randle, *Strategic Change*, p. 11.

10. Harvard Business Essentials, *Managing Change and Transition* (Cómo encargarse del cambio y la transición), Boston, MA, Harvard Business School Publishing Corporation, 2003, p. 8-9.

Flamholtz y Randle proponen otra forma de percibir el cambio. Estos clasifican el cambio organizacional de acuerdo con tres factores: (1) La magnitud del cambio: en aumento o «transformacional»; (2) el enfoque en el cambio: estratégico u operacional; y (3) el nivel del cambio: individual, de grupo u organizacional[11].

Magnitud o escala del cambio. El cambio se puede llevar a cabo en distintas dimensiones. Dependiendo del propósito, puede considerarse como en aumento, trascendental, o transformacional.

1. *El cambio gradual.* Se caracteriza por cambios pequeños que apenas se observan. Estos cambios representan «menos del 5 por ciento de las operaciones existentes (contenido)», por ejemplo, «cambiar el formato (no el contenido) de los documentos escritos (como las políticas y procedimientos, o descripciones de trabajo)[12]».
2. *El cambio sustancial.* Consiste en «cambios importantes en la organización, en sus operaciones, etc.)». Implica más «del 10 por ciento del contenido del cambio», por ejemplo: «revisar las descripciones de trabajo, para reflejar los cambios que han ocurrido en la organización a través del crecimiento; ... llevar a un miembro nuevo al equipo ejecutivo; y cambiar la estructura organizacional[13]».
3. *El cambio transformacional o revolucionario.* Burke lo define como «una sacudida (perturbación) al sistema [...] las organizaciones que cambian su misión ejemplifican el cambio revolucionario [...] el cambio de misión afecta a todas las demás dimensiones primarias de una organización: al liderazgo, a la estrategia, a la estructura, a la cultura y a los sistemas[14]».

El enfoque del cambio. El enfoque del cambio, operacional o estratégico, se define por lo que implicará dentro de la organización. Para identificar el enfoque del cambio hay que tener una clara comprensión de lo que ha iniciado la necesidad del cambio, y qué tan profundamente quieren llegar los

11. Flamholtz y Randle, *Strategic Change*, p. 11.
12. *Ibíd.*, p. 11-12.
13. *Ibíd.*
14. Burke, *Organization Change*, p. 77.

líderes en los asuntos de misión, propósito o estrategia. ¿Buscamos un cambio revolucionario o solo ajustar las mejoras?[15]

1. **El cambio estratégico.** Esto implica un cambio de dirección o visión.

2. **Cambio operacional.** Esto implica cualquier cosa que afecte a las operaciones diarias[16].

Nivel del cambio. Los niveles del cambio organizacional tienen que ver con cambiar una parte de la organización. Esto se puede representar con personas y grupos, o al cambiar la organización como un todo. Es importante observar que los cambios, para cualquiera de estos grupos, se verán de manera distinta, con base en las estrategias que se usen para tratar a los demás grupos[17].

1. **Individual.** Los cambios a este nivel tienen la intención de mejorar los esfuerzos individuales que contribuirán a cambios más amplios al nivel organizacional[18]. Esto requiere de sistemas apropiados de reclutamiento, de formación y desarrollo y de orientación.
2. **De grupo.** A un grupo de trabajo o subsistema se le considera de suprema importancia dentro de una organización, porque provee el lugar para: «(1) la interacción entre la persona y la organización, (2) la relación social principal y apoyo del empleado individual, sea o no que él o ella sea el gerente, y (3) la determinación del significado de realidad organizacional que tenga el empleado[19]». El cambio a este nivel depende mucho de las actividades que requerirán el desarrollo intencional del equipo, como en los grupos auto dirigidos y en la cooperación entre grupos.
3. **Al nivel organizacional.** Como se señaló antes en este capítulo, el cambio de toda una organización es poco común. Generalmente comienza en una unidad o división en particular, lo que a su vez puede involucrar a otras unidades y finalmente llevar todo el sistema.

15. *Ibíd.*, p. 124.
16. Flamholtz y Randle, *Strategic Change*, p. 13.
17. *Ibíd.*
18. Burke, *Organization Change, p.* 100.
19. *Ibíd.*, p. 113-114.

Independientemente de donde comience el cambio organizacional, a la larga, impactará a los otros niveles en el punto en que se traslapan.

La clasificación del cambio de Burke tiene dos categorías principales: (1) cambio evolutivo o continuo y (2) revolucionario o discontinuo. Estos hacen eco de algunos de los componentes que se incluyen en la tipología de Flamholz y Randle. Según Burke, el cambio evolutivo «requiere medidas de mejora en la manera en que un producto está diseñado, en la manera en que se da un servicio o en la manera en que se mide y mejora la calidad[20]». El cambio revolucionario, por otro lado, «requiere de eventos del sistema total, tales como (1) una actividad inicial que llama la atención hacia la necesidad clara de una modificación dramática de misión y estrategia, debido a cambios que han ocurrido en la tecnología, o (2) incursiones nuevas, imprevistas, de un competidor significativo[21]». El tipo de cambio que los líderes de una organización determinen que es necesario, debe buscarse con un plan efectivo, que incluye el proceso que seguirán para lograrlo.

Contenido y proceso del cambio

La distinción entre el contenido del cambio, el *qué* y el proceso, o el *cómo*, son muy importantes. El *qué* «da la visión y la dirección general para el cambio», el *cómo* «tiene que ver con implementación y adopción[22]». Burke sostiene que:

> El contenido tiene que ver con el propósito, la misión, la estrategia, los valores y con todo lo que es la organización —o debería ser—. El proceso tiene que ver con la manera en que se planifica, se lanza, se implementa más completamente y, una vez en la implementación, se sostiene el cambio… Para determinar el *qué* se requiere de liderazgo que adopte una postura firme, declare cómo será el mundo futuro y formule la historia del cambio de manera que responda a asuntos de identidad y propósito. Para determinar el cómo se requiere de un liderazgo que, por ejemplo, sea participativo, que involucre a los miembros organizacionales

20. *Ibíd.*, p. 23.
21. *Ibíd.*
22. *Ibíd.*, p. 25.

en las actividades que ocasionarán el cambio y que reconozca los logros[23].

Judith Ramaley ve estos dos conceptos en términos de tener un mandato de cambio desde el nivel del liderazgo ejecutivo, es decir, entender «lo *que* se espera que usted logre y si hay alguna expectativa en cuanto a *cómo* lo hará[24]».

Estos aspectos del cambio tratan de ayudar a los líderes académicos a ver que el cambio no es amenazador, para que puedan sentirse más cómodos en cuanto a dirigir el cambio en sus instituciones académicas. Entender la naturaleza del cambio provee el camino para que el liderazgo identifique y formule respuestas flexibles a las realidades del mundo que los rodea[25].

Los catalizadores del cambio en las instituciones educativas

El inicio del nuevo siglo, la globalización y, más recientemente, la caída de las economías alrededor del mundo, han hecho que la mayoría de instituciones de educación superior pasen por turbulencia significativa. Independientemente de dónde se encuentren, las instituciones y las universidades han tenido que hacer reformas fundamentales para enfrentar las tensiones impuestas por la sociedad y la situación financiera[26]. Puede ser una tendencia que los líderes académicos se muevan más lentamente hacia hacer cambios significativos en sus instituciones, por su compromiso con la tradición y el statu quo. Los líderes académicos tienen que pasar tiempo estudiando y aprendiendo las formas que ayudarán a facilitar el cambio, de una manera que tome en

23. *Ibíd.*

24. Judith A. Ramaley, «Moving Mountains: Institutional Culture and Transformational Change» (Cómo mover montañas: La cultura institucional y el cambio transformacional), en *Field Guide to Academic Leadership* (Guía de campo para el liderazgo académico), ed. Robert M. Diamond, San Fracisco, CA, Jossey-Bass, 2002, p. 60.

25. Aura Condreanu, «Organizational Change: A matter of Individual and Group Behavior Transformation» (El cambio organizacional: Un asunto de transformación del comportamiento individual y de grupo), *Journal of Defense Resources Management* 1, no. 1, 2010, http://journal.dresmara.ro/issues/volume1_issue1/07_codreanu.pdf (15 de junio, 2013): p. 49.

26. Alan E. Guskin y Mary B. Marcy «Pressures for Fundamental Reform: Creating a Viable Academic Future» (Las presiones para la reforma fundamental: Cómo crear un futuro académico viable, en *Field Guide to Academic Leadership* (Guía de campo para el liderazgo académico), ed. Robert M. Diamond, San Francisco, CA, Jossey-Bass, 2002, p. 3-4.

consideración la naturaleza conservadora de su organización, la situación actual y las necesidades emergentes. Estar conscientes del ambiente externo de su institución y de los factores que contribuyen a los cambios, es un paso clave para continuar con los cambios necesarios y planificar esos cambios de manera estratégica.

El papel del ambiente externo

La mayoría de las teorías recientes, o modelos de cambio, enfoca su discusión en el ambiente como un factor clave que obliga a las organizaciones a cambiar. En el Modelo causal de cambio de Burke-Litwin (*Burke-Litwin Causal Model of Change*), Burke señala la influencia que el ambiente externo tiene en el liderazgo de la organización, los cambios en la misión y estrategia de la organización y la formación de la cultura de la organización. El ambiente externo parece ser particularmente influyente en las organizaciones, donde los que tienen puestos ejecutivos son responsables de tomar las decisiones. Estas fuerzas pueden incluir factores como: las condiciones en el mercado, el clima político, los cambios en las políticas reguladoras, las expectativas de los clientes, los desarrollos tecnológicos, la presión creciente de parte de los gobiernos a través del proceso de acreditación y la forma en que estos factores interactúan entre sí para alterar las realidades en el terreno[27]. Estos factores externos crean presiones que se acumulan para hacer los cambios que mantengan a las organizaciones financieramente estables, en tanto que ofrecen buena educación a los estudiantes que les llega a un precio razonable.

Los precios cada vez más altos de la educación superior. Los precios cada vez más altos de la educación superior son un fenómeno que experimentan no solo las instituciones y universidades, sino también las escuelas de teología que forman parte de una institución más grande y los seminarios teológicos. El liderazgo académico y las juntas directivas enfrentan el desafío de mantener la calidad educativa, en tanto que mantienen la educación accesible. Los factores principales que contribuyen al precio cada vez más alto de la educación superior incluyen los salarios del cuerpo docente, la necesidad de mantenerse actualizados con el paso rápido de la tecnología desarrollada, y el aumento del precio para mantener las instalaciones[28].

27. Burke, *Organization Change*, p. 218-219.
28. Guskin y Marcy, «Pressures», p. 4.

Esta tensión requiere que las instituciones académicas hagan cambios continuos que las ayudarán a seguir atrayendo nuevos estudiantes. Sin embargo, en muchos países, esto también ha ocasionado el surgimiento de instituciones no acreditadas, que ofrecen grados en línea o residenciales, a un precio mucho más bajo, sin importar las implicaciones que eso pueda tener para la calidad de educación que proporcionan. Un ejemplo de esto en los años recientes ha ocurrido en algunos países de América Latina. Una cantidad de instituciones, cuyo currículo no está la altura de los estándares educativos del país, ofrecen títulos a un precio más bajo. Las mismas presentan una amenaza para las instituciones académicas tradicionales.

Los resultados del aprendizaje estudiantil. Las expectativas impuestas por las asociaciones acreditadoras son otra presión que ha aumentado principalmente en el contexto educativo superior norteamericano. En los últimos 20 años, las evaluaciones del aprendizaje estudiantil se han incluido como parte de sus informes[29]. Las instituciones educativas tienen que demostrar que, en efecto, preparan a sus graduados para trabajar al momento de graduarse. El resultado de la evaluación de las asociaciones acreditadoras está vinculado a si las instituciones reúnen las condiciones para fondos del gobierno, por lo que eso tiene una fuerte influencia en su toma de decisiones y en los cambios en sus políticas y prácticas.

Los avances tecnológicos y la explosión del conocimiento. Las instituciones, tanto en los países desarrollados como en los países en vías de desarrollo, siguen experimentando una creciente presión para el cambio, debido a la explosión de la tecnología. De muchas maneras, los desarrollos tecnológicos ofrecen oportunidades emocionantes, ya que introducen alternativas a la educación que simplemente no se puede proveer a través de las formas tradicionales de educación[30]. Por ejemplo, la Universidad de Biola, donde trabajo como parte del cuerpo docente, ha sido muy intencional para hacer algunos cambios significativos en los últimos años, al implementar la educación en línea. Pueden poner, aparentemente, ilimitados recursos a la disposición de la gente que tiene acceso a la Internet casi desde cualquier parte. La Universidad de Stanford es otro ejemplo de una institución que se separa de los modelos de educación tradicional. Han desarrollado un programa que usa modelos de investigación

29. *Ibíd.*, p. 6.
30. *Ibíd.*, p. 7.

para proveer educación a los grupos que, de otra manera, no habrían podido pagar por sus programas, incluso los que viven en áreas remotas de la India y América Latina. El espacio es muy limitado como para enumerar todos los esfuerzos de desarrollo intrigantes que se llevan a cabo en las instituciones alrededor del mundo. Sin embargo, uno de los desafíos más grandes que las instituciones enfrentan, es que la mayoría del desarrollo tecnológico se lleva a cabo fuera de las instituciones educativas. Como resultado, enfrentan presión externa de:

> … las instituciones rivales, de las agencias financieras, de los que hacen las políticas, de las juntas directivas y de los mismos estudiantes, para usar la tecnología como parte clave el proceso de aprendizaje, no solo como componente importante de los cursos y un medio para que los estudiantes aprendan por su cuenta, sino también como alternativa a los cursos[31].

Un aspecto sumamente útil de estos avances tecnológicos es la transformación de nuestra capacitad para almacenar y transmitir información. Eso se puede lograr a una gran velocidad y luego se puede tener acceso a nuestro propio tiempo y conveniencia. El peligro de estos avances útiles es que puede existir la tentación de creer que eso reemplaza la necesidad de que los humanos almacenen y procesen la información en su propia mente. Peter McCaffrey argumenta que el conocimiento va más allá de la manera en que está disponible. Un aspecto esencial de conocimiento es la manera en que lo empleamos, en la que reflexionamos en él críticamente y en la que sacamos conclusiones. Su interés es cómo la simple información lleva a un entendimiento que contribuye a la capacidad de una persona de resolver problemas, de crear o hacer juicios sabios[32].

La explosión de conocimiento también se ha demostrado, en las últimas dos décadas, con el aumento en la matriculación universitaria. Más adultos buscan títulos universitarios que los certifiquen para suplir las demandas de sus trabajos. Este fenómeno se ha observado en los campus universitarios a

31. *Ibíd.*, p. 6.

32. Peter McCaffery, *The Higher Education Manager's Handbook: Effective Leadership & Management in Universities & Colleges* (Manual para el administrador de la educación superior: Liderazgo efectivo y administración en universidades e instituciones), 2a. ed., Nueva York, Routledge, 2010, p. 12.

una escala internacional. Lunenburg y Ornstein observan que en los Estados Unidos ha habido un aumento dramático en los cursos de educación continua. Los estudiantes no tradicionales, de los niveles de edad más avanzados, han regresado a los estudios para obtener credenciales profesionales[33]. El suplir las necesidades de sus estudiantes ha resultado en que las instituciones educativas hagan cambios significativos en el currículo de varios campos académicos. También ha llevado a cambios en la manera en que administran sus instalaciones, su sistema de enseñanza y sus estructuras departamentales. El trabajo significativo que ha comenzado todavía no se ha completado, y las instituciones tendrán que seguir implementando cambios.

Rendición de cuentas. La rendición de cuentas es una herramienta útil para dar claridad y para fortalecer las maneras en las que una organización puede buscar la excelencia. También puede crear considerable presión externa e interna para implementar cambios. Judith S. Eaton, Presidente del Concilio para la Acreditación de la Educación Superior en los Estados Unidos, declara que «la "rendición de cuentas" se refiere a la forma y al grado en que la educación superior y la acreditación aceptan la responsabilidad de la calidad del resultado de su trabajo, y son abiertamente sensibles a los interesados y al público[34]». La rendición de cuentas adquiere su significado dependiendo del contexto. Por ejemplo, en los Estados Unidos, los gobiernos estatal y federal han tomado cada vez más control sobre la manera en que la rendición de cuentas de las instituciones educativas se lleva a cabo[35]. Tienden a enfocarse menos en las contribuciones o en los procesos de transformación organizacional y más en lo que la institución produce en cuanto al impacto en los estudiantes[36]. Esto crea importantes cambios necesarios para las instituciones en direcciones múltiples. Anteriormente en este libro, en su capítulo titulado «La Acreditación: Importancia y beneficios para la institución», Bernard Ott resalta las tensiones que surgen cuando se trata de la rendición de cuentas como parte del proceso

33. Fred C. Lunenburg y Allan C. Ornstein, *Educational Administration: Concepts & Practices* (Administración educativa: Conceptos y Prácticas), 5ª. ed., Belmont, CA, Thomson Higher Education, 2008, p. 204.

34. Judith S. Eaton, «U.S. Accreditation: Meeting the Challenges of Accountability and Student Achievement» (La acreditación en los Estados Unidos: Cómo enfrentar los desafíos de la rendición de cuentas y del logro estudiantil), *Evaluation in Higher Education* 5 no. 1, junio de 2011, http://www.chea.org/pdf/EHE 5-1 (18 de junio, 2013), p. 8.

35. *Ibíd.*

36. Lunenburg y Ornstein, *Educational Administration*, p. 202.

de acreditación (véase el Capítulo 9 de este libro para una discusión más detallada sobre la acreditación y la rendición de cuentas).

Las instituciones de educación superior se ven atraídas cada vez más a suplir las expectativas de la comunidad externa, no solo a nivel nacional sino también internacional, debido a la globalización. Bjorn Stensaker y Lee Harvey señalan que esas instituciones no solo tienen que lidiar con las expectativas de los acreditadores en su propio país, sino también a nivel internacional. Explican que:

> Algunos de los acontecimientos que alimentan este interés cada vez mayor en una incrustación «global» de la rendición de cuentas, son el número cada vez más creciente de estudiantes internacionales, de académicos internacionales o profesores invitados, el impacto del comercio y la industria global, las clasificaciones que los periódicos internacionales hacen de las universidades, el establecimiento de los esquemas internacionales de garantía de calidad, los títulos compartidos, las colaboraciones y los consorcios estratégicos, y muchos más[37].

Las demandas y presiones que los líderes académicos ya enfrentan debido a la globalización y la internacionalización de la educación superior seguirán aumentando. Para muchas instituciones, una reacción efectiva a ellos requerirá de cambios significativos en la toma de decisiones.

El papel del ambiente interno

Tan significativa como es la función del ambiente externo para las instituciones académicas, el ambiente interno también ejerce presión para el cambio, a través de los procesos que sigue y de la gente de la organización. Los procesos más cruciales de cualquier organización incluyen: la naturaleza del liderazgo, la forma en que se toman las decisiones, la forma en que se conduce nuestra comunicación y la forma en que se implementan las estrategias de motivación[38]. Esto refleja directamente la cultura de la organización, incluso las reglas escritas,

37. Bjorn Stensaker y Lee Harvey, «Accountability: Understanding and Challenges» (La rendición de cuentas: Comprensión y desafíos) en *Accountability in Higher Education: Global Perspectives on Trust and Power* (La rendición de cuentas en la educación superior: Perspectivas globales sobre la confianza y el poder), ed. Bjorn Stensaker y Lee Harvey, Nueva York, Routledge, 2011, p. 7-8.

38. Eaton, «U.S. Accreditation», p. 8.

los sistemas fundamentales de creencias y las normas que se refuerzan[39]. La cultura de la organización también se ve afectada por su comunidad, sus participantes y clientes. Según Birnbaum, las organizaciones no responden al «ambiente real, sino más bien al ambiente que se establece [...] el que la organización percibe a través de los procesos que afectan la percepción y el significado[40]». Birnbaum señala a Starbuck para demostrar que los líderes de las organizaciones tienen un rango de opciones, del cual elegir la clase de ambiente que crearán[41].

La rendición de cuentas es otro aspecto del ambiente interno de la organización. Los departamentos y las escuelas son responsables ante el liderazgo ejecutivo del seminario, universidad u organización. La mayoría de los cambios permanecerán al nivel de las personas y grupos (sistema unitario) para cosas como: contratación y capacitación del cuerpo docente, orientación, cambios en el currículo de un programa, cambios departamentales, incluso algunas políticas y prácticas.

El papel de la cultura en el cambio de las instituciones educativas

Las instituciones de educación superior tienen su propia y singular cultura, que se desarrolló a lo largo de la historia de la institución. Jacky Lumby y Nick Foskett definen cultura como «el conjunto de creencias, valores y comportamientos, tanto explícitos como implícitos, que afianzan a la organización y proveen la base de acción y toma de decisiones, y se resume satisfactoriamente como "la forma en que aquí hacemos las cosas"[42]». Birnbaum explica que en tanto que todas las instituciones tienen una cultura, hay un rango en cuanto a cuán fuerte o débil puede ser, y si tiene la fortaleza para sostener un proceso de

39. Robert Birnbaum, *How Colleges Work: The Cybernetics of Academic Organization and Leadership* (Cómo funcionan las instituciones: La cibernética de la organización y el liderazgo académico), San Francisco, CA, Jossey-Bass Publishers, 1988, p. 75.

40. *Ibíd.*, p. 75-76.

41. *Ibíd.*, p. 76. Para más detalles véase W. H. Starbuck, «Organizations and Their Environments» (Las organizaciones y sus ambientes), en *Handbook of Industrial and Organizational Psychology* (Manual de la psicología industrial y organizacional), ed. M. D. Dunnette, Chicago, IL, Rand McNally, 1976.

42. Jacky Lumby y Nick Foskett «Leadership and Culture» (Liderazgo y cultura) en *International Handbook on the Preparation and Development of School Leaders* (Manual internacional sobre la preparación y el desarrollo de líderes educativos), eds. Jacky Lumby, Gary Crow y Petros Pashiardis, Nueva York, Routledge, 2008, p. 44.

cambio significativo[43]. Una consideración adicional es que las culturas no están grabadas en piedra. Las expectativas pueden ser influenciadas poderosamente por fuerzas externas, como colegas de otras instituciones y las culturas que se encuentran allí[44].

Cada organización revela su cultura a través de sus propias maneras de conceptualizar y hacer las cosas, como lo delinean Lumby y Foskett:

a. Conceptualmente, a través de las ideas que se valoran y se promueven.
b. Verbalmente, a través del lenguaje, la terminología y el discurso que se usa.
c. Conductualmente, a través de las actividades, interacciones sociales y rituales que ocurren.
d. Visualmente, a través de los diseños y estilos adoptados por la organización en sus componentes físicos y materiales[45].

Un componente clave para acelerar los procesos de cambio es que los líderes tengan un entendimiento fuerte de la cultura de su institución. Esto se debe a que la cultura juega un papel importante en cuanto a qué clase de cambio es posible[46]. A veces, la cultura en sí es lo que se tiene que cambiar. Una fuerte comprensión de cómo se lleva a cabo el proceso de cambio cultural es un factor clave para el éxito de liderazgo[47].

Hay distintos grados a los que cualquier institución particular está dispuesta a cambiar. Flamholtz y Randle afirman que un factor crítico es si se puede formar una cultura que apoye el proceso de transición, que posibilitará seguir el cambio con creatividad y enfrentar cierta cantidad de riesgo[48]. La ausencia de esa cultura tendrá un impacto perjudicial en los esfuerzos para el cambio y hará que las personas lo ignoren o se resistan a él.

43. Birbaum, *How Colleges Work*, p. 73.

44. *Ibíd.*

45. Lumby y Foskett, «Leadership and Culture», p. 45.

46. W. Tierney, *The Impact of Culture on Organizational Decision Making: Theory and Practice in Higher Education* (El impacto de la cultura en la toma de decisiones organizacional: Teoría y práctica en la educación superior), Sterling, VA, Stylus, 2008, p. 3.

47. Lumby y Foskett, «Leadership and Culture», p. 56. (Véase M. Fullan, *The New Meaning of Educational Change* (El significado nuevo del cambio educativo), Nueva York, Teachers College Press, 2001.

48. Flamholtz y Randle, *Strategic Change*, p. 52.

Un elemento importante para establecer la cultura institucional que esté abierta al cambio es la manera en que el liderazgo la promueve. H. Peterson, en su libro, Cómo dirigir una pequeña institución o universidad: Una conversación que nunca se acaba (*Leading a Small College or University: A Converstion that Never Ends*), sostiene que cuando los líderes universitarios entienden la cultura organizacional existente de su institución, son más capaces de articular una visión y metas nuevas, de una manera que cultive la apertura al cambio[49]. La interacción del líder con la cultura al nivel organizacional tiene un propósito doble. Ellos pueden abordar los elementos culturales más penetrantes de la organización para mantenerlos o cambiarlos. También pueden utilizarla como una oportunidad para invitar a cualquier subcultura que se haya desarrollado en la organización para unificarla con el esfuerzo global[50]. Ya que cada organización central tendrá su propia y singular combinación de características, que pueden ser muy similares o muy distintas a otras organizaciones, cada uno debe evaluarse cuidadosamente para tratar las necesidades particulares que enfrentará en el proceso de cambio.

Habiendo dicho todo esto, surgen algunas preguntas que cada institución debe considerar: ¿Quién va a diseñar y a implementar el cambio? ¿Dónde están esas personas valientes que se ocuparán de dirigir sus instituciones a través del cambio continuo? La siguiente sección trata de resaltar quiénes son y algunos principios para ser agente de cambio en las instituciones educativas.

Los líderes académicos como agentes de cambio

Dirigir el cambio es una aptitud que se requiere de cualquier líder que quiera mantener su organización o departamento en crecimiento, y supliendo las necesidades de sus clientes. Tammy Stone y Mary Coussons-Read afirman: «El liderazgo implica actividades que efectúan cambios[51]». Al líder que hacer cambios se le conoce como agente de cambio. Por su interés en la habilidad

49. H. Peterson, *Leading a Small College or University: A Conversation that Never Ends* (Cómo dirigir una pequeña institución o universidad: Una conversación que nunca termina), Madison, WI, Atwood Publishing, 2008, p. 16-17; 34.

50. Lumby y Foskett, «Leadership and Culture», p. 56.

51. Tammy Stone y Mary Coussons-Read, *Leading from the Middle: A Case Study Approach to Academic Leadership for Associate Deans* (Cómo dirigir desde el centro: El abordaje de estudio de caso al liderazgo para los decanos asociados), Series on Higher Education, Lanham, MD, Rowman & Littlefield, 2011, p. 3.

de su organización para adaptarse a la naturaleza del mundo comercial que cambia constantemente, las compañías contratan gente que posee las habilidades de trabajar como catalizadores del cambio. Aunque las instituciones educativas enfrentan desafíos que son propios de la academia, sus líderes también necesitan perfeccionar las aptitudes que les ayuden a enfrentar el ambiente cambiante. Uno de los desafíos para esto es que a la mayoría de líderes académicos se les nombra a sus puestos sin entrenamiento formal en el liderazgo de la administración académica. En la mayoría de los casos, se les nombra con base a éxitos en otras áreas dentro de la universidad y su campo académico. Por lo general, el resultado es una falta de preparación para trabajar como agente de cambio.

Los líderes académicos, a todos los niveles, son llamados a adoptar «una visión audaz que desafíe el statu quo de las suposiciones apreciadas en cuanto a la misión, a los programas académicos, a las estrategias de recaudación de fondos y a las relaciones comunitarias[52]». Barbara Kaufman explica que la supervivencia misma de las universidades depende de que puedan mantenerse al ritmo de los desarrollos, aunque eso signifique que sacrifiquen cierta cantidad de equilibrio y seguridad[53]. Además del desafío, está la realidad de las tradiciones antiguas dentro de muchas instituciones, la perspectiva de las partes interesadas influyentes y otros factores que limitan las posibilidades. La habilidad de navegar en esas aguas es crucial para los líderes. Las instituciones deben escoger a esos líderes y apoyar sus esfuerzos asignándoles los recursos necesarios y proveer la capacitación necesaria, para que dirijan a la institución a través del cambio de manera eficaz[54].

Características de los agentes de cambio

Los autores ajenos al contexto académico proveen largos listados de características que las personas deben tener para ser agentes de cambio eficaces. Los líderes del ámbito académico necesitan un conjunto singular de características. Esas cualidades pueden entenderse en términos de actitudes, acciones, habilidades y capacidades.

52. Kaufman, «Leader as a Change Agent», p. 53(2).
53. *Ibíd.*
54. Guskin y Marcy, «Pressures», p. 13.

Barbara Kaufman resalta las actitudes y acciones de dos líderes académicos que fueron capaces de cambiar a sus instituciones contra toda incredulidad y circunstancia:

a. Una confianza manifiesta en una visión y la pasión de llevarla a cabo.
b. Un liderazgo inclusivo; la disposición de involucrar a distintos grupos de interesados [...] encontrar algo para todos en [la] visión.
c. El utilizar la influencia más que el poder del puesto... Los agentes de cambio exitosos siempre son excelentes narradores que la mente y el corazón de otros, a través de visiones que moldean el futuro de maneras convincentes.
d. La habilidad para vencer los obstáculos culturales... El primer paso para los agentes de cambio, recién llegados a sus instituciones, es que investiguen y evalúen el desafío cuidadosamente para que eviten las conclusiones equivocadas[55].

Otro estudio útil se basó en el trabajo de Buchanan y Boddy. Aitken y Higgs dan un amplio listado de aptitudes y habilidades que se pueden aplicar bien a un contexto educativo: (1) sensibilidad a cambios clave de personal y su impacto en las metas; (2) claridad para especificar las metas y definir lo que se puede lograr; (3) flexibilidad para responder al cambio y a los riesgos: (4) desarrollo de equipo; (5) hacer enlaces; (6) tolerancia a la ambigüedad; (7) habilidades de comunicación; (8) habilidades interpersonales; (9) entusiasmo personal; (10) estimular la motivación y el compromiso en otros; (11) vender los planes y las ideas a otros; (12) negociación con los participantes clave; (13) conciencia política; (14) habilidades influyentes; y (15) perspectiva de helicóptero[56].

Aunque la investigación de Buchanan y Boddy se hizo hace más de dos décadas, estas habilidades han demostrado ser efectivas para la formación de líderes, y las organizaciones cuyo propósito principal es formar personas a

55. Kaufman, «Leader as a Change Agent», p. 53(2).

56. Paul Aitken y Malcom Higgs, *Developing Change Leaders: The Principles and Practices of Change Leadership Development* (Cómo desarrollar líderes de cambio: Principios y prácticas para el desarrollo de un liderazgo de cambio), Burlington, MA, Elsevier, 2010, p. 46. Para un reporte completo del estudio que originó estas aptitudes y habilidades, véase D. Buchanan y D. Boddy, *The Expertise of the Change Agent* (La experiencia del agente de cambio), Londres, UK, Prentice Hall, 1992.

fin de que sean agentes de cambio en los ambientes educativos así como en el mundo corporativo, siguen enfatizando en muchas de ellas. La organización Agentes de Cambio del Reino Unido (Change Agents UK), entre otras, afirma equipar a sus estudiantes para que posean habilidades como: (1) comunicador fuerte, cautivador y dinámico; (2) socializador y facilitador efectivo; (3) capaz de involucrarse en la autoevaluación, la autorreflexión y el análisis; (4) comprometido con el aprendizaje de por vida para sí mismos y para otros; (5) comprensivo del ambiente y las conexiones sociales y económicas; (6) habilidad de actuar como ciudadano responsable; (7) pensador crítico y sistémico, con la habilidad de resolver problemas de manera creativa; (8) trabaja en cooperación con otros; (9) proactivo, no reactivo; (10) entusiasta, apasionado e inspirador[57]. Ambos listados, si se toman juntos, ayudan a resaltar la esencia de las cualidades necesarias para el liderazgo efectivo. En tanto que algunos sostienen que no podemos usar las mismas estrategias de cambio que se usan en las organizaciones corporativas para dirigir el cambio en las instituciones educativas, debido a su contexto particular, un examen cuidadoso de todas estas características deja ver que todas ellas se pueden aplicar a los líderes académicos, a la medida en que tratan de fungir como agentes de cambio en sus instituciones.

Recomendaciones para los líderes académicos de las instituciones educativas

Las siguientes recomendaciones se dan con base a la naturaleza del cambio y a los factores que contribuyen a ella.

1. **Identifique a los agentes de cambio de su institución.** Como lo afirman los autores de Harvard Business Essentials (Fundamentos del Harvard Business) en la edición, *Managing Change and Transition* (Cómo manejar el cambio y la transición), los agentes de cambio «ayudan a otros a ver cuáles son los problemas, y los convencen para que lidien con ellos[58]». Los líderes académicos que planifican dirigir un cambio, también deben ser capaces de identificar a otros agentes de cambio en los distintos departamentos académicos, entre

57. Change Agents UK, Skills of a Change Agent (Habilidades de un agente de cambio). www.changeagents.org.uk (13 de junio, 2013).

58. Harvard Business Essentials, *Managing Change*, p. 77.

el cuerpo docente, administradores y personal, y darles puestos de influencia. Los autores del Harvard Business Essentials sugieren los siguientes consejos para identificar a los agentes de cambio:

a. Averigüe a quién la gente escucha. Los agentes de cambio dirigen con el poder de sus ideas. Pero tenga cuidado: pueden ser empleados que no tengan autoridad formal para dirigir.
b. Esté alerta a la gente que «piensa de otra forma». Los agentes de cambio no están satisfechos con las cosas como están, un hecho que quizá no los atraiga a la administración.
c. Vea de cerca a los empleados nuevos que han llegado de afuera del círculo de los competidores tradicionales. Es posible que no estén infectados con la misma mentalidad que los demás.
d. Busque gente de formación o experiencia inusual. ... es posible que vean el mundo con lentes distintos[59].

2. **Planifique un cambio sostenible.** Rowland y Higgs afirman que «la implementación del cambio de éxito y sostenible tiene que asumir que las organizaciones son sistemas complejos que no se pueden controlar o dirigir desde cualquier fuente[60]». El cambio sostenible comienza involucrando al cuerpo docente y al personal en el cambio. Diamond, Gardiner y Weeler sostienen que «las *iniciativas* de cambio son intencionales, planificadas, dirigidas e, idealmente, las partes interesadas las perciben como importantes a lo largo de la institución[61]». También sugieren algunos requisitos para el cambio sostenible, como: (1) Una declaración de misión institucional que sea coherente con los valores institucionales establecidos, y que guíe el trabajo en toda la institución o universidad, a medida que atiende las necesidades de una sociedad cambiante; (2) Líderes que reconocen y atienden las incongruencias [...] entre la declaración de la misión y las prácticas institucionales; (3) Líderes que articulan una visión;

59. *Ibíd.*, 79.

60. Deborah Rowland y Malcolm Higgs, *Sustaining Change: Leadership that Works* (Cómo mantener el cambio: El liderazgo que funciona), San Francisco, CA, Jossey-Bass, 2008, p. 278.

61. Robert M. Diamond, Lion F. Gardiner, y Daniel W. Wheeler, «Requisites for Sustainable Institutional Change» (Requisitos para el cambio institucional sostenible) en *Field Guide to Academic Leadership* (Guía de campo para el liderazgo académico), ed. Robert M. Diamond, San Francisco, CA, Jossey-Bass, 2002, p. 16.

(4) Líderes que estimulan el liderazgo colaborador; (5) Líderes que están comprometidos con el liderazgo; (6) Investigación, tecnología y las mejores prácticas; (7) Recolección y uso de datos en los procesos y resultados académicos; (8) Integración de la planificación financiera y académica; (9) Recompensar a las estructuras que apoyan la misión, la visión y las prioridades de la institución; (10) Líderes que están conscientes de sus propias fortalezas y debilidades, y que tienen excelentes habilidades interpersonales y comunicativas; (11) Líderes que entienden el valor del desarrollo profesional continuo para sí mismos y para el cuerpo docente y el personal[62]. Se espera que los líderes académicos que quieren tener éxito en implementar el cambio sostenible estimulen la práctica de todos estos requisitos, y tendrán que pensar en maneras creativas para aplicarlos.

3. **Maneje la resistencia al cambio.** Manejar la resistencia al cambio es otra aptitud que es importante que los agentes de cambio posean. Se debe esperar algo de resistencia al cambio, pero se puede minimizar. La forma en la que se introduce el cambio es crítica. Esto se debe a la manera en que el contenido, o el *qué*, y el proceso, o el *cómo*, funcionan para darle forma a las reacciones de la gente al cambio. El liderazgo puede fomentar la tendencia a adoptarlo o a resistirlo, dependiendo de su efectividad. La resistencia al cambio puede ocurrir a los tres niveles en los que el cambio se puede llevar a cabo:
    a. **Organizacional.** La resistencia a este nivel trata con asuntos de (i) poder y conflicto debido a políticas organizacionales; (ii) función, debido a cómo algunos departamentos o unidades perciben los problemas; (iii) estructura organizacional, ya que pueden obstaculizar las acciones y los comportamientos del cuerpo docente, de los administradores y del personal; y (iv) cultura, que ocurre cuando el cambio propuesto amenaza los valores y normas inherentes a la cultura de la institución.
    b. **De grupo.** Entre algunos de los factores que llevan a un grupo dentro de la organización a resistirse están: (i) las normas del grupo y las percepciones de los miembros del grupo

62. *Ibíd.*, p. 17-21.

de los cambios que impactan directamente sus labores e interacciones; (ii) cohesión del grupo, cuando sus miembros quieren mantener las cosas como están en el grupo; y (iii) pensamiento del grupo, que tiene que ver con la manera en que piensan de sí mismos en el grupo. Esto puede llevarlos a resistirse a cualquier cosa que amenace las suposiciones, la cohesión y el consenso del grupo[63].

c. **Individual**. Paton y McCalman sugieren que «la resistencia a nivel individual incluye la resistencia al cambio debido a la incertidumbre e inseguridad, a la percepción y retención selectivas y al hábito[64]». Si lo que ocurre no está claro, la gente no querrá involucrarse en el cambio, como lo sostienen Herold y Fedor: «La gente no se resiste al cambio "de manera natural"; se resiste al cambio que no entiende, cuyo valor no ve y cuyas demandas no puede cumplir[65]».

Aitken y Higgs sugieren factores que determinan significativamente la resistencia al cambio. Estos se correlacionan con los niveles en los que la resistencia se lleva a cabo:

a. Cuando la razón por el cambio no está clara.
b. Cuando a los afectados por el cambio no se les ha consultado el cambio y se les ofrece como un hecho consumado.
c. Cuando el cambio amenaza con modificar los patrones establecidos de relaciones de trabajo entre la gente.
d. Cuando la comunicación acerca del cambio (propósito, alcance, calendarios, personal, etc.) no ha sido adecuada…
e. Cuando los beneficios y recompensas por hacer el cambio no parecen ser adecuados en comparación a las dificultades experimentadas.
f. Cuando el cambio amenaza trabajos, poder y estatus en una organización[66].

63. Robert A. Paton y James McCalman, *Change Management: A Guide to Effective Implementation* (Manejo del cambio: Guía para la implementación efectiva), Thousands Oak, CA, SAGE, 2008, p. 237-238.

64. *Ibíd.*, p. 238.

65. Herold y Fedor, *Change the Way*, p. 141.

66. Aitken y Higgs, *Developing Change*, p. 28.

Los líderes académicos que entienden los niveles en los que se lleva a cabo la resistencia y los factores que ocasionan esa resistencia al cambio, tienen que asegurarse de darle consideración a estos aspectos cuando planifiquen el *qué* y el *cómo* del cambio. De esta manera, los pasos iniciales del proceso de cambio deben incluir: (a) Proveer una comunicación clara acerca de la necesidad, los planes y las consecuencias del cambio, incluso el contenido del proceso que se llevará a cabo; (b) Ayudar a los participantes en el cambio a ver cómo va a beneficiar a la persona, al grupo o a la organización como un todo; (c) Crear un sentido de pertenencia dentro del grupo, de tal manera que los que influyen en el cambio, así como los que serán cambiados, sienten que forman parte del mismo grupo; (d) «Tomar en cuenta las necesidades, actitudes y creencias de las personas involucradas, así como las fortalezas de la organización[67]».

4. **Comience con cambios pequeños.** En una conversación reciente con una colega del Caribe, en cuanto a por qué los líderes académicos no inician el cambio en sus instituciones, y cómo puede ocurrir de una manera creciente, ella expresó: «Si yo hubiera sabido que podía haber comenzado con cambios pequeños en el currículo de mi institución, y que no tenía que cambiar todo el currículo de una vez, podría haber iniciado esos cambios». Muchos otros líderes, al igual que mi amiga, vacilan en hacer que ocurran los cambios. Con base en su experiencia como asesores de cambio, Rowland y Higgs observan que «el potencial para el cambio ocurre a nuestro alrededor todo el tiempo. La organización está en una condición de movimiento perpetuo[68]». Los líderes que le ponen atención a este movimiento continuo, pueden aprovechar las oportunidades de pasos pequeños, ajustes menores y conversaciones influyentes, o de hacer vínculos cada día, lo cual puede ocasionar cambios significativos con el tiempo. Allí también es donde se puede cultivar el sentido de urgencia de cambios mayores[69]. Los cambios pequeños al micro nivel pueden influir en los cambios mayores que, a su vez, pueden llevar a cambios en todo el sistema. Además, los cambios en cursos, horarios y operaciones diarias pueden ayudar a un jefe

67. Paton y McCalman, *Change Management*, p. 238-239.
68. Rowland y Higgs, *Sustaining Change*, p. 27.
69. *Ibíd.*

de departamento a adquirir la confianza que se necesita para dirigir los cambios al siguiente nivel.

5. **Tenga en mente que el cambio es un esfuerzo de equipo.** Tratar de dirigir el cambio solo puede ser irrealista, agotador y puede llevar al fracaso, debido a la complejidad de la institución. Los agentes de cambio deben utilizar sus habilidades interpersonales al reconocer, utilizar y depender de las aptitudes y habilidades de los demás. John Kotter sugiere que después de que se ha establecido un sentido de urgencia del cambio, el siguiente paso debe ser desarrollar una «coalición de guía[70]». Según Kotter:

> Ninguna persona, ni siquiera un director ejecutivo semejante a un monarca, es alguna vez capaz de desarrollar la visión correcta, de comunicarla a grandes cantidades de gente, de eliminar todos los obstáculos clave, de generar ganancias de corto plazo, de dirigir y administrar docenas de proyectos de cambio y de afirmar profundamente nuevas estrategias en la cultura de la organización[71].

Los líderes académicos necesitan un equipo que esté conformado por gente que comparta la misma meta u objetivo, y que tenga la confianza de los participantes del cambio. Por ejemplo, al referirse al cambio al nivel de departamento, Ann F. Lucas y asociados afirman que: «Para ser efectivos, los rectores deben obtener el conocimiento y aprender a desarrollar las habilidades requeridas para el liderazgo de equipo, que es el fundamento en el que se desarrollan los proyectos de cambio exitosos[72]». N. Douglas Lees también sostiene que el jefe de departamento no solo debe funcionar como el brazo administrativo que ordena el cambio y que actúa como defensor del liderazgo. También tiene que ser miembro del equipo que está efectuando el cambio. Tener una fuerte comprensión de lo que funcionará o no funcionará

70. John P. Kotter, *Leading Change* (Cómo dirigir el cambio), Boston, MA, Harvard Business School Press, 1996, p. 51.

71. *Ibíd.*, p. 51-52.

72. Ann F. Lucas y asociados, *Leading Academic Change: Essential Roles for Department Chairs* (Cómo dirigir el cambio académico: Funciones esenciales para los jefes de departamento), San Francisco, CA, Jossey-Bass Publishers, 2000, p. 4.

y anticipar el mejor tiempo para el cambio es un aspecto importante del papel del rector[73]. Los jefes de departamento que quieran «mantener la estabilidad y aun así responder al cambio, [...] tendrán que considerar su papel como líder de equipo[74]». Debido a su posición en el departamento, el jefe de departamento también es responsable de representar a su equipo docente con razones persuasivas para el cambio, así como de demostrar cómo ellos pueden honrar la tradición de manera creativa y mantener la calidad[75].

Conclusión

En este capítulo he tratado de concientizar a los líderes académicos del papel que se espera de ellos como agentes de cambio, como parte de su liderazgo en la institución académica. En primer lugar, presenté un pequeño vistazo de la naturaleza del cambio, ya que considero que entender la naturaleza del cambio es el primer paso para que los líderes académicos puedan fungir como agentes de cambio. Un segundo aspecto que se discutió en este capítulo fue los catalizadores del cambio en la institución educativa, y se resaltó la influencia que el ambiente externo e interno ejerce para crear la necesidad del cambio continuo en la organización. También discutí brevemente el papel de la cultura como catalizadora del cambio. Finalmente, presenté algunas características de los agentes de cambio y di algunas recomendaciones para los líderes académicos, quienes son llamados a servir en instituciones académicas como agentes de cambio. El espacio fue limitado para una discusión detallada del tema, pero tal vez este capítulo puede señalar a los líderes académicos hacia la dirección correcta de algunos de los estudios excelentes y extensos que están disponibles. Espero que los lectores lo encuentren útil y que se beneficien al aplicar algunas de las perspectivas a su contexto educativo.

73. N. Douglas Lees, *Chairing Academic Departments: Traditional and Emerging Expectations* (Cómo coordinar los departamentos académicos: Expectativas tradicionales y emergentes), Jossey-Bass Resources for Department Chairs, Bolton, MA, Anker Publishing Company, 2002, p. xi.

74. Lucas y asociados, *Leading Academic Change*, p. 4.

75. Lees, *Chairing Academic Departments*, p. xi.

Puntos para reflexión y acción

1. Piense en su propio contexto. ¿Cuáles son las fuerzas (externas e internas) que impulsan el cambio en el sistema de educación superior de su país?

   Ahora que las enumeró, ¿de qué manera influyen al cambio en su propia institución?

2. ¿Cómo se maneja el en cambio organizacional en su contexto?
   a. ¿Su institución maneja el cambio de la misma forma?
   b. ¿Cómo se diferencia de otras instituciones de educación superior en cuanto al manejo del cambio?

3. Piense en algún cambio que se esté llevando a cabo actualmente su institución. ¿Quién lo dirige?

   ¿Es un esfuerzo de equipo o una sola persona implementa el cambio?
   a. ¿Cuáles son los pasos que el equipo o la persona siguen para implementar el cambio?
   b. Si usted no dirige el cambio, ¿qué haría de manera distinta?

4. Piense en algunas áreas de su institución donde se necesite cambio. Enumere los cambios que se necesitan en orden de prioridad.
   a. Del listado seleccione y defina un cambio que usted quiera dirigir, y defina de qué manera será distinta esa área después del cambio:
   b. Establezca los pasos específicos que seguirá para dirigir el cambio.
   c. Seleccione a las personas que involucrará para ayudarlo a manejar el cambio.
   d. Defina las acciones que seguirá para tratar con la resistencia, si la hay.

5. Una de las características de un agente de cambio es que es proactivo y no reactivo al cambio. Identifique tres acciones en las que usted podría trabajar para ayudarle a estar dispuesto a realizar cambios, en lugar de defenderse en contra de ellos.
   a. Establezca una fecha en la que comenzará a hacer cada una de ellas.

b. Decida cómo sabrá que las ha logrado y cómo le ayudaron a ser un efectivo agente de cambio.

Recursos para el estudio adicional

Aitken, Paul y Malcolm Higgs, *Developing Change Leaders: The Principles and Practices of Change Leadership Development* (Cómo desarrollar líderes de cambio: Principios y prácticas para el desarrollo de un liderazgo de cambio), Burlington, MA, Elsevier, 2010.

Anderson, Aaron D., *Engaging Resistance: How ordinary People Successfully Champion Change* (Cómo involucrar a la Resistencia: La manera en que la gente cambia exitosamente), Stanford, CA, Stanford Business Books, 2011.

Birnbaum, Robert, *How Colleges Work: The Cybernetics of Academic Organization and Leadership* (Cómo funcionan las instituciones: La cibernética de la organización y el liderazgo académico), San Francisco, CA, Jossey-Bass, 1988.

Bolman, Lee G. y Joan V. Gallos, *Reframing Academic Leadership* (Cómo redefinir el liderazgo académico), San Francisco, CA, Jossey-Bass, 2011.

Burke, W. Warner, *Organization Change: Theory and Practice* (Cambio organizacional: Teoría y práctica), 3a. ed., Thousand Oaks, CA, SAGE, 2011.

Diamond, Robert M., ed., *Field Guide to Academic Leadership* (Guía de campo para el liderazgo académico), San Francisco, CA, Jossey-Bass, 2002.

Ehlers, Ulf-Daniel, y Dirk Schneckenberg, eds., *Changing Cultures in Higher Education: Moving Ahead to Future Learning* (Culturas cambiantes en la educación superior: Cómo avanzar al aprendizaje del futuro), Nueva York, Springer, 2010.

Flamholtz, Eric e Yvonne Randle, *Leading Strategic Change: Bridging Theory and Practice* (Cómo dirigir el cambio estratégico: Un puente entre la teoría y la práctica), Nueva York, Cambridge University Press, 2008.

Gmelch, Walter H. y Val D. Miskin, *Department Chair Leadership Skills* (Habilidades de liderazgo del jefe de departamento), 2a. ed., Madison, WI, Atwood Publishing, 2011.

Harvard Business Essentials, *Managing Change and Transition* (Cómo encargarse del cambio y la transición), Boston, MA, Harvard Business School Publishing Corporation, 2003.

Hickman, Gill Robinson, *Leading Change in Multiple Contexts: Concepts and Practices in Organizational, Community, Political, Social, and Global Change Settings* (Cómo dirigir el cambio en contextos múltiples: Conceptos y prácticas en ambientes de cambio organizacionales, comunitarios, políticos, sociales y globales), Thousand Oaks, CA, SAGE, 2010.

Hillman, Os, *Change Agent: Engaging your Passion to be One Who Makes a Difference* (Agente de cambio: Cómo involucrar su pasión para ser alguien que marca la diferencia), Lake May, FL, Charisma House, 2011.

Lees, N. Douglas, *Chairing Academic Departments: Traditional and Emerging Expectations* (Cómo coordinar los departamentos académicos: Expectativas tradicionales y emergentes), Jossey-Bass Resources for Department Chairs, Boston, MA, Anker Publishing Company, 2006.

Lucas, Ann F., y asociados. *Leading Academic Change: Essential Roles for Department Chairs* (Cómo dirigir el cambio académico: Funciones esenciales para los jefes de departamento), San Francisco, CA, Jossey-Bass, 2000.

McCaffery, Peter, *The Higher Education Manager's Handbook: Effective Leadership & Management in Universities & Colleges* (Manual para el administrador de la educación superior: Liderazgo efectivo y administración en universidades e instituciones), 2a. ed., Nueva York, Routledge, 2010.

Peterson, H., *Leading a Small College or University: A Conversation that Never Ends* (Cómo dirigir una pequeña institución o universidad: Una conversación que nunca termina), Madison, WI, Atwood Publishing, 2008.

Stensaker, Bjorn, y Lee Harvey, eds., *Accountability in Higher Education: Global Perspectives on Trust and Power* (La rendición de cuentas en la educación superior: Perspectivas globales sobre la confianza y el poder), Nueva York, Routledge, 2011.

Stone, Tammy, y Mary Coussons-Read, *Leading from the Middle: A Case-study Approach to Academic Leadership for Associate Deans* (Cómo dirigir desde el centro: El abordaje de estudio de caso al liderazgo para los decanos asociados), Series on Higher Education, Lanham, MD, Rowman and Littlefield, 2011.

Tierney, W., *The Impact of Culture on Organizational Decision Making: Theory and Practice in Higher Education* (El impacto de la cultura en la toma de decisiones organizacional: Teoría y práctica en la educación superior), Sterling, VA, Stylus, 2008.

11

Conflicto y crisis en el liderazgo académico:
Cuando trabajar juntos no funciona

Paul Sanders

Estudio de caso

Después de la Primera Guerra Mundial se fundó una universidad evangélica en Occidente, la cual prosperó durante las décadas siguientes. Esto a pesar de la difícil situación económica que hubo entre las dos Guerras Mundiales, la llegada de la Segunda Guerra Mundial y la ocupación. El fundador de la institución había salido del escenario y entregado el liderazgo a otros dos profesores, quienes también eran prominentes líderes evangélicos del país. A principios de la década del ochenta, uno de ellos falleció y el otro se jubiló. El nuevo director, que tenía cuarenta y tantos años, había sido electo por los subdirectores previos. Después de cinco años, el director contrató a tres hombres que también tenían cuarenta y tantos años. La institución tenía alrededor de 50 estudiantes.

Durante todos esos años, la institución fue administrada con el «modelo de la familia». El director y su esposa fungían como «padres» adoptivos de estudiantes relativamente jóvenes, las reglas de la «casa» eran bastante estrictas y los problemas se resolvían «en familia». Esta situación funcionó bastante bien hasta mediados de la década de los ochenta, cuando ingresó un grupo grande de estudiantes que no se hospedaba en la institución. La mayoría de estos estudiantes eran casados, sus edades iban de los veintitantos a los treinta y tantos y vinieron a la institución atraídos por el fácil acceso al transporte público. De esa manera, la demografía institucional cambió radical y rápidamente, con dos poblaciones distintas de estudiantes: estudiantes residentes solteros, más jóvenes y estudiantes mayores, casados, no residentes.

Como respuesta esta situación, el director estableció una estructura nueva, con cuatro jefes de departamento, incluyéndose a sí mismo. A medida que el nuevo año académico comenzaba, una variedad de asuntos comenzó a crear conflictos y para la Navidad, dos o tres jefes de departamento habían dejado de hablarle al director. Aunque las clases continuaron, la administración de la institución estaba paralizada. Esta crisis institucional llevó a la junta a pedirle al director que tomara una sabática para que descansara y permitiera que el liderazgo interino le diera un ímpetu nuevo a la institución. A uno de los jefes de departamento, de los que fueron mencionados anteriormente, se le pidió que sirviera como director interino. Los estudiantes se dieron cuenta, por supuesto, de que algo andaba muy mal, pero la regla del silencio prevaleció. Hacia el final de ese año académico en particular, el director y el subdirector habían renunciado para asumir puestos en otras instituciones. Algunas de las diversas dimensiones de este conflicto probablemente son claras, pero en medio de la batalla no fue tan fácil verlas o entenderlas.

Este caso será más comprensible en la medida en que tratemos de responder las siguientes preguntas:

1. ¿Cómo explica el conflicto la historia de la institución?
2. ¿Cómo surgieron los problemas de comunicación en esta historia?
3. ¿Qué papel pueden haber jugado las culturas respectivas de los líderes?
4. ¿Qué siente cada persona?
5. ¿Qué otros asuntos pueden haber estado involucrados?
6. ¿Qué debe ser tomado en cuenta para manejar su desacuerdo? (P. ej., evitar la humillación, proteger la relación, conservar la paz, etc.).
7. ¿Qué sugeriría para tratar con esta situación?
8. ¿Cómo evaluaría este ejemplo a la luz de su propia situación cultural?

La información recabada en las respuestas puede darle un mayor entendimiento y sabiduría para el manejo de conflictos en otros contextos institucionales.

Repercusiones y lecciones aprendidas

Las cosas mejoraron gradualmente, la junta comprendió que el director necesitaba trasladarse a otro contexto y, de esa manera, establecieron un plan de sucesión, reclutaron un liderazgo nuevo y la situación financiera de la institución mejoró y conservó su reputación en la comunidad evangélica, en general. Como testigo de esos acontecimientos, el escritor ha identificado varias lecciones generales y específicas que se pueden aprender de esa situación.

En primer lugar, al reflexionar en las personas y las partes involucradas en este caso, hay que recordar que las instituciones y las iglesias, al igual que las personas, pasan por ciclos de vida y tienen que adaptarse a esos cambios que no siempre son percibidos ni entendidos. En segundo lugar, con el paso del tiempo, varias de las dimensiones de este conflicto son discernibles, tales como de liderazgo, la transformación institucional progresiva de una estructura de familia extendida a una más institucionalizada, la insuficiencia de las estructuras institucionales a la luz de las circunstancias cambiantes, etc.

La observación y reflexión cuidadosa de este caso también revelan las siguientes dimensiones:

1. La comunicación fue un problema importante, porque lo no expresado prevaleció ante el discurso oficial, lo cual engendró una multitud de rumores e interpretaciones. La buena comunicación entre los miembros del equipo de liderazgo, así como entre el personal y los estudiantes, pudo haber mejorado significativamente la situación y atenuado en gran manera el alcance de la crisis.
2. La autoridad, que hasta entonces se había mantenido pasiva, intervino para corregir la situación. De hecho, la autoridad de la junta suele ser la columna fuerte de la sustentabilidad y el crecimiento, o el talón de Aquiles de la vulnerabilidad, lo cual lleva al deterioro y el conflicto en las instituciones teológicas, organizaciones ministeriales e iglesias.

3. Por último, pero no enteramente, esta *crisis* probablemente era necesaria: dolores de parto por los que la institución renació con un nuevo modo de existencia.

Definición de conflicto

El ejemplo anterior ilustra que, dentro del contexto de la educación teológica, la resolución de conflictos no puede simplificarse demasiado ni reducirse a dimensiones espirituales, aun cuando sean importantes para entender y resolver los conflictos.

El *conflicto* es definido como «un desacuerdo agudo, en cuanto a intereses o ideas…» y «la alteración que resulta de un choque de impulsos opuestos o de la incapacidad de reconciliar los impulsos con consideraciones realistas o morales[1]». La *Enciclopedia Británica* abunda en esta definición:

> El conflicto, en la psicología, es la agitación de dos o más motivos fuertes que no pueden ser resueltos juntos… Casi siempre los conflictos son inconscientes, en el sentido de que la persona no puede identificar claramente la fuente de su desasosiego. Muchas de las emociones fuertes —como el miedo y la hostilidad— son tan desaprobados por la cultura que un niño pronto aprende a no reconocerlos, incluso ni en sí mismo. Cuando esos impulsos están involucrados en un conflicto, la persona está ansiosa pero no sabe el por qué. Entonces, le cuesta pensar racionalmente sobre el problema[2].

De esta definición básica debemos movernos a investigar brevemente otras dimensiones del conflicto.

El conflicto es complejo

Las instituciones evangélicas de preparación teológica, definitivamente, no están exentas de los desafíos del conflicto. El negar o reprimir el problema,

1. *Webster's New World Dictionary of the American Language* (Nuevo Diccionario Webster mundial del idioma inglés), Segunda edición universitaria, Nueva York y Cleveland, World Publishing Company, 1970, s.v. «conflict (conflicto)».

2. *Britannica Online Encyclopedia,* s.v. (Enciclopedia Britannnica en línea) «conflicto (conflicto)», http://www.britannica.com/EBchecked/topic/132060/conflict (17 de noviembre, 2011).

sin duda, no es una solución. Los que hemos tenido el privilegio de estar involucrados en la educación teológica evangélica internacional, también hemos despertado a la realidad de presenciar situaciones de conflicto que han retrasado el desarrollo de instituciones por años o incluso las han destruido.

El conflicto es complejo —casi siempre más de lo que aparenta al principio—. Las tendencias cristianas de simplificarlo en exceso espiritualizándolo rara vez son útiles porque limitan una situación compleja a un parámetro a expensas del resto y, a la larga, complicándolo en lugar de resolverlo. Aunque los cristianos creemos que la dimensión espiritual es central para el entendimiento de cualquier problema, no debemos tomar un enfoque reduccionista y simplista sobre la complejidad del conflicto humano.

Además, si el conflicto fuera simplemente interpersonal, podríamos tratar con las dimensiones espirituales y psicológicas, y esperar que se resolvieran los problemas involucrados. Sin embargo, el conflicto siempre tiene un contexto y entenderlo es clave para la resolución. Por ejemplo, el conflicto dentro de un matrimonio frecuentemente involucra a los hijos, las familias extendidas y las redes relacionales de las ambas partes, y si no se resuelve, la sociedad como un todo, llega estar involucrada a través de los procesos legales que pueden terminar en el divorcio. Y el divorcio tiene repercusiones extensas e impredecibles.

El conflicto es desagradable

¿Nos gusta el conflicto? ¡Generalmente no! Aunque parezca que las situaciones de conflicto energicen a algunas personalidades, tiende a ser «confuso» y desagradable. Éste puede causar daño emocional y afectar el bienestar de una persona a través del resentimiento en vías de desarrollo y la amargura persistente. El conflicto en las instituciones teológicas, definitivamente, no es la excepción.

El conflicto rara vez se maneja bien. Aun así, ¿será de por sí necesariamente malo el conflicto? Considere las dos declaraciones siguientes de Howard Clinebell y Harvey Seifert: «El conflicto en sí no es bueno o malo, solo existe. Sin embargo, la manera en que se expresa y se maneja puede ocasionar bien o daño». Y «sin conflicto no hay un cambio personal mayor ni progreso social.

Por otro lado, el conflicto desenfrenado (como la guerra moderna) puede destruir lo que los hombres trataron de salvar al [involucrarse en] éste[3]».

El conflicto: ¿Personal o profesional?

A nivel personal, el control o la resolución del conflicto demandan que se escuche de manera enfocada y efectiva, con una actitud de respeto y aceptación del otro, así como la habilidad de afirmar y defender de la manera y en el tiempo apropiado. A nivel profesional y organizacional, la resolución de conflictos implica un liderazgo confiado, no a la defensiva, y una disposición conmensurada de conceptualizar soluciones en donde todos ganen (el arte de la transigencia), e incluso de llevar a cambios estructurales de la organización, la adopción de políticas y procedimientos bien concebidos y claramente declarados (p. ej., procedimiento de quejas), y a métodos ordenados a través de los cuales ocurra el cambio.

En las instituciones teológicas, así como en las iglesias y organizaciones ministeriales, el conflicto tanto personal como profesional hinterpersonal, por lo general, es el resultado de una comunicación, estructuras, políticas y procedimientos inadecuados. La falta de claridad en estas áreas puede llevar a conceptos y percepciones divergentes y, de esa manera, al conflicto. El conflicto en los círculos cristianos, a menudo, es atribuido a causas espirituales y personales, cuando en realidad pudo haber sido el resultado de la falta de claridad profesional que, por consiguiente, afecta las relaciones personales.

El conflicto: ¿Emocional o sustancial?

Hay que hacer una distinción fundamental entre al menos dos dimensiones de cualquier conflicto: la dimensión emocional y la dimensión sustancial. La dimensión emocional se refiere a la presencia, entre dos personas o grupos,

---

3. Harvey Seifert y Howard J. Clinebell, *Personal Growth and Social Change: A Guide for Ministers and Laymen as Change Agents* (Crecimiento personal y cambio social: Guía para ministros y laicos como agentes de cambio), Filadelfia, PA, Westminster Press, 1969, p. 240. Véase también: Duane Elmer, *Cross-Cultural Conflict: Building Relationships for Effective Ministry* (Conflicto transcultural: Cómo desarrollar relaciones para el ministerio efectivo), Downers Grove, IL, InterVarsity Press, 1994, p. 192; Ken Sande, *The Peace Maker: A Biblical Guide to Resolving Personal Conflict* (El pacificador: Guía bíblica para resolver el conflicto personal), 3a ed., Grand Rapids, MI, Baker, 2004, p. 320; Kerry Patterson et al., *Crucial Confrontations: Tools for Resolving Broken Promises, Violated Expectations and Bad Behavior* (Confrontaciones cruciales: Herramientas para resolver las promesas rotas, las expectativas incumplidas y el mal comportamiento), Nueva York, McGraw-Hill Professional, 2004, p. 284.

de emociones como el enojo, la falta de confianza, una actitud defensiva, el desprecio, el resentimiento, el temor, rechazo. Éstas tienen que salir a la superficie, ser expresadas y ventiladas de una manera apropiada. En contraste al nivel emocional, el conflicto sustancial implica posturas divergentes sobre la visión, los valores y las necesidades, desacuerdos conflictivos en cuanto a políticas y prácticas, conceptos distintos de funciones y del uso de recursos.

En una institución teológica, la dimensión emocional del conflicto latente o palpable puede surgir durante las reuniones administrativas, de la junta o entre los estudiantes. *Cuando los sentimientos son fuertes, es primordial tratar con los aspectos emocionales del conflicto.* De lo contrario, será considerablemente más difícil el tratar con los asuntos sustanciales que están subyacentes, la porción sumergida del «*témpano de hielo*».

Cómo manejar y resolver el conflicto

Consideremos algunas maneras y medios de tratar con el conflicto, con la esperanza de que nos equipen como líderes académicos para que maximicemos lo bueno y minimicemos el daño. Además, veremos brevemente las raíces del conflicto, para que entendamos cómo prevenirlo y controlarlo. También, interactuaremos con algunas pautas que pueden ser de ayuda en la resolución de conflictos, así como analizaremos juntos una situación real. La intención de todo lo anterior es desarrollar un paradigma para el pensamiento creativo y la resolución de problemas que nos lleve de las soluciones obvias, o la falta de éstas, a las insospechadas y reflexivas.

Vale la pena señalar que la noción de *resolución de conflictos*, la cual está muy relacionada con la pacificación, genera un interés significativo en nuestro mundo globalizado, ya sea en cuanto a un choque entre naciones, grupos sociales o personas, como en los contextos del matrimonio y la familia. Los programas académicos sobre resolución de conflictos y pacificación están en demanda, desde el estudio informal hasta las opciones doctorales y postdoctorales[4].

Perspectivas bíblicas en cuanto al manejo del conflicto

Lo intrigante es observar que el estudio de este asunto en la Biblia no presenta un cuadro «súper espiritual», reduccionista del conflicto. Entre el alcance de este capítulo no está el desarrollo de una teología bíblica del conflicto y la resolución de conflictos, sino más bien ilustrar algunas de las rutas para explorarlo y de una forma útil. Los comentarios de David Edling en cuanto al papel de los pastores en el manejo del conflicto, también pudieran ser aplicados a los líderes de educación teológica:

> A los conciliadores cristianos suele llamárseles a que ayuden a los líderes eclesiásticos a manejar el conflicto dentro de la iglesia local. La mayoría [de líderes eclesiásticos]… tiene poca preparación en el manejo de conflictos… fácilmente pueden perder la perspectiva en cuanto a las responsabilidades del pastoreo que todavía tienen, y enfrentan la tentación de reaccionar de un modo contrario a la Biblia (escape o ataque)… [En lugar de] manejar el conflicto con el propósito de glorificar a Dios, servir a los demás y crecer en el carácter semejante a Cristo[5].

Edling recurre a tres pasajes bíblicos para arrojar luz acerca del enfoque bíblico para la resolución de conflictos, y usa las palabras claves de *perspectiva, discernimiento* y *liderazgo.*

4. Cf. Fresno Pacific University, Division of Biblical and Religious Studies, *Biblical Theology of Conflict and Peacemaking* (Teología del conflicto y de la pacificación), BIB 465, Asia Graduate School of Theology, http://agstphil.org/dminbp.htm; Peacemaker Ministries, http://www.peacemaker.net/site/c.khLUJ3PHKuG/b.5353445/k.9759/Introduction.htm; Gabriele Hozle, «Cuando enseño esto ahora, trato de hacer énfasis en demostrar y luego en practicar la habilidad de escuchar. No se puede resolver un conflicto si no está dispuesto a, ni es capaz de, escuchar. También veo más los asuntos de los dañados —cómo tratar con las causas del conflicto y el perdón versus la reconciliación». Véase también, http://www.resolvechurchconflict.com/ y
http://www.mediationworks.com/. =1245863 (6 de julio, 2012).

5. David V. Edling, «Counseling the Church in Conflict» (Cómo aconsejar a la iglesia en conflicto), Artículo que se incluyó en los materiales de referencia dentro del Peacemaker Ministries (Instituto de Ministerios del Pacificador) para el programa de certificación de Conciliación Cristiana de Peacemaker Ministsries). http://www.peacemaker.net/site/c.aqKFLTOBIpH/b.1172255/apps/s/content.asp?ct=1245863 (6 de julio, 2012).

Perspectiva: Job 38:1-7

Dios permite que Job le «dé rienda suelta a [su] queja» (Job 10:1; NVI). Sin embargo, no responde a su queja específicamente, sino que le señala una perspectiva mucho más amplia y profunda, la de la eternidad. Uno de los desafíos más grandes de la resolución del conflicto es poner las cosas en la justa perspectiva que se perdió en medio de la emoción y del dolor. Edling estimula al líder a:

> … no enfocarse en el asunto central del conflicto directamente (por lo menos al principio), sino más bien en el proceso *bíblico* de la resolución de conflictos. Este enfoque tiene dos resultados posibles: 1) dirige apropiadamente a la gente involucrada hacia los asuntos de *cómo* debe tratarse el conflicto, y 2) provee el «espacio para respirar» necesario para alejarse del asunto del conflicto en sí, de modo que haya tiempo de recuperar la perspectiva. En otras palabras, el estudio *procesal* trata *sustancialmente* con el corazón de los que están en conflicto […] para hacer a un lado temporalmente los asuntos materiales del conflicto, mientras se estudia y enseña la Palabra de Dios, tratando con los asuntos del *cómo* bíblico de la resolución de conflictos[6].

Aunque las instituciones teológicas y las iglesias no son idénticas, las instituciones de formación cristiana deben funcionar de acuerdo con verdades y etos bíblicos centrales, y tener acceso a los enfoques similares al que Edling recomienda para la resolución de conflictos.

Discernimiento: Lucas 12:13-21

Edling ilustra el asunto del discernimiento en el siguiente encuentro de una persona no identificada en la multitud, quien le pide a Jesús que sea el árbitro en un conflicto de herencia con su hermano. Aunque el asunto aparente está vinculado con un conflicto por la división de una herencia, Jesús nos lleva a considerar el asunto central, el de la avaricia. En la educación teológica, los problemas aparentes podrían tener que ver con políticas, estructuras y parámetros de responsabilidad, los cuales pueden ser verdaderos problemas. Sin embargo, también pueden ser una excusa consciente o (muchas veces) inconsciente de la verdadera causa del conflicto — divergencias en la visión, los

6. *Ibíd.*

valores y convicciones. Aunque el asunto aparente pueda parecer más simple de resolver, si la cuestión no se toma de las raíces, volverá a crecer como una hierba mala. El líder hará bien en dedicar tiempo para reflexionar y hacer las preguntas que le permitirán discernir la raíz de los problemas[7].

Liderazgo: Hechos 15:1-11

El tercer ejemplo de Edling, el de los judíos cristianos y sus intentos de imponerles la ley judía a los nuevos creyentes gentiles de Antioquía, tiene dimensiones teológicas, sociales y culturales. El corazón de este conflicto es un tipo de doctrina falsa y Edling presenta su resolución en Hechos 15 como un modelo, con los siguientes pasos:

1. La participación de otros creyentes maduros (15:2b),
2. Un enfoque constante en lo positivo, incluso a la luz del conflicto (15:3-4),
3. La identificación clara de los asuntos en cuestión (15:5-6),
4. Una discusión cuidadosa y profunda (15:7), y
5. El ejercicio del liderazgo de autoridad, con base en la verdad de Dios (15:7-11)[8]

Edling señala que el último paso, el ejercicio de liderazgo piadoso, va *más allá del proceso* de resolución de conflictos. El pasaje bíblico en cuestión se refiere a «mucha discusión» (Hch 15:7; RVR60), y permite la recopilación de información adecuada y la libertad de discusión de los distintos puntos de vista. Sin embargo, la intervención decisiva de Pedro fue lo que, a la larga, llevó a la resolución final del conflicto. Santiago lo secundó (Hch 15:13-21). Los pastores y los líderes cristianos en general, incluso los dirigentes de instituciones teológicas, «deben ser capaces de, y estar dispuestos a, ejercer un liderazgo confiado y piadoso en tiempos de conflicto[9]».

Sanidad progresiva: Salmo 13

El salmo 13 es otro pasaje bíblico que ilustra un paradigma para el manejo de conflictos. Este canto, que está dividido en tres versículos, habla de: a)

7. *Ibíd.*
8. *Ibíd.*
9. *Ibíd.*

clamar a Dios; b) orarle a Dios; c) alabar a Dios[10]. Observe la importancia del orden. Al aplicarlo al conflicto, el primer paso implica el permitir que las personas expresen su dolor, angustia, dudas y emociones. Una vez que han comunicado sus emociones, la oración constructiva puede ocurrir para entregarle el conflicto a Dios y dejarlo bajo su cuidado. Finalmente, como resultado aumenta la alabanza auténtica a Dios. Aunque este pasaje en su contexto no trata con el conflicto interpersonal (aparte de que es entre el creyente y Dios), su aplicación a la consejería y a la resolución de conflictos es efectiva. Muchos otros pasajes se pueden mencionar para desarrollar una teología bíblica de la resolución de conflictos, y obras significativas se han escrito sobre el tema[11].

El conflicto, como un sedal de pescar, puede enredarse tanto que se requiere de gran paciencia y perseverancia para desenredarlo. Si no logra aplicar estas virtudes, habrá un enredo mayor, para lo cual la única solución será cortar la parte enredada del sedal totalmente. La resolución cristiana al conflicto tiene la ventaja significativa de ser capaz de apelar a un cuerpo de información autoritario (la Biblia), el cual está al alcance de cada cristiano involucrado en el conflicto. Éste es una base de referencia objetiva para el diagnóstico y el remedio. Otro autor usa el libro de Tito como un manual de referencia para una teología bíblica de resolución de conflictos[12]. También queda otro ejemplo de *modus operandi* negativo en la resolución de conflictos en la manera en la que las autoridades judías manejaron el ministerio y las enseñanzas de Jesús.

El conflicto: ¿Cuán bien es manejado?

Nosotros tratamos con conflictos, ya sea consciente o inconscientemente, porque es un fenómeno de la existencia humana que difícilmente puede ser

10. Cf. Ronald B. Allen, *Praise: The Response to All of Life* (La Alabanza: La respuesta a todo en la vida), Portland OR, Multnomah Press, 1983.

11. Cf. unos cuantos ejemplos: http://www.biblicaltheology.com/Research/GiannetS01.html; Academic Leadership in Conflict and Crisis (Liderazgo académico en conflicto) 281 http://danluebcke.blogspot.com/2008/09/biblical-theology-for-conflict.html; http://enrichmentjournal.ag.org/200502/200502_030_cool.cfm; http://www.amazinggrace360.com/handouts/preconference/biblicalpeacemaking.pdf; http://btb.sagepub.com/content/29/1/4.short

12. http://crt010304.wordpress.com/a-biblical-theology-of-conflict-resolutionfrom-the-book-of-titus/. Cf. http://justpeaceumc.org/spirit-art-of-conflict-transformation/video-series/chapter-2-discovering-a-theology-of-conflicttransformation/ y http://www.menno.org.uk/pdf/Toward a Theology of CT -MQR Jan 06.pdf

ignorado. En primer lugar, podemos escoger entre la *negación* o la *evasión.* En los círculos cristianos, ya que el conflicto está fuertemente vinculado con la noción del pecado, simplemente podemos tratar de esconderlo debajo la alfombra, ya sea negándolo, condenándolo al olvido o haciendo caso omiso. Sin embargo, esta estrategia no funcionará porque el conflicto permanece. En segundo lugar, *podemos rendirnos o tomar cartas en el asunto.* De las dos partes (personas o grupos) en conflicto, el uso del poder y la influencia puede hacer que una de las partes ceda a los deseos de la otra. Si lo hace por su convicción en cuanto al bien superior (de la persona, de la organización o del Reino de Dios, etc.), el conflicto puede ser resuelto o al menos controlado. Sin embargo, el peligro es que la parte que ceda puede quedarse resentida y esto pudiera salir a la luz más adelante y hasta ocasionar un conflicto más agudo. En tanto que esta forma de resolución de conflictos puede ser apropiada a corto plazo de vez en cuando, hay que evitar usarla a menudo. Finalmente, desde un punto de vista tanto espiritual como socio-psicológico, lo ideal es la estrategia de *resolución mutua y cooperativa de problemas.*

Un método para la resolución de conflictos

Propongo tres pasos prácticos como un método sencillo para tratar con el conflicto, tomado de, *People Skills: How to Assert yourself, Listen to Others, and Resolve Conflicts* (Habilidades de la gente: Cómo afirmarse a sí mismo, oír a los demás y resolver conflictos) de Robert J. Bolton:[13]

Paso 1: Trate a la otra persona con respeto. La actitud en comportamientos específicos —la forma en que escucho, en que veo al otro, mi tono de voz, mi selección de palabras, la clase de razonamiento que uso — transmite mi respeto o falta de respeto—. *¿Qué comunica respeto en su cultura?*

Paso 2: Escuche hasta que «experimente a la otra parte». Entienda el contenido de las ideas o propuestas de la otra parte, lo que significa y sus sentimientos sobre esto (es decir, vea las cosas desde el punto de vista del otro). *Sin embargo, en su cultura, ¿comunica interés o acuerdo el oír y meditar en lo que oye?*

13. Robert J. Bolton, *People Skills: How to Assert Yourself, Listen to Others, and Resolve Conflicts* (Cómo afirmarse a sí mismo, oír a los demás y resolver conflictos), Nueva York, Simon & Schuster – Touchstone Imprints, 1986, p. 324.

Paso 3: Declare sus opiniones, necesidades y sentimientos. Es importante que declare su punto de vista brevemente: «Me siento molesto cuando usted llega tarde porque no podemos terminar nuestro trabajo». Asegúrese de decir lo que quiere dar a entender y de dar a entender lo que dice — ¿Está «un poco irritado» o «irritado»? (*¿Cómo puede enojarse o irritarse de un modo que sea apropiado dentro de su cultura?*)— transmitiendo sus sentimientos de manera apropiada.

A veces el tercer paso es innecesario porque la otra persona se sintió escuchada y comprendida en los primeros dos y resolvió el conflicto. Estos pasos pueden darse cara a cara, con una tercera persona presente como facilitadora (que ayuda a las partes a encontrar una resolución) o mediadora (responsable de encontrar y de implementar una solución cuando las partes no pueden llegar a un acuerdo).

Conclusión

A medida que pensamos en «el manejo» del conflicto, es bueno que recordemos el paradigma médico: Al igual que la enfermedad, el conflicto se puede prevenir, controlar o curar. Muchos conflictos pueden prevenirse. Todos tienen que ser controlados/manejados apropiadamente. Algunos conflictos pueden ser resueltos/curados completamente. El manejo del conflicto puede requerir una buena cantidad de esfuerzo, pero nos puede consolar el hecho de que esos esfuerzos son a favor del ideal de la unidad bíblica: «*Esfuércense por mantener la unidad del Espíritu mediante el vínculo de la paz*» *(Efesios 4:3; NVI).* Como Pablo trata la importancia de buscar la unidad en otros pasajes:

> *Aunque el cuerpo es uno solo, tiene muchos miembros, y todos los miembros, no obstante ser muchos, forman un solo cuerpo. Así sucede con Cristo. Todos fuimos bautizados por un solo Espíritu para constituir un solo cuerpo —ya seamos judíos o gentiles, esclavos o libres—, y a todos se nos dio a beber de un mismo Espíritu. Ahora bien, el cuerpo no consta de un solo miembro sino de muchos… a fin de que no haya división en el cuerpo, sino que sus miembros se preocupen por igual unos por otros (1 Corintios 12:12-25; NVI).*

Que la forma en la que manejemos nuestros conflictos no resulte en división, sino más bien, a medida que aprendemos a manejarlos de una mejor manera, resulte en un crecimiento personal y colectivo para el bien del reino de Dios.

Puntos para reflexión y acción

En el contexto de su propia institución, escoja un área de conflicto significativo y use la guía siguiente para entender más y dialogar:

A veces no logramos resolver los problemas por nuestra falta de imaginación o creatividad. A veces no vemos más allá de las soluciones tradicionales o parámetros previamente usados. Este método puede ayudarnos a conceptualizar nuevas maneras de pensamiento.

1. *PASO UNO: Formule claramente la pregunta que se tiene que responder o el problema a resolver.*

   Esto suele ser el 90% de la batalla para las soluciones —entender y formular claramente el problema—.

   Ejemplo: Nuestra institución ha tenido una merma aguda en la matrícula de estudiantes por diversas razones. Esta situación amenaza la longevidad de nuestra institución. ¿Por qué experimentamos esta merma en la matrícula y qué podemos hacer para revertir esta tendencia?

2. *PASO DOS: Enumere claramente las causas del problema como se declara arriba.*

   Por ejemplo: hemos estudiado la situación y encontramos las siguientes causas: (a) la seguridad general de nuestro país ha restringido severamente las visas de los estudiantes extranjeros; (b) la sede de la denominación de nuestra iglesia local es pequeña; (c) nuestra comunidad todavía no está totalmente convencida del valor de nuestro programa; (d) nuestro programa no está acreditado ni por el gobierno ni por algún cuerpo internacional (en un país donde la educación acreditada es un valor esencial); (e) nuestra imagen en el pasado era de una institución que solamente preparaba pastores.

3. *PASO TRES: Enumere las soluciones teóricas, de un extremo al otro de la gama de posibilidades.* NO excluya ninguna posibilidad en este momento, sino deje que su mente trate de pensar en todas las posibilidades.

Ejemplo:

________________/__________________/________________/

_____________________/________________/______________/

____

____

4. *PASO CUATRO: JUNTOS excluyan las opciones mencionadas arriba que no sean realistas ni deseables y diga por qué.*
5. *PASO CINCO: Retengan la mejor opción que decidieron JUNTOS y diga por qué.*
6. *PASO SEIS: Implementación y evaluación.*

   Escriba sus ideas de cómo podría proceder con su institución para influenciar al cambio en las áreas mencionadas arriba. ¿Cómo sabrá que han ocurrido cambios en su institución? ¿Quiénes son los participantes clave en los cambios que se necesitan?

Recursos para el estudio adicional

Libros

Allen, Ronald B., *Praise: The Response to All of Life* (Alabanza: La respuesta a todo lo de la vida), Portland, OR, Multnomah Press, 1983.

Bolton, Robert, *People Skills: How to Assert yourself, Listen to Others, and Resolve Conflicts* (Cómo afirmarse a sí mismo, oír a los demás y resolver conflictos), Nueva York, Simon & Schuster, 1986.

Elmer, Duane, *Cross-Cultural Conflict: Building Relationships for Effective Ministry* (Conflicto transcultural: Cómo desarrollar relaciones para el ministerio efectivo), Downers Grove, IL, InterVarsity Press, 1994.

James, Erika, y Lynn Wooten, *Leading Under Pressure: From Surviving to Thriving Before, During, and After a Crisis* (Cómo dirigir bajo presión: De sobrevivir a prosperar antes, durante y después de una crisis), Series in Organization & Management, Nueva York, Routledge Academic, 2010.

Patterson, Kerry, Joseph Grenny, Ron McMillan, y Al Switzler, *Crucial Confrontations: Tools for Resolving Broken Promises, Violated Expectations and Bad Behavior* (Confrontaciones cruciales: Herramientas para resolver las promesas rotas, las expectativas incumplidas y el mal comportamiento), Nueva York, McGraw-Hill Professional, 2004.

Sande, Ken, *The Peace Maker: A Biblical Guide to Resolving Personal Conflict* (El pacificador: Guía bíblica para resolver el conflicto personal), 3a. ed., Grand Rapids, MI, Baker Books, 2004.

Seifert, Harvey, y Howard John Clinebell, *Personal Growth and Social Change: A Guide for Ministers and Laymen as Change Agents* (Crecimiento personal y cambio social: Guía para ministros y laicos como agentes de cambio), Filadelfia, PA, Westminster Press, 1969.

Referencias con base en sitios web

«Crisis Leadership (Crisis de liderazgo)»: http://papers.ssrn.com/sol3/papers.cfm?abstract_id=1281843&rec=1&srcabs=224055

Holmes, Anthony, «7 Principles of Crisis Management (7 principios para el manejo de crisis)», *http://anthonyholmes.org/7principles.aspx.*

http://www.peacemaker.net/site/c.khLUJ3PHKuG/b.5353445/k.9759/Introduction.htm

http://www.resolvechurchconflict.com

http://www.mediationworks.com

http://www.biblicaltheology.com/Research/GiannetS01.html

http://danluebcke.blogspot.com/2008/09/biblical-theology-for-conflict.html

http://enrichmentjournal.ag.org/200502/200502_030_cool.cfm

http://www.amazinggrace360.com/handouts/preconference/biblical peacemaking.pdf

http://btb.sagepub.com/content/29/1/4.short

http://crt010304.wordpress.com/a-biblical-theology-of-conflict-resolutionfrom-the-book-of-titus

http://justpeaceumc.org/spirit-art-of-conflict-transformation/videoseries/chapter-2-discovering-a-theology-of-conflict-transformation

http://www.menno.org.uk/pdf/Toward a Theology of CT - MQR Jan 06.pdf

Cursos

Fresno Pacific University, Division of Biblical and Religious Studies, Biblical Theology of Conflict and Peacemaking (BIB 465).

Asia Graduate School of Theology, http://agstphil.org/dminbPhtm

12

Reflexiones prácticas acerca del liderazgo académico

Albert Ting

Dios ha llamado a los líderes académicos de la educación teológica a que lleven a cabo las misiones de sus instituciones de la mano de un grupo de eruditos brillantes, a fin de implementar lo que sea necesario, dentro de su sistema de creencias o valores, para lograr los resultados educativos acordados, los cuales casi nunca son visibles o medibles inmediatamente. En tanto que el liderazgo académico puede implicar diferentes funciones tales como rector, vicerrector, administrador, decano, jefe de departamento y otros cargos, todos comparten la responsabilidad de dirigir la institución para que logre su misión.

La educación teológica es principalmente una inversión a largo plazo en la vida de un grupo de estudiantes que se ha comprometido a equiparse para dirigir la iglesia, a fin de cumplir los propósitos de Dios. A medida que el seminario avanza, la Iglesia también. La institución puede extender sus programas al mercado y al aprendizaje a distancia para la formación de laicos, pero el negocio principal debe seguir siendo el negocio principal. El líder académico tiene que estar dispuesto a comprometerse a largo plazo para que vea los frutos de la labor.

El liderazgo académico es difícil. El liderazgo académico dentro de los grupos religiosos es aún más difícil. Imagine lo desafiante que es dirigir a las instituciones evangélicas conservadoras. La resistencia a enfrentar la realidad y la disposición al cambio por lo general, está directamente relacionadas con el grado del conservadurismo de la institución. En un mundo que cambia rápidamente, y en una sociedad postmoderna donde la realidad cambia a menudo, las organizaciones tienen que ser flexibles y cambiantes. Por lo general, esto representa un gran desafío para el liderazgo académico de las instituciones evangélicas. ¿Qué se requiere para ser un líder académico eficiente en un seminario teológico? ¿Qué se requiere de su líder? ¿Quién es apto para encajar en este papel? Lo que sugiero más adelante no tiene la intención de ser exhaustivo, sino características y aptitudes notables de un líder académico. Creo que estas son algunas de las más esenciales desde la perspectiva de un rector de seminario de un ambiente asiático. Es mi esperanza que aporte implicaciones para el liderazgo académico en general, a pesar de las diferencias en las funciones y ambientes culturales.

Características del liderazgo académico

Se requiere de cierta mezcla de características para ser un líder académico. La combinación varía según los distintos ambientes culturales o grupos étnicos, pero generalmente abarca las siguientes características.

Un fuerte sentido del llamado

La persona que asume un puesto de liderazgo, disfrutará de la atención, los elogios y el aprecio de los demás. Sin embargo, eso pronto dará lugar al descontento de la gente a su cargo debido al incumplimiento de las expectativas, la resistencia al cambio y malestar por la invasión de su zona de comodidad. El llamado de Dios es crucial en ese momento.

El llamado de Dios resalta el hecho de que el liderazgo académico va más allá del cumplimiento con las expectativas y necesidades de los hombres y mujeres que están bajo su cuidado. Le recuerda al líder que la voluntad de Dios desbanca a la voluntad del ser humano. El líder y su equipo deben perseverar en la búsqueda de formas de ayudar a la comunidad a conformarse a la voluntad de Dios.

El llamado de Dios faculta al líder para que haga su voluntad y se atreva a implementar lo que sea necesario para el bien de la institución, aunque a un paso manejable. El llamado de Dios imparte una autoridad divina, no solamente moral, para que el líder persevere hasta el fin.

Mi llamado fue el factor número uno que me sostuvo cuando enfrenté oposición, ataques y desafíos de todos lados durante la implementación de un cambio importante. El llamado me llevó de regreso al comienzo de la trayectoria de mi liderazgo y a la autoridad final ante quien era responsable. Despejó mis dudas, las cuales reaparecían cada vez que estaba bajo escrutinio y confrontaciones constantes. Me dio el valor para que perseverara hasta que la nueva iniciativa fue implementada exitosamente. Me recordó mi identidad en Cristo, que era mi fuente de seguridad. En esencia, mi llamado fue verdaderamente mi salvavidas en medio de la turbulencia.

Carácter e integridad

Los líderes le deben a sus seguidores esta verdad fundamental: «¿Puedo confiar en usted?». Cualquier violación a esa confianza dañará la relación entre el líder y los seguidores, causando así el estancamiento del liderazgo. La forma más mortal en la que un líder de seminario evangélico podría violar esa confianza es comprometiendo su carácter e integridad personal.

Los líderes nunca antes habían estado tan expuestos como ahora. El escrutinio público de los líderes es alto todo el tiempo. La inconformidad y la falta de confianza en los líderes fomentan un ambiente en el que siempre se les frunce el ceño con desconfianza. Los líderes abusivos son expuestos con la fanfarria de los medios de comunicación, sin importar qué tan pequeño sea el porcentaje que representan. El sentimiento anticristiano está cobrando ímpetu en distintas partes del mundo. Cualquier líder cristiano que comprometa su carácter personal, genera una enorme cantidad de atención negativa. Podemos culpar a las fuerzas externas por su interés en el escándalo dentro del liderazgo evangélico, pero no podemos negar el hecho de que el liderazgo cristiano está fundado sobre el ideal cristiano de un carácter piadoso y un estilo de vida coherente.

Los líderes académicos no son inmunes a las tentaciones del orgullo, la lujuria, el dinero, la amargura y otros pecados. El trabajar con personas, especialmente del sexo opuesto, a veces los coloca en situaciones tentadoras. El viajar solo, como parte del paquete del liderazgo académico; el estrés constante que disminuye la resistencia hacia lo placentero, pero cuestionable; las palabras halagadoras, que en los círculos cristianos a menudo llegan muy fáciles, porque muchos sienten que el líder ha servido con sacrificio; y los líderes solitarios y sin amigos de confianza con quienes abrirse —todas estas condiciones crean un ambiente que conduce a situaciones comprometedoras—.

La peor suposición de líder es, «¡A mí no me pasará!». La negación es el primer paso hacia la vulnerabilidad. Ella nos roba la protección que necesitamos para vivir en integridad. El líder también, debe adquirir un, entendimiento adecuado de los límites. Además, una apropiada estructura de rendición de cuentas le proveerá la tan necesaria cobertura espiritual y crítica objetiva. Los fracasos en el mantenimiento de la integridad y el carácter en su vida personal tendrán efectos devastadores e implicaciones adversas en la institución.

Una visión claramente definida

La mayoría de instituciones tienen una declaración de misión que define la dirección general y los resultados esperados. El liderazgo académico tiene que asumir la responsabilidad de dirigir con una visión clara de parte de Dios para la institución. Él o ella son responsables ante la junta directiva de que la misión sea implementada en la institución. El líder tendrá que trabajar, junto con las partes interesadas, dentro de ese marco en la elaboración de cuál deba ser la visión de la institución. La visión determina la dirección y la operación de la institución. De hecho, es lo primero que la gente debe preguntarle al líder: «¿A dónde vamos?».

La visión une al equipo en el logro de un propósito en común, con pasión y compromiso. Sin embargo, no importa qué tan competente sea el líder, también tendrá sus puntos ciegos y debilidades. Por lo tanto, tiene que trabajar con su equipo de liderazgo para trazar una visión común y completa para la institución. Es natural que se espere que el nuevo líder renueve o revitalice a la institución. Por consiguiente, debe asumir la batuta del liderazgo con la pasión de hacer las cosas de una mejor manera en la institución. Alguien dijo que el trabajo principal del rector es soñar por la institución y que cuando deja de hacerlo debe irse.

Además, que el líder sea un exalumno o exalumna de la institución tiene unas ventajas. Al haberse beneficiado de la institución, tiende a continuar con su legado de una manera más personal. No solo tiende a sentir un amor y compromiso más fuertes por la institución, sino que tiene una mejor relación con los exalumnos y las partes interesadas de la institución.

El valor de ocasionar cambios

Los líderes son básicamente agentes de cambio. Se les lleva al puesto para facilitar el cambio positivo. Se requiere de mucho valor para hacer cambios en un seminario evangélico. Mientras más larga haya sido su existencia, más fuerte será la resistencia al cambio. Mientras más dogmática o estrecha sea la postura teológica, más difícil será que adopte los cambios. A las instituciones con más partes interesadas les será más desafiante el fomentar el consenso en cuanto las iniciativas nuevas. Las partes interesadas que contribuyeron o invirtieron mucho en la institución, tienden a reclamar más voz o peso en el proceso de toma de decisiones. Las instituciones de las denominaciones que deseen realizar cambios, deben asegurarse de que la formación esté en línea con los resultados establecidos por sus organizaciones.

En realidad, no hay una manera más fácil de realizar cambios que no sea mediante la comunicación y el convencimiento de las partes interesadas más importantes, intensificando el ímpetu y manteniéndolo a largo plazo. La valentía para cambiar podría ser más difícil si la cultura antepusiera las relaciones. El cambiar lo que el predecesor ha desarrollado puede percibirse como una falta de respeto. El evitar ser humillado, como una forma de conservar la dignidad de una persona, también podría dificultar que el cambio se lleve a cabo. Por lo tanto, es crucial que el líder incorpore la cultura arraigada al proceso del manejo de cambios.

De vez en cuando, podría ser necesario una «terapia de choque» para hacer que la escuela afloje su control de las tradiciones antiguas, a fin de crear espacio para el cambio. Pero esa medida drástica se usa solamente con moderación y solamente en casos extremos. Si los líderes se sienten dirigidos a tomar esta medida, entonces tienen que estar preparados para la posibilidad de que pueda costarles su trabajo y, entonces quedarse sin ver el fruto del cambio. Por lo general, otra persona llega a ese puesto de liderazgo y completa el proceso de cambio.

Actividades para la renovación constante

El liderazgo es difícil. Este demanda la mejor condición física, mental, emocional y espiritual de un líder. Requiere habilidades multifuncionales, determinación, destrezas sociales, manejo de crisis, saber levantar la moral, de recaudar fondos y otras, todas envueltas en una. Es como si fuera un malabarista con diez pelotas de vidrio en el aire que caerán al mismo tiempo. Este trabajo es muy estresante todo el tiempo.

El líder debe encontrar la forma de renovarse a sí mismo. Se lo debe a Dios y a la institución que esté en la mejor condición para dirigirla. No toda institución es capaz de atraer o reclutar a la mejor gente para las diferentes vacantes. En distintas etapas de su liderazgo, el líder tendrá que vivir con empleados de bajo desempeño, ineptos, conflictos y asuntos disciplinarios ocasionales. Todo eso aumenta su nivel de estrés.

Uno de los desafíos que los líderes que surgen de las filas de la misma organización enfrentarán es la inevitabilidad del cambio en su relación con los demás. A quienes llamaban colegas ahora son sus subordinados, y su futuro se verá afectado por sus políticas establecidas y decisiones. El líder tiene que aprender a lidiar con la soledad y ajustarse a esas realidades bajo esas circunstancias.

El recurso más grande para renovarse a sí mismo es que mantenga una relación vital con Dios. Esto gira el enfoque de los problemas y la gente hacia estar centrado en Dios. Los problemas serán más manejables y los asuntos de la gente menos intranquilizadores, cuando puede considerarlos desde la perspectiva de Dios. Las oraciones diarias tienden a aligerar nuestras cargas; y los tiempos tranquilos dedicados a la meditación en las Escrituras siempre nos reconectan con las promesas de la Palabra de Dios. La soledad afecta a muchos líderes. Y la intensifica el manejo constante de información delicada, confidencial. El hábito de la oración nutre el alma y el mismo Dios puede satisfacer las necesidades relacionales que anhelamos y que nadie más puede satisfacer.

Un cónyuge comprensivo es la mejor compañía en la trayectoria del liderazgo. El líder solamente puede pelear una batalla a la vez para que sea eficaz en su trabajo. Si el hogar también se ha convertido en un campo de batalla, seguramente estará comprimido por ambos lados, sin poder respirar. De esta manera, el cónyuge comprensivo, que hace que el hogar sea un refugio seguro, ciertamente es uno de los factores más estabilizadores en la vida del líder. Además, un íntimo amigo personal en quien pueda confiar, preferiblemente fuera de la institución, puede ser otra fuente de renovación y apoyo. Un amigo fuera del círculo de trabajo puede ofrecerle una perspectiva nueva y objetiva de las cosas, lo cual sería imposible para los compañeros de trabajo. El buscar amistades fuera del ambiente de trabajo también, disminuye las complicaciones de mezclar la relación de trabajo con la amistad personal.

El ejercicio también, puede ser una gran actividad para lidiar con el estrés y aumentar la energía del líder. La acción de dirigir de por sí consume mucha energía y vigor físico. Los líderes deben mantener una rutina de ejercicio, ya que es uno de los mejores impulsores de energía. Para algunos líderes, el ministrar fuera de la institución, de vez en cuando, los renueva, en tanto que otros sienten gratificante su relación con los estudiantes, manteniéndose con una carga académica manejable. Además del ejercicio, el tomarse un descanso de la rutina del trabajo, al salir lejos, también, es una buena forma de poner las cosas personales e institucionales en su justa perspectiva. Casi siempre le inyecta creatividad y frescura al líder.

Creo que esas son las características más fundamentales que un líder académico debe poseer para que dirija con confianza. A partir de esas características, crecerá y madurará hasta ser el hombre o la mujer de acuerdo con el corazón de Dios. Sobre este fundamento están cimentadas las aptitudes del líder.

Aptitudes del liderazgo académico

Las aptitudes de un líder académico son multifacéticas. La aptitud es la habilidad de hacer las labores y funciones requeridas para cumplir las responsabilidades del puesto. En general, la aptitud tiene que ver con el calibre del líder, en tanto que las labores y funciones, con el papel o puesto donde se ejerce la aptitud. El nivel de aptitud de un líder, inevitablemente, afectará el grado de satisfacción con el resultado de las labores y funciones desempeñadas. Cuando el nivel de aptitud y las labores y funciones encajan, habrá resultados satisfactorios.

La estructura operativa de la mayoría de las instituciones suele estar dividida en tres componentes: académico, administrativo y de desarrollo. El componente académico es la esencia de la institución, donde se trata con el cuerpo docente, los estudiantes, el currículo y todos los demás asuntos académicos relacionados. El componente administrativo es la infraestructura que sostiene a la educación, tales como las instalaciones, las finanzas y los servicios estudiantiles. El componente de desarrollo es el alma de la institución, la cual genera ingresos a través de la recaudación de fondos y de las relaciones con los donantes.

Es imposible que un líder posea todas las actitudes necesarias para dirigir la institución. Lo que no poseen, tienen que contratarlo. Eso es lo menos que pueden hacer para desarrollar el equipo que dirigirá a la institución. En caso de que no haya fondos disponibles para una persona tan competente o suficiente, el líder debe vivir con esa realidad y encontrar una solución intermedia.

El mantenimiento de un estándar académico alto

El líder académico, junto con su equipo, debe mantener un riguroso estándar académico a lo largo de los distintos programas de la institución. Tiene que asegurarse de que la institución esté a la altura del estándar establecido por el cuerpo de acreditación al que pertenece. Una vez que la institución ponga en marcha la acostumbrada visita del equipo que volverá a acreditarla, se le hará más fácil la próxima vez.

Una cosa es cumplir con los requisitos del cuerpo de acreditación; otra cosa es asegurarse de que se reclute a los miembros adecuados para el cuerpo docente. La institución necesita maestros que estén comprometidos con la excelencia académica, que se responsabilicen a través de la evaluación regular, el adiestramiento constante y el aprendizaje permanente. Las distintas instituciones establecen diferentes expectativas en cuanto a las publicaciones, la escritura de artículos, las reseñas de libros y las presentaciones de artículos académicos del cuerpo docente en conferencias teológicas y profesionales. Algunas han desarrollado un sistema de evaluación vigoroso, que incluye las evaluaciones anuales de los estudiantes, los decanos y los jefes de departamento. Hay que tomar en cuenta a la cultura para implementar lo que sea apropiado, sin comprometer el estándar de excelencia. El liderazgo del seminario tiene que asegurarse de que los programas académicos sean pertinentes y que estén a la vanguardia para que llenen las expectativas de las partes interesadas más importantes, y de las necesidades cambiantes de la Iglesia.

La matriculación de estudiantes también es un asunto complejo. Va más allá de llenar una solicitud, revisar las referencias, asegurar lugares vacantes y pagar las cuentas. Los distintos países tienen sus estándares y sistemas educativos, cuya calidad no es equivalente. Esto será un desafío para la institución que matricula a estudiantes internacionales. El líder académico y su equipo deben investigar la solicitud minuciosamente para asegurarse de que las características de los estudiantes sean revisadas y comparadas, a fin de que los que sean aceptados puedan cumplir con los requisitos académicos de la institución.

Con tantas consideraciones para asegurar la calidad de la educación, la mejor práctica es: No reinvente la rueda. Otras instituciones bien establecidas tienen muchísimas prácticas buenas y si lo solicita, la mayoría está dispuesta a compartir sus recursos y experiencias. El líder académico tendrá que reunirse con su equipo de liderazgo a menudo a evaluar los programas académicos. También, tienen que asistir a conferencias de liderazgo para renovarse y aprender de otros las mejores prácticas que estén disponibles.

Un buen manejo del personal

Nadie puede educar por su cuenta. Internamente, esto involucra a los miembros de la junta, el cuerpo docente, los administradores académicos, el personal y los recaudadores de fondos; externamente, las relaciones con la denominación, los donantes, los exalumnos y las iglesias son necesarias para edificar al seminario. Es una responsabilidad compartida. El líder tiene que sentirse seguro de sí mismo y cómodo con la gente talentosa y los expertos, en lugar de amenazado por ellos, para que saque sus mejores talentos. Sin gente talentosa y su pericia, lograría muy poco para adelantar la causa de la institución.

La relación se extiende del rector a la junta, al vicerrector, los decanos, los administradores principales y a otros, dependiendo del tamaño del seminario. El líder tiene que forjar una visión unificada y confiarle al equipo sus tareas respectivas. Para ser más exacto, no tiene que dirigirlos. Antes bien, provee una plataforma para que la gente maximice sus potenciales. Una vez todos adoptan la visión, el líder tiene que presentársela a la comunidad, alinear todos los programas con ésta y levantar la moral de la gente para sea lograda y continuada.

Siempre será un desafío tratar con expertos de diferentes disciplinas, personas determinadas que logran sus metas de excelencia académica bajo el escrutinio de profesores aún más rigurosos y sobresalientes. El título de «profesor» o «doctor» evoca autoridad y logro en muchas culturas. En ciertas culturas, donde los eruditos son altamente reverenciados, su autoridad es aún mayor.

La mayoría de los profesores de seminario se han preparado en los Estados Unidos de América o en Europa. Su entendimiento, de las terminologías educativas como «profesor», «emérito» y de cómo calificar y evaluar el desempeño de los estudiantes, es bien diferente. Los líderes académicos que adquieren cierto entendimiento de estas diferencias pueden ayudar a cerrar la brecha y facilitar una mejor comunicación y aceptación.

Es fácil poner a alguien en un puesto, pero es doloroso el tener que removerlo. A partir de los valores cristianos, las acusaciones de «indiferente» y «desalmado» no son raras. El líder puede incorporar un proceso estricto de evaluación durante la contratación, pero no hay garantía de que separará a todos los ineptos. La gente cambia con el tiempo y las relaciones de trabajo pueden volverse tensas por asuntos o valores. La sabiduría convencional para la contratación de personal es que se tome el tiempo para evaluar al candidato y revisar sus referencias cuidadosamente. La sabiduría corporativa siempre es útil para estudiar a la gente. Nunca entreviste a alguien a solas.

Los conflictos y la rivalidad con varios grados de intensidad son inevitables en cualquier organización. La mejor práctica es enfrentarlos y resolverlos tan pronto como se desarrollen. Ocasionalmente, quizá se necesite alguna acción disciplinaria para mantener la integridad de la organización. La severidad del caso y de la persona disciplinada, tiende a dividir a la comunidad, distrae a la institución de su misión y agota la energía de los que estén implicados directa o indirectamente. Cuando se lleva a cabo una acción disciplinaria, el líder, por lo general, actúa como un pararrayos que atrae los rayos y las fuerzas negativas. La práctica aceptada entre los líderes académicos ha sido enfrentar la tormenta con integridad y perseverancia porque tarde o temprano pasará.

Los manuales del cuerpo docente y del personal son esenciales en la determinación de los procedimientos estándares para el manejo de problemas relacionados con el personal. Estos deben incluir un procedimiento para quejas, pautas éticas y disciplinarias, las expectativas del cuerpo docente, el acenso y la clasificación de los profesores, etc. En las culturas donde la relación precede a todo, la claridad de las expectativas servirá como una herramienta y protección para la rendición de cuentas y evaluación.

La salud espiritual de la comunidad

El líder debe tomar el pulso de la espiritualidad del seminario de forma habitual. Sin espiritualidad, el seminario finalmente evolucionará en lo que muchos han llamado el «cementerio», en son de broma. Tiene que comenzar con el líder. La comunidad es simplemente un reflejo de sus intereses. El líder debe acentuar el alimento espiritual de las capillas y conferencias bíblicas que se llevan a cabo en el campus. La adoración y los tiempos de oración habituales con el cuerpo docente establecen el tono de la espiritualidad de la institución.

Por lo general, los seminarios no quieren degenerar en un estado de apatía espiritual. La mayoría de las instituciones lo toman en serio cuando afirman que ofrecen una educación holística, donde las formaciones académica, espiritual y de carácter son partes vitales de la preparación. Sin embargo, algunas instituciones asumen estos esfuerzos con mayor seriedad que otros.

La mayoría de los estudiantes llegan al seminario con el fin de profundizar su relación con Dios a través de la formación teológica. Desafortunadamente, los estudios espirituales y académicos no siempre coexisten bien. Una queja común entre los seminaristas es que su vida espiritual y pasión por Dios han decaído durante el curso de sus estudios teológicos. El líder debe llamar la comunidad a un avivamiento cuando vea el letargo espiritual. Tiene que servir como el termostato de la espiritualidad de la institución. A veces, percibe que la comunidad tiene pecados escondidos, por lo que debe atreverse a llamarla al arrepentimiento y el avivamiento. Además, tiene que alentar tanto al cuerpo docente como a los estudiantes a que profundicen su relación personal con Dios.

La accesibilidad al internet, los teléfonos inteligentes y la conexión inalámbrica, ha dejado a todos los seminarios expuestos a toda clase de vicios, dentro de un espacio sumamente privado, lo cual incita a los usuarios a probar los límites. Algunas de las tentaciones comunes que los seminaristas enfrentan son el coqueteo, los mensajes y las imágenes provocativas, las apuestas, los chismes y rumores, el plagio y el acoso sexual. El que el líder hable al respecto sirve como un disuasivo y una advertencia para la comunidad.

El desarrollo de la sustentabilidad financiera

Los líderes académicos tienen una relación de amor-odio con las finanzas y la recaudación de fondos. Todos los líderes quisieran que sus instituciones tuvieran fondos suficientes para su operación y avance. Sin embargo, la realidad es que muchos seminarios deliberadamente mantienen bajo el costo de la matrícula para que la educación teológica sea accesible. Esta práctica pone al liderazgo, en este caso, el rector del seminario, bajo la presión de recaudar los fondos suficientes para que la institución siga funcionando.

Pero muchos se avergüenzan de pedir dinero. Para aliviar la incomodidad de la recaudación de fondos, el líder debe acordarse de que no está recogiéndolo para él o ella, sino para la institución. Cuando el líder está orgulloso de la institución y verdaderamente cree que la formación es de impacto, se sentirá más cómodo al compartir acerca de la contribución que la institución está haciendo y permitirá que Dios relaje el corazón y la billetera de los donantes.

El líder tal vez debería considerar otras formas de ingreso, aparte de la matrícula, para desarrollar la sustentabilidad financiera de la institución largo plazo. El fondo de donaciones es una buena manera de recaudar dinero para invertirlo en el futuro. Se debe establecer un comité de inversiones con expertos financieros de confianza, con la supervisión y las pautas adecuadas. Las donaciones de acciones y valores están llegando hacer cada vez más comunes hoy día. Una pauta adecuada asegurará la rendición de cuentas saludable y la buena mayordomía. Si la institución posee edificios, se pueden usar para generar ingreso por concepto de alquiler durante los fines de semana. La colaboración con alguna iglesia, al compartir un profesor para que ayude en el ministerio de fin de semana, podría ser una forma de invitarla a que contribuya parcialmente al salario del profesor. Dependiendo de las leyes de impuesto del país, algunos pueden legar sus valores al seminario por medio de un fideicomiso en vida. Algunos países posiblemente tienen fundaciones bien provistas que dan generosamente para las causas cristianas.

La institución puede generar más ingresos de muchas formas. El líder tiene que formar un equipo que lo ayude en esta área. Si se siente verdaderamente incómodo con la recaudación de fondos, al menos debería contratar a alguien que lo haga en su lugar. Entonces, el líder debe enfocarse en desarrollar un programa académico eficiente, porque una de las mejores maneras de recaudar fondos es produciendo graduados sobresalientes.

Además de recaudar fondos, el líder tiene que ser un poco experto en la preparación de presupuestos, reportes y controles financieros y buenas prácticas financieras. Aunque la institución contrate gente competente para supervisar estas áreas, se espera que el líder académico sepa lo suficiente como para comunicarlo a la junta y al público.

La creación de una estructura eficaz

La esencia de la institución es académica. Las experiencias de enseñanza-aprendizaje entre el cuerpo docente y los estudiantes son la esencia de la educación. Una estructura eficaz realzará las experiencias de aprendizaje.

Cuando el seminario es pequeño, la institución funciona a través de relaciones, se comunica regando la voz y dirige por medio de las memorias. Cuando crece, hay que desarrollar una estructura eficaz que ofrezca pautas, límites y expectativas claros. La tradición oral debe abrir paso a las pautas escritas, de modo que haya claridad y continuidad. De lo contrario, la confusión, los conflictos y las inconsistencias entorpecerán la eficacia de la institución.

La declaración de misión o visión guiará al líder y a la institución en el cumplimiento del propósito original de la institución. Los valores compartidos determinarán la manera en que los empleados se tratarán los unos a otros y a los visitantes. El procedimiento estándar de operaciones (SOP, por sus siglas en inglés) dirigirá las funciones y relaciones de cada puesto. Los diagramas organizacionales presentarán una cadena de mando y líneas de autoridad claras. Los manuales del cuerpo docente y del personal orientan en cuanto a recursos humanos, sabáticos, evaluaciones, procesos de queja o apelación, procesos de contratación, despido y jubilación, estándares éticos y otros asuntos. Los resultados educativos ayudarán a evaluar la eficiencia del currículo y los programas.

El establecimiento de todos estos documentos tiene como fin el declarar abiertamente las metas y reglas de la institución, así como las expectativas de cada contribuyente. Esto presentará criterios objetivos para el funcionamiento de la institución, reduciendo grandemente los abusos o las inconsistencias. Al igual que los demás documentos y pautas, cada cierto tiempo habrá que revisarlos, actualizarlos y velar que sean pertinentes a las realidades nuevas.

El líder tiene el papel importante de tender un puente entre lo académico y lo administrativo, los cuales tienden a coexistir en tensión. Lo que el lado académico desea, es posible que la administración no lo pueda proveer, debido a la escasez de recursos financieros o humanos. Lo que la administración implemente, es posible que el lado académico de la institución no lo aprecie. El líder tiene que tender un puente entre los dos lados para que lleguen a una solución amigable. La administración tiene que ver su servicio a la comunidad como un componente esencial que apoya el núcleo del programa de formación de la institución. Ese recordatorio constante del papel de la administración es necesario.

Conclusión

El liderazgo académico es mucho más de lo que se ha compartido en este capítulo. Es un aprendizaje vitalicio, derivado de la prueba y el error. Ningún líder es igual a otro. Cada uno tiene que forjar su propio camino de acuerdo con sus dones, convicciones y situaciones. La cuesta es empinada, pero la recompensa es satisfactoria. Para mí, es un gran privilegio ser su compañero de viaje en el camino del liderazgo académico.

Puntos para reflexión y acción

1. Tal vez ha estado en su puesto actual de liderazgo por algún tiempo ya, y probablemente estaría de acuerdo en que el liderazgo académico es difícil, especialmente en una institución teológica. Describa un incidente de su experiencia de liderazgo que haya hecho tenido un efecto significativo en su vida. Explique cómo esta experiencia ha afectado su filosofía de liderazgo.

   En la situación que ha descrito arriba, ¿qué clase de líder se considera? ¿Qué clase de líder lo considera su equipo de liderazgo? Describa tres características de un líder académico que usted haya desarrollado a través de los años, y tres aptitudes que posee, que lo facultan para ser el líder que es ahora.

   El liderazgo es una trayectoria de crecimiento. Reflexione en su trayectoria de liderazgo, desde que se embarcó en este puesto, escriba 3 áreas en las que ha crecido como líder durante los últimos años, y cómo estas áreas de crecimiento han afectado su vida personal.

2. ¿Qué características del liderazgo valora su institución? Por ejemplo, ¿valora su institución la capacidad de un líder de cumplir tareas o el carácter e integridad del líder? ¿Qué características de liderazgo busca su institución en un líder? Pídale a su equipo de liderazgo que enumere cinco características, que a su juicio, un líder deba tener para dirigir eficazmente. Y a la par del listado de estas características

escriba una calificación de 1 a 10, siendo 1 estar insatisfecho y 10 estar satisfecho, para autoevaluar su posición dentro de este listado.

3. La renovación constante es crucial para el mantenimiento de una actitud positiva y saludable, y la perspectiva, cuando se dirige una institución. Por ejemplo, cuando las cosas se ponen difíciles y dirigir llega a ser abrumador, los líderes tienen que buscar maneras de relajarse y de lidiar con la presión. Escriba y comparta con su equipo de liderazgo qué actividades o maneras le son útiles para mantener su cordura y perseverar en un largo plazo. Desarrolle un sistema de rendición de cuentas entre el equipo de liderazgo para mantener continuas las actividades de renovación.
4. Discuta con su equipo de liderazgo qué tareas o funciones se requieren de los líderes en su institución. Proyecten esas tareas o funciones en la pantalla y pregúntenle al equipo de liderazgo qué aptitudes se necesitan para realizar esas tareas o funciones, para lograr las metas de la institución. Si faltan ciertas actitudes, discuta y determine cómo desarrollar y mejorar esas áreas de incompetencia, para que los líderes puedan cumplir las expectativas y requisitos de los puestos en los que están. Por ejemplo, es posible que se les pida a los líderes que asistan a talleres, o que tomen cursos en las áreas concernientes, para elevar su nivel de aptitudes.

Recursos para el estudio adicional

Libros

Lewis, G. Douglass, y Lovett H. Weems Jr., eds., *A Handbook for Seminary President* (Manual para rectores de seminarios), Grand Rapids, MI, Eerdmans, 2006.

Bennis, Warren, *Why Leaders Can't Lead* (Por qué los líderes no pueden dirigir), San Francisco, CA, Jossey-Bass, 1989.

Bolman, Lee G., y Joan V. Gallos, *Reframing Academic Leadership* (Cómo redefinir el liderazgo académico), San Francisco, CA, Jossey-Bass, 2011.

Collins, James C., *Good to Great: Why Some Companies Make the Leap… and Others Don't* (De bueno a grandioso: Por qué algunas compañías dan el salto… y otras no), Nueva York, HarperCollins, 2001.

Heifetz, Ronald A., y Martin Linsky, *Leadership on the Line: Staying Alive through the Dangers of Leading* (El liderazgo en la línea: Cómo permanecer vivo sin los peligros de dirigir), Boston, MA, Harvard Business School Press, 2002.

Heifetz, Ronald A., *Leadership without Easy Answer* (El liderazgo sin una respuesta fácil), Boston, MA, Harvard University Press, 1994.

Hybels, Bill, *Axiom* (Axioma), Grand Rapids, MI, Zondervan, 2008.

Kouzes, James M., y Barry Z. Posner, *The Jossey-Bass Academic Administrator's Guide to Exemplary Leadership* (Guía Jossey-Bass del director académico para el liderazgo ejemplar), San Fransciso, CA, Jossey-Bass, 2003.

Parks, Sharon Daloz, *Leadership Can Be Taught: A Bold Approach for a Complex World* (El liderazgo se puede enseñar: Un enfoque audaz para un mundo complejo), Boston, MA, Harvard Business School Press, 2005.

Recursos para la educación teológica en los sitios web

Association of Theological Schools (Asociación de instituciones teológicas). http://www.ats.edu Overseas Council. http://www.overseas.org

International Council for Evangelical Theological Education (Concilio internacional para la educación teológica evangélica). http://www.icete-edu.org

Bibliografía

Ableman, Robert, y Amy Dalessandro, «Institutional Vision in Christian Higher Education: A Comparison of ACCU, ELCA, and CCCU Institutions» (La visión institucional en la educación superior cristiana: Una comparación de las instituciones ACCU, ELCA y CCCU), *Journal of Research in Christian Education* 18, 2009, p. 84-119.

Abdul-Rahman, Mary, ed., *Career Paths and Hiring Practices of Chief Academic Officers in Theological Schools* (Senderos profesionales y prácticas para contratar a los directores académicos en las instituciones teológicas), vol. 3 de Monographs on Academic Leadership, St Paul, MN, St Paul Seminary School of Divinity, 1996.

Adams, Jim B., «¡Bienvenido a Seteca!», *Seminario Teológico Centroamericano* (23, de septiembre 2011). http://www.seteca.edu/index.php/es/setecaes/info/82-saludo-del-rector (30 de enero, 2012).

Aitken, Paul, y Malcolm Higgs, *Developing Change Leaders: The Principles and Practices of Change Leadership Development* (Cómo desarrollar líderes de cambio: Principios y prácticas para el desarrollo de un liderazgo de cambio), Burlington, MA, Elsevier, 2010.

Aleshire, Daniel, Cynthia Campbell, y Kevin Mannoia, «The President's Vocation and Leadership» (La vocación y el liderazgo del rector), en *A Handbook for Seminary Presidents* (Manual para rectores de seminarios), editado por G. D. Lewis y Lovett H. Weems, p. 1-34, Grand Rapids, MI, Eerdmans, 2006.

Allen, Ronald B., *Praise: The Response to All of Life* (Alabanza: La respuesta a todo lo de la vida), Portland, OR, Multnomah Press, 1983.

Allison, Michael, y Jude Kaye, *Strategic Planning for Nonprofit Organizations: A Practical Guide and Workbook* (Planificación estratégica para las organizaciones no lucrativas: Guía práctica y libro de trabajo), 2a. ed., Hoboken, NJ, John Wiley & Sons, 2005. Incluye CD-ROM.

Anderson, Aaron D., *Engaging Resistance: How Ordinary People Successfully Champion Change* (Cómo involucrar a la Resistencia: La manera en que la gente cambia exitosamente), Standford, CA, Standford Business Books, 2011.

Arana, Arnoldo. «¿Cómo articula el líder la visión?» *Global Leadership Consulting* (diciembre, 2008). http://www.glcconsulting.com.ve/articulos/Articulo_Como articula el líder la vision_Arnoldo Arana.pdf (3 de enero, 2012).

Arthur, James, «Great Expectation: Vision and Leadership in Christian Higher Education» (Expectativas mayores: Visión y liderazgo en la educación superior cristiana), en *Leadership in Christian Higher Education* (El liderazgo en la educación superior cristiana), editado por Michael Wright y James Arthur, p. 3-32, Exeter, UK, Imprint Academic, 2010.

Astin, Alexander W., «The Implicit Curriculum» (El currículo implícito), *AGB Reports* 31, no. 4, julio-agosto 1989, p. 6-10.

Baer, Michael R., «Strategic Planning Made Simple» (Simplificación de la planificación estratégica), *Leadership* 10, no. 2, primavera 1989, p. 32-33.

Banks, Robert, *Reenvisioning Theological Education* (Cómo tener una nueva visión de la educación Teológica: Exploración de una alternativa misional a los modelos actuales), Grand Rapids, MI, Eerdmans, 1999.

Banta, Trudy W., y Charles Blaich, «Closing the Assessment Loop» (Cómo cerrar el aro de la evaluación) *Change Magazine* 43, no. 1, 2010.

Barna, George, *The Power of Vision,* Ventura, CA, Regal Books, 1991. Edición española de este libro: *El poder de la visión: cómo captar y aplicar la visión para desarrollar tu liderazgo*, Buenos Aires, Editorial Peniel, 2002.

Barro, Antonio, y Manfred Kohl, eds., *Liderança para um Novo Século,* Londrina, Brasil, Descoberta Editora, 2003.

Biehl, Bobb, y Ted W. Engstrom, *Increasing your Boardroom Confidence* (Cómo desarrollar la confianza de su salón de juntas), Sisters, OR, Questar, 1988.

Birnbaum, Robert, *How Colleges Work: The Cybernetics of Academic Organization and Leadership* (Cómo funcionan las instituciones: La cibernética de la organización y el liderazgo académico), San Francisco, CA, Jossey-Bass, 1988.

Botha, Nico, «Outcome-Based Education, Accreditation and Quality Assurance in Open Distance Learning: A Case Study on Theology at The University of South Africa» (Educación con base en resultados, acreditación y garantía de calidad en el aprendizaje a la distancia: Estudio de caso sobre teología en la Universidad de Sudáfrica), en *Handbook of Theological Education in World Christianity* (Manual de educación teológica en el cristianismo mundial), editado por Dietrich Werner et al., p. 144-153, Oxford, Regnum, 2010.

Bolton, Robert, *People Skills: How to Assert yourself, Listen to Others, and Resolve Conflicts* (Cómo afirmarse a sí mismo, oír a los demás y resolver conflictos), Nueva York, Simon & Schuster, 1986.

Bouchard, Charles E., Susan Thistlethwaite, y Weber Timothy, «The President's Role as Academic Leader» (La función del rector como líder académico), en *A Handbook for seminary presidents* (Manual para rectores de seminarios), editado por G. D. Lewis y Lovett H. Weems, p. 72-88, Grand Rapids, MI, Eerdmans, 2006.

Britannica Online Encyclopedia (Enciclopedia Britannica en línea). «Conflict (conflicto)». Britannica Online Encyclopedia. http://www.britannica.com/EBchecked/topic/132060/conflict (17 de noviembre, 2011).

Brown, Sally, y Peter Knight, *Assessing Learners in Higher Education* (Cómo evaluar a los estudiantes en la educación superior), Teaching and Learning in Higher Education Series, Nueva York, Routledge, 1994.

Bruce, Andy, y Ken Langdon, *Strategic Thinking: Essential Managers*, Nueva York, Dorling Kindersley, 2000. Edición española de este libro: *El pensamiento estratégico*, México, Grijalbo, 2002.

Brynjolfson, Robert, y Jonathan Lewis, *Integral Ministry Training: Design and Evaluation* (Formación para el ministerio integral: Diseño y Evaluación), Pasadena, William Carey Library, 2006.

Buller, Jeffrey L., *The Essential Academic Dean: A Practical Guide to College Leadership* (El director académico esencial: Una guía práctica para el liderazgo universitario), 1a. ed. San Francisco, CA, Jossey-Bass, 2007.

Busher, Hugh, «Managing Change to Improve Learning» (Cómo manejar el cambio para mejorar el aprendizaje), en *The Principles and Practices of Educational Management* (Principios y prácticas de la administración educativa), editado por Tony Bush y Les Bell, p. 275-290, Londres, Paul Chapman Publishing, 2002.

Burke, W. Warner, *Organization Change: Theory and Practice* (Cambio organizacional: Teoría y práctica), 3a. ed., Thousand Oaks, CA, SAGE, 2011.

Calivas, Alkiviadis, «Theology and Theologians: An Orthodox Perspective» (La teología y los teólogos: Una perspectiva ortodoxa), en *Theological Literacy for the Twenty-First Century* (Cultura teológica para siglo veintiuno), editado por Rodney Petersen, p. 23-38, Grand Rapids, MI, Eerdmans, 2002.

Cannell, Linda, *Theological Education Matters: Leadership Education for the Church* (Asuntos de la educación teológica: Educación del liderazgo para la iglesia), Newburgh, IN, EDCOT, 2006.

Carroll R., M. Daniel, «Perspectives on Theological Education from the Old Testament» (Perspectivas sobre la educación teológica desde el Antiguo Testamento), *Evangelical Review of Theology* 29, no. 3, julio 2005, p. 228-239.

Change Agents UK: Skills of a Change Agent (Habilidades de un agente de cambio). www.changeagents.org.uk, bajo «change agents» (agentes de cambio) (13 de junio, 2013).

Cheldelin, Sandra, y Ann F. Lucas, *The Jossey-Bass Academic Administrator's Guide to Conflict Resolution* (Guía Joseey-Bass del director académico para la resolución de conflictos), 1a. ed., San Francisco, CA, Jossey-Bass, 2004.

Condreanu, Aura, «Organizational Change: A Matter of Individual and Group Behavior Transformation» (El cambio organizacional: Un asunto de transformación del comportamiento individual y de grupo), *Journal of Defense Resources Management* 1, no. 1 (2010), p. 49-56. http:/ http://journal.dresmara.ro/issues/volume1_issue1/07_codreanu.pdf (15 de junio, 2013).

Corrie, John, *Dictionary of Mission Theology: Evangelical Foundations* (Diccionario de la teología de la misión: Fundamentos evangélicos), Downers Grove, IL, InterVarsity Press, 2007.

Costes, Nathalie et al., eds., *Quality Procedures in the European Higher Education Area and Beyond – Second ENQA Survey* (Procedimientos de calidad en el área de la educación superior europea y más allá – Segundo estudio ENQA), Helsinki, European Association for Quality Assurance in Higher Education, 2008.

Cox, Harvey, «The Significance of the Church-World Dialogue for Theological Education», (La importancia del diálogo iglesia-mundo para la educación teológica), *Theological Education*, invierno, 1967, p. 270-279. *ATLA Religion Database with ATLASerials*, EBSCO*host* (10 de junio, 2011).

Diamond, Robert M., Lion F. Gardiner, y Daniel W. Wheeler, «Requisites for Sustainable Institutional Change» (Requisitos para el cambio institucional sostenible) en *Field Guide to Academic Leadership* (Guía de campo para el liderazgo académico), editado por Robert M. Diamond, p. 15-24, San Fracisco, CA, Jossey-Bass, 2002.

Danzig, Arnold B., Kathyn M. Borman, Bruce A. Johnes, y William F. Wright, eds., *Learner-Centered Leadership Research, Policy and Practice* (El liderazgo centrado en el estudiante. Investigación, políticas y práctica), Mahwah y Londres, Lawrence Erlbaum Associates, 2007.

Denver Seminary, «Our Mission and Vision» (Nuestra misión y visión). Denver Seminary. http://www.denverseminary.edu/about-us/who-we-are/our-missionand-vision (12 de enero, 2012).

———. «Our Core Commitments» (Nuestros compromisos esenciales) Denver Seminary. http://www.denverseminary.edu/about-us/who-we-are/our-corecommitments (12 de enero, 2012)

Drucker, Peter, *Dirección de instituciones sin fines de lucro,* Buenos Aires, Editorial El Ateneo, 1990.

Eadie, Douglas C., *Beyond Strategic Planning: How to Involve Nonprofit Boards in Growth and Change* (Más allá de la planificación estratégica: Cómo involucrar a las juntas no lucrativas en el crecimiento y el cambio), Washington, DC, National Center for Nonprofit Boards, 1993.

Eaton, Judith S., *An Overview of U.S. Accreditation* (Un vistazo de la acreditación en los Estados Unidos), Washington, DC, CHEA, 2009.

———. «U.S. Accreditation: Meeting the Challenges of Accountability and Student Achievement» (La acreditación en los Estados Unidos: Cómo enfrentar los desafíos de la rendición de cuentas y del logro estudiantil), *Evaluation in Higher Education* 5, no. 1, junio 2011, p. 1-20. http://www.chea.org/pdf/EHE 5-1 (18 de junio, 2013).

Edgar, Brian, «The Theology of Theological Education» (La teología de la educación teológica), *Evangelical Review of Theology* 29, no. 3, 2005, p. 208-217. *ATLA Religion Database with ATLASerials*, EBSCO*host* (10 de junio, 2011).

Edinburgh 2010 – International Study Group, *Challenges and Opportunities in Theological Education in the 21th Century. Pointers for a new international debate on Theological Education* (Grupo de estudio internacional. Desafíos y oportunidades en la educación teológica en el Siglo 21. Indicadores para un nuevo debate internacional sobre la educación teológica). Ginebra: WCC/WOCATI, 2009.

Edling, David V., «Counseling the Church in Conflict» (Cómo aconsejar a la iglesia en conflicto) Peacemaker Ministries' Institute for Christian Conciliation's Certification Program in Peacemaker Ministries. http://www.peacemaker.net/site/c.aqKFLTOBIpH/b.1172255/apps/s/content.asp?ct=1245863 (6 de julio, 2012).

Elmer, Duane, *Cross-Cultural Conflict: Building Relationships for Effective Ministry* (Conflicto transcultural: Cómo desarrollar relaciones para el ministerio efectivo), Downers Grove, IL, InterVarsity Press, 1994.

Enns, Marlene, «Now I Know in Part: Holistic and Analytic Reasoning and their Contribution to Fuller Knowing in Theological Education» (Ahora conozco en parte: El razonamiento holístico y el analítico y su contribución a un conocimiento más complete en la educación teológica), *Evangelical Review of Theology* 29, no. 3, 2005, p. 251-269. *ATLA Religion Database with ATLASerials*, EBSCO*host* (10 de junio, 2011).

European Association for Quality Assurance in Higher Education. «Standards and Guidelines for Qualitative Assurance in the European Higher Education Area» (Estándares y pautas para la seguridad de calidad en el área de la educación superior europea). European Higher Education Area. http://www.ehea.info/Uploads/Documents/Standards-and-Guidelinesfor-QA.pdf (29 de junio, 2012).

Farley, Edward, *Theologia: The Fragmentation and Unity of Theological Education* (Teología: La fragmentación y unidad de la educación teológica), Filadelfia, PA, Fortress Press, 1983.

Ferrari, Joseph R., y Jessica Velcoff, «Measuring Staff Perceptions of University Identity and Activities: The Mission and Values Inventory» (Cómo medir las percepciones del personal de la identidad y las actividades universitarias: Inventario de la misión y los valores), *Christian Higher Education* 5, 2006, p. 243-261.

Ferrari, Joseph R., Todd L. Bottom, y Robert E. Gutierrez, «Passing the Torch: Maintaining Faith-Based University Traditions during Transition of Leadership» (Transición de la antorcha: Cómo mantener las tradiciones universitarias basadas en la fe durante la transición del liderazgo), *Education* 131, no. 1, 2010, p. 64-72.

Ferris, Robert W., ed., *Establishing Ministry Training: A Manual for Programme Developers* (Cómo establecer la formación para el ministerio: Manual para los desarrolladores de programas), vol. 4 de *World Evangelical Fellowship Series*, Los Angeles, CA, William Carey Press, 1995.

Fidler, Brian, «External Evaluation and Inspection» (Evaluación externa e inspección), en *The Principles and Practices of Educational Management* (Principios y prácticas de la administración educativa), editado por Tony Bush y Les Bell, p. 291-296, Londres, UK, Paul Chapman Publishing, 2002.

Flamholtz, Eric e Yvonne Randle, *Leading Strategic Change: Bridging Theory and Practice* (Cómo dirigir el cambio estratégico: Un puente entre la teoría y la práctica), Nueva York, Cambridge University Press, 2008.

Freire, Paulo, *Pedagogía del oprimido*, traducción por Jorge Mellado, Buenos Aires, Siglo Veintiuno Editores, 2015.

Fullan, M., *The New Meaning of Educational Change* (El significado nuevo del cambio educativo), Nueva York, Teachers College Press, 2001.

Grace, Kay Sprinkel. *The Board's Role in Strategic Planning* (La función de la junta en la planificación estratégica), Governance Series 6, 5a. ed., Washington, DC, NCNB, 2000.

Guba, Egon, y Daniel L. Stufflebeam, *Evaluation: The Process of Stimulating, Aiding and Abetting Insightful Action* (La evaluación: El proceso de estimular, ayudar y favorecer la acción profunda), junio 1970. ERICED055733, 1-37. http://www.eric.ed.gov (21 de julio, 2011).

Guskin, Alan E., y Mary B. Marcy, «Pressures for Fundamental Reform: Creating a Viable Academic Future» (Las presiones para la reforma fundamental: Cómo crear un futuro académico viable), en *Field Guide to Academic Leadership* (Guía de campo para el liderazgo académico), editado por Robert M. Diamond, p. 3-23, San Fracisco, CA, Jossey-Bass, 2002.

Guralnik, David Bernard, *Webster's New World Dictionary of the American Language* (Nuevo Diccionario Webster mundial del idioma ingles), Nueva York, World Publishing Company, 1970.

Haddad, Beverley, «Engendering Theological Education for Transformation» (Cómo concebir la educación teológica para transformación), *Journal of Theology for Southern Africa* 116, julio, 2003, p. 65-80. *ATLA Religion Database with ATLA Serials*, EBSCO*host* (10 de junio, 2011).

Hagner, Donald A., *Biblical Word Commentary: Matthew 14-28* (Comentario de la palabra bíblica: Mateo 14-28), Dallas, TX, Word, 1995.

Hardy, Steven A., *La excelencia en la educación teológica: Entrenamiento efective para líderes eclesiales*, traducción por Tjebbe Donner, Carlisle, Langham Global Library, 2016.

Hart, D. G., y Albert R. Mohler, eds., *Theological Education in the Evangelical Tradition* (La educación teológica en la tradición evangélica), Grand Rapids, MI, Baker, 1996.

Harvard Business Essentials, *Executing Strategy: Expert Solutions to Everyday Challenges* (Cómo ejecutar la estrategia: Soluciones expertas para los desafíos diarios), Boston, MA: Harvard Business Press, 2009.

———, *Managing Change and Transition*. (Cómo encargarse del cambio y la transición), Boston, MA, Harvard Business School Publishing Corporation, 2003.

Herold, David M., y Donald B. Fedor, *Change the Way You Lead Change: Leadership Strategies that REALLY Work* (Cambie la forma en que dirige el cambio: Estrategias de liderazgo que sí funcionan), Stanford, CA, Stanford University Press, 2008.

«History of Christian Education» (Historia de la educación Cristiana), en *Encyclopedia of Religious and Spiritual Development* (Enciclopedia del desarrollo religioso y spiritual), Thousand Oaks, CA, SAGE, 2005. http://sageereference. com/religion/Article_n77.html (15 de septiembre, 2009).

Ho, Huang Po, «Accreditation and Quality Assurance in Theological Education: Asian Perspectives» (La acreditación y la garantía de calidad en la educación teológica: perspectivas asiáticas), en *Handbook of Theological Education in World Christianity* (Manual de educación teológica en el cristianismo mundial), editado por Dietrich Werner et al., p. 138-143, Oxford, Regnum, 2010.

Hofstede, Geert, *Cultures and Organizations* (Culturas y organizaciones), Nueva York, McGraw-Hill, 1997. *ICETE News.* (Enero, 2009). http://www.icete-edu.org/news/jan09.htm (25 de junio, 2011).

Holland, Thomas P., y David C. Hester, eds., *Building Effective Boards for Religious Organizations: A Handbook for Trustees, Presidents, and Church Leaders* (Cómo desarrollar juntas efectivas para las organizaciones religiosas: Manual para los miembros del consejo de administración, rectores y líderes eclesiásticos), San Francisco, CA, Jossey-Bass, 2000.

Jaspers, Karl, *The Idea of the University* (La idea de la Universidad), Londres, Peter Owen, 1960.

Kaufman, Barbara, «The Leader as a Change Agent: the Power of Purpose, Passion, and Perseverance» (El líder como agente de cambio: el poder del propósito, de la pasión y de la perseverancia), People & Politics, *University Business* 8, no. 3, 1 de marzo, 2005, p. 53(2).

Keil, C. F., y F. Delitzch, *I & II Kings, I & II Chronicles, Ezra, Nehemiah, Esther. Vol. III of Commentary on the Old Testament* (I y II Reyes, I y II Crónicas, Esdras, Nehemías, Ester. Vol II del Comentario del Antiguo Testamento). (1969), Reimpresión, Grand Rapids, MI, Eerdmans, 1982.

Kelsey, David H., *Between Athens and Berlin: The Theological Debate* (Entre Atenas y Berlín: El debate teológico), Grand Rapids, MI, Eerdmans, 1993.

Kerr, Hugh, «Education in General and Theological Education» (La educación en general y la educación teológica), *Theology Today,* 1971, p. 434-452. *ATLA Religion Database with ATLA Serials*, EBSCO*host* (10 de junio, 2011).

Kohl, Manfred W., y A. N. Lal Senanayake, eds., *Educating for Tomorrow: Theological Leadership for the Asian Context* (Educación para el mañana: El liderazgo teológico para el contexto asiático), Bangalore, India, SAIACS Press and Overseas Council International, 2002.

———. *Educating for Tomorrow: Theological Leadership for the Asian Context* (Educación para el mañana: El liderazgo teológico para el contexto asiático), 2a. ed. Bangalore, India, SAIACS Press, 2007.

Kornfield, David, «Seminary Education Toward Adult Education Alternatives» (La educación de seminario hacia alternativas en la educación de adultos), en *Missions and Theological Education in World Perspective* (Las misiones y la educación teológica en la perspectiva mundial), editado por Harvie M. Conn y Samuel F. Rowen, p. 169-225, Farmington, MI, Associates of Urbanus, 1984.

Kotter, John P., *Leading Change* (Cómo dirigir el cambio), Boston, MA, Harvard Business School Press, 1996.

Kraft, Charles H., *Anthropology for Christian Witness* (Antropología para el testimonio cristiano), Maryknoll, NY, Orbis, 1996.

Kouzes, James M., y Barry Z. Posner, *The Jossey-Bass Academic Administrator's Guide to Exemplary Leadership* (Guía Jossey-Bass del director académico para el liderazgo ejemplar), 1a. ed., San Francisco, CA, Jossey-Bass, 2003.

Koyama, Kosuke, «Theological Education: Its Unity and Diversity» (La educación teológica: Sus unidades y diversidades), ensayo presentado en la Association of Theological Schools and WOCATI Conference, Pittsburgh, PA, 15-16 de junio, 1992.

Lees, N. Douglas, *Chairing Academic Departments: Traditional and Emerging Expectations* (Cómo coordinar los departamentos académicos: Expectativas tradicionales y emergentes), Jossey-Bass Resources for Department Chairs, Bolton, MA, Anker Publishing Company, 2006.

Lucas, Ann F., y asociados, *Leading Academic Change: Essential Roles for Department Chairs* (Cómo dirigir el cambio académico: Funciones esenciales para los jefes de departamento), San Francisco, CA, Jossey-Bass, 2000.

Lumby, Jacky, y Nick Foskett, «Leadership and Culture» (Liderazgo y cultura), en *International Handbook on the Preparation and Development of School Leaders* (Manual internacional sobre la preparación y el desarrollo de líderes educativos), editado por Jacky Lumby, Gary Crow y Petros Pashiardis, p. 43-60, Nueva York, Routledge, 2008.

Lunenburg, Fred C., y Allan C. Ornstein, *Educational Administration: Concepts & Practices* (Administración educativa: Conceptos y Prácticas), 5a. ed., Belmont, CA, Thomson Higher Education, 2008.

Mager, Robert F., *Developing Attitude Toward Learning* (Cómo desarrollar una actitud hacia el aprendizaje), Palo Alto, CA, Fearon Publishers, 1968.

Malphurs, Aubrey, *Ministry Nuts and Bolts* (Aspectos básicos del ministerio), Grand Rapids, MI, Kregel Publications, 1997.

———. *Values-Driven Leadership* (El liderazgo impulsado por valores), 2a. ed., Grand Rapids, MI, Baker, 2004.

McCaffery, Peter, *The Higher Education Manager's Handbook: Effective Leadership & Management in Universities & Colleges* (Manual para el administrador de la educación superior: Liderazgo efectivo y administración en universidades e instituciones), 2a. ed., Nueva York, Routledge, 2010.

McGowan, Anna, y Jan Sykes, «Vision Statements and Examples» (Declaraciones y ejemplos de visión). http://units.sla.org/division/dbio/inside/governance/Visionstate.pdf (12 de diciembre, 2011).

McKinney, Larry J., «A Theology of Theological Education: Pedagogical Implications» (La teología de la educación teológica: Implicaciones pedagógicas), *Evangelical Review of Theology* 29, no. 3, 2005, p. 218-227. *ATLA Religion Database with ATLASerials*, EBSCO*host* (10 de junio, 2011).

McLean, Jeanne P., ed., *Dean-Faculty Relationships: Meeting the Challenge* (Las relaciones decano-cuerpo docente: Cómo enfrentar el desafío), vol. 5 of Monographs on Academic Leadership, St Paul, MN, University of St Paul, 1998.

———. *Leading from the Center: The Emerging Role of the Chief Academic Officer in Theological Schools* (Cómo dirigir desde el centRo El papel emergente del decano en las instituciones teológicas), Scholars Press Studies in Theological Education, Atlanta, GA, Scholars Press, 1999.

McNeil, John D., *Curriculum: A Comprehensive Introduction* (El currículo: Una introducción amplia), Boston, MA, Little Brown and Company, 1985.

Nanus, Burt, *Liderazgo visionario: Forjando nuevas realidades con grandes ideas*, traducción por Eduardo Reneboldi, Buenos Aires, Granica, 1995.

Nichols, James O., *A Practitioners Handbook for Institutional Effectiveness and Student Outcomes Assessment Implementation* (El manual del profesional para la efectividad institucional e implementación de evaluación de los resultados estudiantiles), Flemington, NJ, Agathon Press, 1996.

Nichols, James O., y Karen W. Nichols, *The Departmental Guide and Record Book for Student Outcomes Assessment and Institutional Effectiveness* (Una guía por departamentos y libro de registro para la evaluación de resultados estudiantiles y la efectividad institucional), 3a. ed., Nueva York, Agathon Press, 2000.

Niebuhr, H. Richard. *Christ and Culture* (Cristo y la cultura), Nueva York, Harper and Row, 1951.

Noelliste, Dieumeme, *Toward a Theology of Theological Education* (Hacia una teología de la educación teológica), Seoul, Korea, WEF Theological Commission, 1993.

———, «Theological Education in the Context of Socio-Economic Deprivation» (La educación teológica en el contexto de la privación socioeconómica), *Evangelical Review of Theology* 29, no. 3, 2005, p. 270-283. *ATLA Religion Database with ATLASerials*, EBSCO*host* (10 de junio, 2011).

Nordbeck, Elizabeth C., «The Once and Future Dean: Reflections on Being a Chief Academic Officer» (El una vez y futuro decano: Reflexiones en cuanto a ser director académico), *Theological Education* 33, Supplement, 1996, p. 21-33.

Noriega, Diane Cordero de, «Institutional Vision, Values, and Mission: Foundational Filters for Inquiry» (Visión, valores y misión institucionales: Filtros fundamentales para investigación), en *Taking Ownership of Accreditation* (Cómo tomar posesión de la acreditación), editado por Amy Driscoll y Diane Cordero de Noriega, p. 37-51. Sterling, VA: Stylus, 2006.

Norris, Beauford A., «A Philosophy of Ministerial Education: The Common Task of Church and Seminary» (La Filosofía de la educción ministerial: La tarea común de la iglesia y el seminario), *Encounter,* 1956, p. 403-411. *ATLA Religion Database with ATLASerials*, EBSCO*host* (10 de junio, 2011).

O'Connor, Judith, *The Planning Committee: Shaping your Organization's Future* (El comité planificador: Cómo darle forma al futuro de su organización), Washington, DC, National Center for Nonprofit Boards, 1997.

Ott, Bernhard, *Beyond Fragmentation. Integrating Mission and Theological Education* (Más allá de la fragmentación. Cómo integrar la misión y la educación teológica), Oxford, Regnum, 2001.

———. «Doing Theology in Community: Reflections on Quality in Theological Education» (Cómo hacer teología en la comunidad: Reflexiones sobre la calidad en la educación teológica), en *History and Mission in Europe. Continuing the Conversation* (Historia y misión en Europa. Continuación de la conversación), editado por Mary Raber y Peter F. Penner, p. 281-302, Schwarzenfeld, Neufeld Verlag / Elkhart, IN, Institute of Mennonite Studies, 2011.

———, *Handbuch Theologische Ausbildung. Grundlagen – Programmentwicklung–Leitungsfragen,* Wuppertal, Brockhaus Verlag, 2007.

———, «Training of Theological Educators for International Theological Education: An Evangelical Contribution from Europe» (Formación de educadores teológicos para la educación teológica internacional: Una contribución evangélica desde Europa), en *Handbookof Theological Education in World Christianity* (Manual de educación teológica en el cristianismo moderno), editado por Dietrich Werner et al., p. 697-714, Oxford: Regnum, 2010.

Padilla, C. René, ed., *Nuevas Alternativas de Educación Teológica, Buenos Aires, Nueva Creación*, 1986.

Paton, Robert A., y James McCalman, *Change Management: A Guide to Effective Implementation* (Manejo del cambio: Guía para la implementación efectiva), Thousand Oaks, CA, SAGE, 2008.

Patterson, Kerry, Joseph Grenny, Ron McMillan, y Al Switzler, *Crucial Confrontations: Tools for Resolving Broken Promises, Violated Expectations and Bad Behavior* (Confrontaciones cruciales: Herramientas para resolver las promesas rotas, las expectativas incumplidas y el mal comportamiento), Nueva York, McGraw-Hill Professional, 2004.

Peterson, H., *Leading a Small College or University: A Conversation that Never Ends* (Cómo dirigir una pequeña institución o universidad: Una conversación que nunca termina), Madison, WI, Atwood Publishing, 2008.

Peterson, Michael L., *Philosophy of Education: Issues and Opinions* (Filosofía de la educación: Problemas y opiniones), Downers Grove, IL, InterVarsity Press, 1986.

Petersen, Rodney, ed., *Theological Literacy for the Twenty-First Century* (Cultura teológica para siglo veintiuno), Grand Rapids, MI, Eerdmans, 2002.

Plueddemann, James E., «The Challenge of Excellence in Theological Education» (El desafío de la excelencia en la educación teológica), en *Excellence and Renewal: Goals for the Accreditation of Theological Education* (Excelencia y renovación: Metas para la acreditación de la educación teológica), editado por Robert L. Youngblood, p. 1-14, Flemington Markets, NSW, Australia, Paternoster Press, 1989.

Preiswerk, Matthias, et al., «Manifesto of Quality Theological Education in Latin America» (Manifiesto de la educación teológica de calidad en América Latina), *Ministerial Formation* 111, noviembre 2008, p. 44-51.

Ramaley, Judith A., «Moving Mountains: Institutional Culture and Transformational Change» (Cómo mover montañas: La cultura institucional y el cambio transformacional), en *Field Guide to Academic Leadership* (Guía de campo para el liderazgo académico), editado por Robert M. Diamond, p. 59-73, San Francisco, CA, Jossey-Bass, 2002.

Richey, Rusell E., «To a Candidate for Academic Leadership: A Letter» (Para el candidato al liderazgo académico: Una carta), *Theological Education* 33, Supplement, 1996, p. 35-45.

Rogers, Cleon L. Jr., y Rogers, Cleon L. III, *The New Linguistic and Exegetical Key to the Greek New Testament* (Nueva lingüística y clave exegética para el Nuevo Testamento griego), Grand Rapids, MI, Eerdmans, 1998.

Romero, José Luis, «Vision Statement Examples» (Ejemplos de declaraciones de visión). http://www.skills2lead.com/vision-statement-examples.html (12 de diciembre, 2011).

Rowland, Deborah, y Malcolm Higgs, *Sustaining Change: Leadership That Works* (Cómo mantener el cambio: El liderazgo que funciona), San Francisco, CA, Jossey-Bass, 2008.

Rowley, Daniel J., y Herbert Sherman, *From Strategy to Change: Implementing the Plan in Higher Education* (De la estrategia al cambio: Cómo implementar el plan en la educación superior), San Francisco, CA, Jossey-Bass, 2001.

Sanaghan, Patrick, *Collaborative Strategic Planning in Higher Education* (La planificación estratégica colaborativa en la educación superior), Washington, DC, National Association of College and University Business Officers, 2009.

Sande, Ken, *The Peace Maker: A Biblical Guide to Resolving Personal Conflict* (El pacificador: Guía bíblica para resolver el conflicto personal), 3a. ed., Grand Rapids, MI, Baker Books, 2004.

Seifert, Harvey, y Howard John Clinebell, *Personal Growth and Social Change: A Guide for Ministers and Laymen as Change Agents* (Crecimiento personal y cambio social: Guía para ministros y laicos como agentes de cambio), Filadelfia, PA, Westminster Press, 1969.

Senge, Peter, *La quinta disciplina,* traducción Carlos Gardini, Buenos Aires, Granica, 2004.

Colegio Bíblico de Singapur. «Mission statement» (Declaración de Misión), (17 de febrero, 2011). http://www.sbc.edu.sg/en/about-sbc-mainmenu-27/mission-andfundamentals-mainmenu-28 (29 de abril, 2012).

Smart, John C., ed., *Higher Education: Handbook of Theory and Research* (La educación superior: Manual de teoría e investigación), Nueva York, Agathon Press, 2000.

Smith, Gordon T., «Foreword» (Prólogo), en *Thriving in Leadership: Strategies for Making a Difference in Christian Higher Education* (Cómo prosperar en el liderazgo: Estrategias para marcar la diferencia en la educación superior cristiana), editado por Karen A. Longman, Abilene, TX, Abilene Christian University Press, 2012.

Smith, Gordon T., y Charles M. Wood, «Knowing and Caring» (Saber y atender), *Theological Education* 39, no. 1, noviembre 2003, p. 31-34.

Smith, Gordon T., «Academic Administration as an Inner Journey» (La administración académica como una trayectoria interna), *Theological Education* 33, Supplement, 1996, p. 61-70.

Smith, Jane I., «Academic Leadership: Roles, Issues, and Challenges» (Liderazgo académico: funciones, cuestiones y desafíos), *Theological Education* 33, Suplemento, 1996, p. 3-12.

Spencer, Herbert, «*What Knowledge Is of Most Worth?» (¿Qué conocimiento que tiene más valor?)* (s. f.). http://www.readbookonline.net/readOnLine/23356 (6/18/2011).

Stanley, Elizabeth C., y William J. Patrick, «Quality Assurance in American and British Higher Education: A Comparison» (Garantía de calidad en la educación superior estadounidense y británica: una comparación), *New directions for Institutional Research* 99, otoño 1998, p. 39-56.

Starbuck, W. H., «Organizations and their Environments» (Las organizaciones y sus ambientes), en *Handbook of Industrial and Organizational Psychology* (Manual de la psicología industrial y organizacional), editado por M. D. Dunnette, Chicago, IL, Rand McNally, 1976.

Stensaker, Bjorn, y Lee Harvey, «Accountability: Understanding and Challenges» (La rendición de cuentas: Comprensión y desafíos), en *Accountability in Higher Education: Global Perspectives on Trust and Power* (La rendición de cuentas en la educación superior: Perspectivas globales sobre la confianza y el poder), editado por Bjorn Stensaker y Lee Harvey, p. 7-22, Nueva York, Routledge, 2011.

Stockhouse, Max, *Apologia: Contextualization, Globalization and Mission in Theological Education* (Apología: Contextualización, globalización y misión en la educación teológica), Grand Rapids, MI, Eerdmans, 1988.

Stone, Tammy, y Mary Coussons-Read, *Leading from the Middle: A Case-study Approach to Academic Leadership for Associate Deans* (Cómo dirigir desde el centro: El abordaje de estudio de caso al liderazgo para los decanos asociados), Series on Higher Education, Lanham, MD, Rowman and Littlefield, 2011.

Stott, John R., *The Christian Counter Culture* (La contracultura cristiana), Downers Grove, IL: InterVarsity Press, 1978.

______. *El mensaje de los Hechos,* traducción por David Powell, Buenos Aires, Certeza Unida, 2010.

______. *El mensaje de Romanos*, traducción por David Powell, Buenos Aires, Certeza Unida, 2007.

Taylor, Marvin J., «Accreditation and Improvement of Theological Education» (Acreditación y mejora de la educación teológica), *Theological Education* 15, no. 1, 1978, p. 50-57.

Tracy, David, «On Theological Education: A Reflection» (Sobre la educación teológica: Una reflexión), en *Theological Literacy in the Twenty-First Century* (Cultura teológica en el siglo veintiuno), editado por Rodney L. Petersen y Nancy M. Rourke, p. 13-22, Grand Rapids, MI, Eerdmans, 2002.

Tierney, W., *The Impact of Culture on Organizational Decision Making: Theory and Practice in Higher Education* (El impacto de la cultura en la toma de decisiones organizacional: Teoría y práctica en la educación superior), Sterling, VA, Stylus, 2008.

Volf, Miroslav, Carmen Krieg, y Thomas Kucharz, eds., *The Future of Theology: Essays in Honor of Jürgen Moltmann* (El futuro de la teología: Ensayos en homenaje a Jürgen Moltmann), Grand Rapids, MI, Eerdmans, 1996.

Volf, Miroslav, «Dancing for God: Challenges Facing Theological Education Today» (Bailando para Dios: Los desafíos que la educación teológica enfrenta hoy), *Evangelical Review of Theology* 29, no. 3, julio 2005, p. 197-207.

Vos, Geerhardus, *Biblical Theology: Old and New Testament* (Teología Bíblica: Antiguo y Nuevo Testamentos), Grand Rapids, MI, Eerdmans, 1948.

Walls, Andrew F., «Christian Scholarship and the Demographic Transformation of the Church» (La erudición cristiana y la transformación demográfica de la iglesia), en *Theological Literacy in the Twenty-First Century*, editado por Rodney L. Petersen y Nancy M. Rourke, p. 166-184, Grand Rapids, MI, Eerdmans, 2002.

Wanak, Lee, «Theological Education and the Role of Teachers in the 21st Century: A Look at the Asia Pacific Region» (La educación teológica y el papel de los maestros en el Siglo XXI: Un vistazo a la región del Asia del Pacífico), *Journal of Asian Mission* 2, no. 1, 2000, p. 3-24.

Ward, Donald A., *Commentary on 1 and 2 Timothy and Titus* (Comentario de 1 y 2 Timoteo y Tito), Waco, TX, Word Books, 1974.

Walvoord, Barbara E., *Assessment Clear and Simple: A Practical Guide for Institutions, Departments, and General Education* (La evaluación clara y simple: Una guía práctica para instituciones, departamentos y la educacion general), San Francisco, CA, Jossey-Bass, 2004.

Werner, Dietrich, David Esterline, Namsson Kang, y Joshva Raja, eds., *Handbook of Theological Education in World Christianity* (Manual de educación teológica en el cristianismo mundial), Oxford, Regnum, 2010.

West-Burnham, John, «Understanding Quality» (Cómo entender la calidad), en *The Principles and Practices of Educational Management* (Principios y prácticas de la administración educativa), editado por Tony Bush y Les Bell, p. 313-324, Londres, Paul Chapman Publishing, 2002.

Westminster Shorter Catechism (Catecismo menor de Westminster). (s. f.). www.epc.org/mediaFiles/westminster-shorter-catechism.pdf (26 de septiembre, 2011).

Wright, Christopher, *The Message of Ezekiel: A New Heart and a New Spirit* (El mensaje de Ezequiel: Un corazón nuevo y un espíritu nuevo), Leicester, Inglaterra: InterVarsity Press, 2001.

Yu, Carver, «Engaging the Ecclesial Dimension: Theological Education that Empowers the Church» (Cómo enlazar la dimensión eclesial: La educación teológica que faculta a la iglesia), en *The Pastor and Theological Education: Essays in Memory of Derek Tan* (El Pastor y la educación teológica: Ensayos en memoria de Derek Tan), editado por Siga Arls et al., p. 166-177, Bangalore, India: Asia Theological Association, 2007.

Colaboradores

Orbelina Eguizábal (PhD en Estudios Educativos, Escuela de Teología de Talbot) trabaja como profesora de educación cristiana en los programas de PhD. y Ed.D. de Estudios Educativos y coordina los programas de la carrera del cuerpo docente actual (CFT, por sus siglas en inglés) en el Escuela de Teología de Talbot de la Universidad Biola, en el sur de California. También, trabaja como profesora visitante en seminarios a través de América Latina. Antes de unirse a Biola, Orbelina fue catedrática durante veinte años y ejerció funciones administrativas en el Seminario Teológico Centroamericano, en la Ciudad de Guatemala, Guatemala. Ha estado colaborando con ICETE desde 2008, a través del programa de ICETE para los líderes académicos (IPAL), y en la Asociación de la Educación Teológica Evangélica de América Latina (AETAL), como miembro del equipo de enseñanza, para los seminarios de líderes académicos hispanoparlantes, que se ofrecen en Centroamérica y América del Sur. Orbe también colabora en la junta de la Sociedad de Profesores de Educación Cristiana (SPCE) desde 2010.

Fritz Deininger (Th.D. en Nuevo Testamento, Universidad de Sudáfrica, Th.M. en Teología del Nuevo Testamento, M.A. en Misionología, Universidad Internacional Columbia, B. A. Seminario Teológico Chrischona) trabaja como Coordinador del Programa para Liderazgo Académico de ICETE (IPAL). También es catedrático asociado en la Universidad Internacional Columbia (CIU) y enseña en la Academia para la Misión Mundial en Alemania.

Junto con su esposa trabajó en Tailandia de 1981 a 2008 en la plantación de iglesias, formación de liderazgo y educación teológica. Fue decano del Seminario Bíblico de Bangkok en donde obtuvo experiencia de liderazgo en la educación teológica.

Sus áreas de interés incluyen el desarrollo del liderazgo, la educación teológica integrada, la formación espiritual, la exposición bíblica, las religiones del mundo, las misiones mundiales y la ética.

Ralph Enlow es presidente de la Asociación para la Educación Bíblica Superior (www.abHeorg). ABHE abarca a casi doscientas instituciones miembros y aFiliadas a lo largo de Norteamérica, involucrando a los estudiantes en un liderazgo ministerial y profesional, bíblico, transformador, práctico y misional. El doctor Enlow durante veintiocho años estuvo al frente de la educación de su alma mater, Universidad Internacional Columbia (1976-98; 2000-2006), culminando sus últimos seis como vicerrector principal y director. La extensa trayectoria del doctor Enlow en la educación teológica superior incluye haber fungido como asesor, director institucional del autoaprendizaje, presidente del equipo de acreditación y presidente de la Comisión de Acreditación de ABHE Como miembro fundador de Socios Globales para la Educación Transformadora (www.gateglobal.org) ha estado involucrado en la enseñanza y asesoramiento educativo en Australia, Bulgaria, República Checa, Alemania, Hungría, India, Líbano, Filipinas, Tailandia y Ucrania. Ha trabajado y presidido las juntas de la Unión Cristiana Bíblica, de la Misión de la Alianza Evangélica (TEAM, por sus siglas en inglés) y del Concilio Internacional para la Educación Teológica Evangélica (ICETE – www.icete-edu.org). Su tesis doctoral sobre la administración de la educación superior de la Universidad de Vanderbilt fue: *Resultados estudiantiles en la educación general: Un análisis comparativo de la calidad de la institución bíblica.* Entre sus publicaciones e intereses académicos están la acreditación de la educación superior, la educación general, el liderazgo, estudios bíblicos y la renovación de la institución bíblica.

Steve Hardy (D. en misionología, Escuela de Divinidad Evangélica de la Trinidad, M.Div. en estudios bíblicos del Seminario Teológico Bethel y B. A. en gobierno del Colegio Oberlin). El doctor Hardy es estadounidense. Es abogado de SIM International para la educación teológica y también, trabaja como asesor superior de la ICETE. Ha sido educador-misionero en Brasil, Mozambique y Sudáfrica y ha dirigido el Instituto para la Excelencia en la Educación Teológica del Overseas Council. Sus escritos tratan asuntos de la administración educativa.

Manfred Waldemar Kohl es embajador de Overseas Council International, una organización que ayuda a las instituciones teológicas, principalmente en el mundo no occidental. También, se desempeñó como Director Ejecutivo para Visión Mundial Internacional en África y Europa. Ostenta una Maestría en Teología, un Doctorado en Ministerio y un Doctorado en Teología. Ha publicado artículos y libros en el área del desarrollo institucional, la educación teológica y la recaudación de fondos. Su material ha sido publicado en inglés, alemán, ruso, mandarín y portugués.

Dieumeme Noellsite (Ph.D., Universidad del Noroeste) es catedrático de Ética Teológica y Director del Instituto de Ética Pública Grounds del Seminario de Denver, en la ciudad de Denver, Colorado. Fue director de la ICETE, presidente de la Asociación Teológica Evangélica del Caribe y miembro de la facultad de la Escuela Graduada de Teología del Caribe en la ciudad de Kingston, Jamaica. El doctor Noelliste nació en Haití y sus escritos tratan sobre la teología caribeña y la educación teológica global.

Bernhard Ott (Ph.D. en Educación Cristiana, Centro de Estudios Misioneros Oxford/ Universidad Abierta (GBR), M.Div (1984) Seminario Bíblico de los Hermanos Menonitas, Fresno, CA) Director de Acreditación de la Asociación Acreditadora Evangélica Europea, director de estudios doctorales (EdD en educación teológica internacional) de la Universidad Internacional de Columbia International/Recinto de Korntal (Alemania) y profesor huésped en Theologisches Seminar Bienenberg (Suiza).

Paul Sanders nació en los Estados Unidos, hijo de padre sueco (pastor bautista) y madre libanesa. Pablo ostenta un B.A. en Historia de la Universidad del Estado de Oregón, un Máster en Divinidades en Educación Cristiana y un Máster en Teología Práctica, del Seminario Occidental de Oregón, así como un doctorado en Historia Moderna de la Universidad de París IV-Sorbonne. Está casado con Agnès, médico francesa, con quien tiene tres hijos adultos y dos nietos. Después de veinticinco años de ministerio plantando iglesias y educando en el área de París, Paul y su familia se trasladaron a Beirut (Líbano), donde por casi quince años fungió como decano y vicerrector del Seminario Teológico Bautista Árabe (www.ABTSLebanon.org), después como Director Internacional del Concilio Internacional para la Educación Teológica Evangélica (www.icete-edu.org) y en la Asociación del Oriente Medio para la Educación Teológica (www.Meate.org). Los Sanders ahora viven en la ciudad de Nantes, al oeste de Francia.

Albert Ting ha sido el Rector del Colegio Bíblico de Singapur desde 2006. Recibió su doctorado en Ministerio, maestría en Teología y maestría en Divinidades en la Escuela de Teología de Talbot. Su área de interés es el liderazgo y la orientación. Fue miembro de la junta de ATA y de dos seminarios para el avance de la educación teológica. Fue pastor en Los Ángeles antes de que fuera llamado a la educación teológica. Está felizmente casado con Rebecca, con quien tiene dos hijos: Jeremy y Adeline.

Lee Wanak ostenta un doctorado en Educación de la Universidad de Indiana University y un doctorado en Ministerio en Misiones del Seminario de Denver. En 1978 fue a Filipinas en donde capacitó a líderes eclesiásticos de las áreas rurales de Mindanao y dirigió los esfuerzos para la plantación de iglesias. Ha sido decano del Seminario Teológico Asiático y dela Escuela Graduada de Teología de ASA. Ha escrito varios artículos sobre la educación teológica Filipina. Durane su tiempo en ATS y AGST, dirigió el programa de maestría en Liderazgo

Urbano Transformacional y los programas doctorales en Educación; además, dirigió el departamento de Educación Cristiana. En la Universidad de William Jessup presidió el departamento de Estudios Interculturales. Junto a su esposa Dottie reside en Madison, Wisconsin.

Paul Wright posee una Maestría en Artes en Nuevo Testamento del Colegio y Seminario Bíblico Calvary (Kansas City, Missouri, Estados Unidos) y un doctorado en Filosofía y Letras en Educación Teológica del Seminario Teológico Centroamericano (Ciudad de Guatemala, Guatemala). Ha estado involucrado en el ministerio de la plantación de iglesias en Argentina con Avant Ministries (anteriormente Gospel Missionary Union) desde 1980. Como uno de los fundadores del Instituto Bíblico Evangélico de Mendoza (Mendoza, Argentina), ha sido catedrático de Biblia y Teología, así como rector desde 1997. Ha escrito artículos para el Christian Education Journal, la Revista Kairós y Apuntes Pastorales.

ICETE es una comunidad global, patrocinada por nueve redes regionales de instituciones teológicas, dedicada a fomentar la interacción y colaboración internacional entre todos aquellos que intervienen en el fortalecimiento y el desarrollo de la educación teológica evangélica y del liderazgo cristiano alrededor del mundo.

El propósito de ICETE es:

1. Promover el mejoramiento de la educación teológica evangélica alrededor del mundo.
2. Servir como foro para la interacción, asociación y colaboración entre quienes intervienen en la educación teológica evangélica y en el desarrollo de liderazgo evangélico, para su mutua asistencia, estimulación y enriquecimiento.
3. Ofrecer servicios de apoyo y asesoramiento para asociaciones regionales de instituciones evangélicas de educación teológica alrededor del mundo.
4. Facilitar, para las redes regionales, la promoción de sus servicios entre las instituciones evangélicas de educación teológica dentro de sus regiones.

Las asociaciones patrocinadoras incluyen:

África: Association for Christian Theological Education in Africa (ACTEA)

Asia: Asia Theological Association (ATA)

Caribe: Caribbean Evangelical Theological Association (CETA)

Europa: European Evangelical Accrediting Association (EEAA)

Euro-Asia: Euro-Asian Accrediting Association (E-AAA)

América Latina: Asociación Evangélica de Educación Teológica en América Latina (AETAL)

Medio Oriente y Norte de África: Middle East Association for Theological Education (MEATE)

América del Norte: Association for Biblical Higher Education (ABHE)

Pacífic-Sur: South Pacific Association of Evangelical Colleges (SPAEC)

www.icete-edu.org

Langham Partnership es una comunidad mundial que trabaja con el ánimo de cumplir la visión que Dios le encomendó a su fundador, John Stott, consistente en:

> ***facilitar el crecimiento de la iglesia en madurez y en semejanza a Cristo elevando los niveles de predicación y enseñanza bíblica.***

Nuestra visión es ver que las iglesias en el mundo mayoritario estén equipadas para la misión y creciendo hacia la madurez en Cristo a través del ministerio de sus pastores y líderes, quienes creen, enseñan y viven por la Palabra de Dios.

Nuestra misión es fortalecer el ministerio de la Palabra de Dios:
- fortaleciendo movimientos nacionales de predicación bíblica;
- favoreciendo la creación y distribución de literatura evangélica; y
- elevando el nivel de la educación teológica evangélica,

especialmente en países donde las iglesias carecen de recursos.

Nuestro ministerio

Langham Preaching se asocia con líderes nacionales que estimulan movimientos locales de predicación bíblica para pastores y predicadores laicos en el mundo entero. Con el apoyo de un equipo de capacitadores provenientes de diversos países, se desarrolla un programa de seminarios a diversos niveles que proveen capacitación práctica, al cual le sigue un programa que busca formar facilitadores locales. Los grupos locales de predicación (escuelas de expositores) y las redes nacionales y regionales se encargan de dar continuidad a los programas e impulsar su desarrollo ulterior con el fin de construir un movimiento vigoroso comprometido con la exposición bíblica.

Langham Literature provee a los pastores, seminarios y académicos del mundo mayoritario libros evangélicos y recursos electrónicos mediante becas, descuentos y mecanismos de distribución. El programa también auspicia la producción de literatura evangélica para pastores en diversos idiomas a través de talleres para escritores y editores, respaldo a la tarea literaria, traducciones, fortalecimiento de casas editoriales evangélicas e inversiones en proyectos regionales de literatura, tales como el *African Bible Commentary*.

Langham Scholars provee apoyo financiero para estudiantes evangélicos a nivel doctoral provenientes del mundo mayoritario, de tal manera que, una vez que regresen a sus países, puedan capacitar a pastores y otros líderes cristianos brindándoles una sólida formación bíblica y teológica. Éste es un programa que equipa a quienes van a equipar a otros. Langham Scholars trabaja igualmente con seminarios del mundo mayoritario fortaleciendo su educación teológica. Un número creciente de académicos de Langham Scholars estudia en programas doctorales de alta calidad en reconocidos centros del mundo mayoritario. Además de formar la siguiente generación de pastores, los graduados de Langham Scholars ejercen una influencia significativa a través de sus escritos y liderazgos.

Para obtener más información sobre la Langham Partnership y el trabajo que desarrollamos visítenos en www.langham.org.

www.ingramcontent.com/pod-product-compliance
Lightning Source LLC
LaVergne TN
LVHW010600100826
845148LV00014B/2783

* 9 7 8 1 7 8 3 6 8 2 3 2 4 *

Durante muchos años he soñado con el día en que vería un manual para líderes académicos. También, albergaba la esperanza de que los autores fueran expertos en educación teológica global del norte y del sur. ¡Mi sueño se ha hecho realidad!

Estoy seguro de que el liderazgo académico de las instituciones teológicas finalmente tendrá una guía práctica para mejorar su noble misión de promover la educación teológica para la gloria de Dios y al servicio de su Iglesia y el mundo.

Dr Reverendo Riad Kassis
Director Internacional,
Concilio Internacional para la Educación Teológica Evangélica (ICETE)
Director, Scholars Programme, Langham Partnership

Este libro sobre *El liderazgo en la educación teológica* representa una valiosa contribución para la educación teológica. Los autores describen sus experiencias en las distintas regiones del mundo, aportando una perspectiva global.

Los capítulos cubren aspectos importantes del liderazgo académico y orientan de un modo útil a decanos, rectores y otros líderes de las instituciones teológicas. El libro promete ser una herramienta útil para los seminarios de capacitación, así como una valiosa guía de recursos.

Dr Paul Sywulka
Secretario General,
Asociación Evangélica de Educación Teológica en América Latina (AETAL)
Presidente emérito, Seminario Teológico Centroamericano, Guatemala